Kohlhammer

Dr. Armin Born ist Diplom-Psychologe, Diplom-Pädagoge und Psychologischer Psychotherapeut.

Nach dem Studium des Lehramts an Grund- und Hauptschulen, der Pädagogik und der Psychologie bildete er zunächst als Wissenschaftlicher Mitarbeiter an der Universität Würzburg zehn Jahre lang vor allem angehende Lehrer aus.

Parallel arbeitete er dann 20 Jahre lang als Psychologischer Psychotherapeut in kinder- und jugendpsychiatrischen Praxen und als Ehe-, Familien- und Lebensberater an einer Beratungsstelle in Würzburg. Seit 2006 besteht daneben auch eine Therapietätigkeit in freier Praxis. Sein therapeutischer Hauptschwerpunkt ist die Arbeit mit Kindern mit Lernproblemen und zusätzlichen psychischen Problemen und die Arbeit mit AD(H)S-Kindern und deren Familien.

Seit 2000 erweiterte sich sein Arbeitsfeld um Vorträge und Fortbildungen im deutschsprachigen Raum zu den Themengebieten „Effektives Lernen", „Frühförderung" und „Lern- und Verhaltensprobleme bei AD(H)S".

Claudia Oehler ist Diplom-Psychologin, Psychologische Psychotherapeutin und Supervisorin.

Nach dem Studium der Psychologie war sie zunächst fünf Jahre als wissenschaftliche Mitarbeiterin an der Universitätsklinik für Psychiatrie und Psychotherapie des Kindes- und Jugendalters an der Philipps-Universität Marburg unter Leitung von Prof. Dr. Dr. H. Remschmidt tätig. Von 1991 bis 2003 arbeitete sie dann als Verhaltenstherapeutin für Kinder, Jugendliche und Erwachsene in einer großen Kinder- und jugendpsychiatrischen Praxis mit dem Schwerpunkt der Betreuung von AD(H)S-Kindern und deren Familien. Seit 2003 ist sie als Verhaltenstherapeutin für Kinder, Jugendliche und Erwachsene in freier Praxis tätig. Seit 2000 zahlreiche Fachvorträge, Veröffentlichungen und Fortbildungsveranstaltungen insbesondere zum Thema Lernen und AD(H)S.

Weitere Publikationen des Autorenteams:

Born A., Oehler C.: Lernen mit ADS-Kindern. Stuttgart Kohlhammer. 9. Auflage 2012

Born A., Oehler C.: Lernen mit Grundschulkindern. Stuttgart Kohlhammer. 2009

Born A., Oehler C.: Gemeinsam wachsen – der Elternratgeber ADHS. Verhaltensprobleme in Familie und Schule erfolgreich meistern. Stuttgart Kohlhammer 2011

Armin Born
Claudia Oehler

Kinder mit Rechenschwäche erfolgreich fördern

Ein Praxishandbuch für Eltern, Lehrer und Therapeuten

5., aktualisierte und erweiterte Auflage

Verlag W. Kohlhammer

Die Abbildungen beruhen (zum großen Teil) auf Vorlagen der Grafiker Anita Krämer-Gerhard und Bernhard Ziegler.

5., aktualisierte und erweiterte Auflage 2013

Umschlag: Gestatungskonzept Peter Horlacher
Gesamtherstellung:
W. Kohlhammer Druckerei GmbH + Co. KG, Stuttgart
Printed in Germany

ISBN 978-3-17-023977-7

Vorwort zur fünften Auflage

„Schreiben und rechnen – mangelhaft“, so lautete die Überschrift über einem längeren Artikel in der Süddeutschen Zeitung vom Dezember 2012. In diesem Artikel wird den Grundschulen eine sehr schlechte Leistung bei der Vermittlung der Grundfertigkeiten bescheinigt: Zukünftige Gymnasiasten wären sowohl in der Rechtschreibung schlechter als früher und könnten darüber hinaus schlechter Kopfrechnen.

Anlass des Artikels in der Süddeutschen Zeitung war die Befragung von 1.146 Gymnasiallehrern in Bayern. In dieser Untersuchung stimmten 49,6 % der befragten Lehrer der Aussage „die Rechtschreibleistungen der Grundschule haben tendenziell in den letzten Jahren abgenommen“ „voll und ganz zu“; 35,1 % hielten sie für „überwiegend richtig“ (Baier 2012, S. 49). In Mathematik waren die Gymnasiallehrer genauso kritisch. Mehr als 84 % stimmten der Aussage „die in den letzten Jahren an der Grundschule im Mathematikunterricht eingeführten methodisch didaktischen Neuerungen haben einen positiven Effekt auf die Rechenkompetenz gehabt“ entweder „überhaupt nicht“ oder „nicht“(ebd.) zu.

Eine Antwort auf die Frage, wie es zu dem Urteil kommt, dass die Grundschule den Schülern die Grundfertigkeiten im Lesen, Rechtschreiben und Rechnen nicht immer besser, sondern eher schlechter vermitteln kann, mag eine Einschätzung des Schulpädagogen Wellenreuther liefern. Martin Wellenreuther, der am Institut für Pädagogik der Universität Lüneburg lehrt, scheint mit seiner Beurteilung der Lage im Bildungsbereich in einem zunächst äußerst kritisch anmutenden Zitat doch eher die Realität widerzuspiegeln: „Schulisches Lernen gleicht einem schlecht gemixten Cocktail aus Tradition und zum Zeitgeist passender Innovation. Die Berücksichtigung von Forschungsergebnissen spielt dabei eine untergeordnete Rolle“ (Wellenreuther, 2009a, S. 52).

Diese kritische und zugleich provokante Äußerung Wellenreuthers wirft auch ein Schlaglicht auf die schulischen Rahmenbedingungen für das Lernen im Fach Mathematik. Übertragen auf dieses Fach erleben wir bei Kindern mit Rechenschwäche häufig, dass in nahezu systematischer Weise die Schwächen der Kinder weiter ausgebaut und verstärkt werden. In diesem Buch haben wir uns ja bereits in Bezug auf praktizierte Fördermaßnahmen bei Rechenschwäche und -störungen mit den entsprechenden Mythen auseinandergesetzt (Teil II, Kapitel 6–11). Wir sehen uns nun erneut veranlasst, uns mit den schulischen Lernbedingungen, die häufig die Ursache für die Entwicklung von Rechenschwächen bzw. eines niedrigen Leistungsstandes in Mathematik sind, in einem eigenen neuen Kapitel auseinanderzusetzen. Dabei verlassen wir zwar unseren direkten Erfahrungsbereich, nämlich die konkrete Arbeit mit Kindern und deren Eltern in der Praxis. Allerdings konnten wir über viele Berichte, Aufzeichnungen, Arbeitsblätter und Schulbücher den schulischen Rahmen gut kennenlernen. Aus dieser Perspektive versuchen wir nun insbesondere unter dem Aspekt des gehirngerechten Lernens, die schulische Realität einer kritischen Reflexion zu unterziehen. Darauf aufbauend bemühen wir uns dann, die Grundzüge einer neuen „Lernkultur" für den Bereich Mathematik zu entwickeln.

Auch versuchen wir weiterhin, dem unterschiedlichen Leserkreis dieses Buches, d. h. den Eltern, Therapeuten und Lehrern gerecht zu werden. Zur besseren Orientierung für die möglicherweise unterschiedlichen Schwerpunktsetzungen des jeweiligen Lesers kann der Wegweiser dieses Buches auf Seite XX dienen.

Vorwort zur vierten Auflage

Über zwei Jahre sind nun seit Erscheinen der 3. Auflage dieses Buches vergangen. Wir möchten Sie, liebe Leserinnen und Leser, wiederum an Weiterentwicklungen teilhaben lassen.

Seit der letzten Auflage verstärkt sich in unserer Arbeit der Eindruck, dass die Anforderungen an unsere Kinder besonders im Grundschulbereich weiter gestiegen sind. Auch Mütter, die vor ein paar Jahren schon ein Kind in der Grundschule hatten, bestätigen diese Unterschiede. Ein Grund für die erhöhten Leistungsanforderungen, nicht zuletzt in der Mathematik, sind die Reaktionen auf den „PISA-Schock" in Deutschland. Unser Schulsystem stand unter erheblichem Druck und erfuhr in den letzten Jahren auch erste erkennbare Verbesserungen.

Klieme u. a. (2010) sehen die Fortschritte besonders in einer sich abzeichnenden „empirischen Wende" in der Mathematikdidaktik und in der Einführung von landesweiten Vergleichsarbeiten begründet, „durch die Lehrerinnen und Lehrer regelmäßig konkrete Rückmeldungen über den Kompetenzstand ihrer Klasse erhalten" (S. 172).

Die Wissensvermittlung in der Grundschule habe sich durch diese vielen Vergleichstests, so argumentiert ebenso Margarete Götz – Inhaberin des Lehrstuhls für Grundschulpädagogik der Universität Würzburg – verändert. Dadurch, dass die Lehrkräfte aus den veröffentlichten Ergebnissen dieser Tests erschließen können, ob die von ihnen unterrichteten Schüler bezüglich ihrer

Leistungen über- oder unterdurchschnittlich abschneiden, erzeuge dies bei den Lehrern Druck. Folge sei, dass der Fokus ihres Unterrichts nun häufiger einseitig auf der Vermittlung von Problemlösekompetenzen, die in diesen Tests gefordert werden, liege.

Franz Rauch, Universitäts-Professor in Klagenfurt, formuliert eine häufig damit einhergehende Kehrseite der neuen Entwicklung: „Die Wissensvermittlung kommt dann manchmal zu kurz" (Rauch 2011, S. 8). Tatsächlich bereiten viele Lehrer unserer Einschätzung nach ihre Schüler auf diese Tests mit dem Ergebnis vor, eben diese geforderten „Problemlösekompetenzen" zu fördern, ohne jedoch die notwendigerweise zu beherrschenden Grundfertigkeiten bei allen Schülern angemessen zu sichern.

Margarete Götz äußerte auf die Frage, ob nun schwächere oder auch langsamere Schüler durch diese geänderten Anforderungen in der Grundschule mehr benachteiligt würden, dass es hierzu keine verlässlichen Studien gebe. Aber, so die Professorin, es läge nahe, dass die „intelligenteren" Schüler durch die geforderten Denkleistungen bevorteilt wären.

Umgekehrt bedeutet diese Aussage natürlich, dass schwächere und langsamere Schüler benachteiligt werden, da es kaum mehr auf das Auswendiglernen z. B. der Grundrechenfertigkeiten ankommt. Damit fehlt diesen Kindern ein gesichertes Fundament für die Lösung komplexerer Rechenprobleme.

So verwundert es uns nicht, dass viele Lehrer und Schulpsychologen in Gesprächen weiterhin immer wieder unserer Einschätzung zustimmen, dass die Grundschullehrpläne eigentlich nur für die guten Schüler konzipiert sind.

Zusätzlich zu der geschilderten Problematik der Lernziele und -inhalte kommt die der Lernwege. Gerade Schüler mit Lernschwächen, so Martin Wellenreuther, Mitarbeiter des Instituts für Pädagogik der Universität Lüneburg, seien mit den in der Grundschule propagierten Formen des „offenen" Unterrichts „heillos überfordert" (2009b, S. 72). Es sei „eine wahrhaft absurde Geschichte" (ebd.), dass in der Grundschule die empirisch nachgewiesen effektiveren Lernformen, von denen insbesondere Schüler mit Lernschwierigkeiten profitieren, gering geschätzt und wenig umgesetzt würden. Da diese Kinder „in besonderem Maße auf die Lernsteuerung durch den Lehrer angewiesen sind", würden sie so systematisch benachteiligt.

Im Ergebnis bedeutet dies für diese Kinder, unnötige Rechenprobleme zu entwickeln mit entsprechenden emotionalen Belastungen.

Beispielhaft haben wir Rückmeldungen zu unserem Buch „Kinder mit Rechenschwäche erfolgreich fördern" bei amazon.de auf diesen Aspekt hin durchgeschaut und fanden folgende Aussagen von Lesern:

So berichtet Peter Köller, dass die Hausaufgaben ewig dauerten, oft mit Tränen verbunden und jedes Mal von den Worten begleitet: „Das kann ich ja doch nicht". Seine Tochter (3. Klasse) sei nach Ansicht der Lehrerin „einfach nur viel zu langsam".

Martina Eckert schreibt, dass es auch bei ihrer Tochter „viele Tränen" gab. Sie „klagte sogar schon über Bauchschmerzen in der Schule". Die Probleme mit ihrer Tochter fingen in der 1. Klasse an, als es nicht mehr darum ging, „einfach nur an den Fingern abzuzählen, sondern den Zahlenraum zu verstehen. Wir haben alles mögliche ausprobiert, verschiedene Materialien zur Veranschaulichung, Perlen, Steine, Abakus, etc."

Mit ihren Problemen wurden viele Kinder (und Eltern) von schulischer Seite alleingelassen. Mit den von uns vorgeschlagenen Lernmethoden wurden von diesen Eltern folgende Erfahrungen gemacht:

Peter Köller berichtet, dass der Erfolg sich schon nach nur zehn Tagen zeigte und beim zusätzlichen Üben kein Stress mehr entstand. Nach zwei Monaten Training sei seine Tochter nun viel schneller im Rechnen und finge sogar an, Spaß zu haben.

Martina Eckert schreibt, dass sie viele Argumente unseres Buches vollkommen überzeugt hätten, z. B. dass in aller Regel weniger mehr sei – dass es also darauf ankomme zu verhindern, die Kinder durch zu viele verschiedene Methoden und Rechenwege zu überfordern – und vor allem, dass es wichtig sei, dass kleine Eins-plus-eins auswendig zu lernen. Sie habe es erst nicht glauben wollen, denn „Mathe ist für mich Verständnis" (die Mutter ist Ingenieurin), „aber wahr ist, dass man schwierigere Dinge einfach besser versteht, wenn man über Basisoperationen nicht mehr nachdenken muss". Weiter berichtet sie, dass es ihrer Tochter Spaß mache, da sie Erfolgserlebnisse sehe und *„auch übrigens, Bauchschmerzen hat sie keine mehr"*.

Interessant ist zu beobachten, dass das Auswendiglernen in wissenschaftlichen Untersuchungen wieder an Ansehen gewinnt. In der renommierten Zeitschrift Science (2011) wurde eine Studie veröffentlicht, die die Überlegenheit des Auswendiglernens gegenüber anderen Lernmethoden zeigen konnte: Studenten der Naturwissenschaften sollten sich die Kernaussagen eines Fachbeitrages merken und dann auf entsprechende Fragen antworten, bei denen Schlussfolgerungen aus dem Gelernten gezogen werden mussten. Eine Gruppe von Studenten las den Text mehrmals und memorierte ihn schriftlich. Die Vergleichsgruppe sollte sich die Inhalte mit Hilfe eines Mindmaps von Zusammenhängen und Hintergründen merken. Die Überprüfung des Gelernten fand eine Woche nach dem Lernen statt und erfasste somit Wissen, das dann schon im Langzeitgedächtnis gespeichert war. Es zeigte sich, dass die erste Gruppe, die „nur" auswendig gelernt hatte, signifikant besser als die zweite abschnitt.

Die Forscher Karpicke und Blunt (2011) konnten so empirisch nachweisen, dass das Auswendiglernen besser als sein Ruf ist. Einfaches Rekapitulieren von Gelerntem scheint effektiver zu sein, als es viele Pädagogen wahrhaben wollen.

Diesen Forschungsergebnissen zur Folge sind Methoden wie Auswendiglernen oder direktiv gesteuertes Lernen möglicherweise in den letzten Jahren zu Unrecht in Verruf geraten. Selbstverständlich bedeutet dies unserer Ansicht nach nicht, dass nur Auswendiglernen der Schlüssel zum Erfolg ist. Entscheidend ist vielmehr, dass man für jede Anforderung individuell entscheiden muss, welches die richtige Methode ist. Zu bedenken ist aber immer, dass Problemlösekompetenz erst dann sinnvoll entwickelt werden kann, wenn die Grundfertigkeiten sicher und dauerhaft beherrscht werden. Besonders für diesen Schritt versucht dieses Buch möglichst einfache Wege aufzuzeigen.

Claudia Oehler und Armin Born Würzburg, im August 2011

Vorwort zur dritten Auflage

Wir freuen uns, Ihnen hiermit die 3. Auflage des Buches „Kinder mit Rechenschwäche erfolgreich fördern“ vorlegen zu können. Neuauflagen bieten die Chance, aktuelle Weiterentwicklungen mit einzubeziehen. So möchten wir nun in dieser überarbeiteten 3. Auflage Neuerungen aus der Forschung und aktuellen Publikationen vorstellen, sowie unsere eigenen Ergänzungen im methodischen Bereich, die wir als ständigen Weiterentwicklungsprozess verstehen, aufzeigen.

Je mehr wir uns mit der Thematik der Rechenschwäche beschäftigen, umso mehr stellen sich bei uns auch negative Gefühle in Form von Bedenken, Unzufriedenheit und manchmal sogar Ärger in Anbetracht der schulischen Vorgehensweise, insbesondere im Grundschulbereich, ein. Unbestritten scheint inzwischen die Bedeutung der Automatisierung von Rechenfertigkeiten im Grundschulalter zu sein. So betonen Hasselhorn und Gold bei der Analyse der Entwicklung von Rechenfertigkeiten im Grundschulalter: „Wer über ein vollständiges und hoch automatisiert nutzbares Wissen hinsichtlich der Ergebnisse der Addition, Subtraktion, Multiplikation und Division zweier Ziffern verfügt, besitzt einen enormen Vorteil beim Bewältigen komplexerer Rechenanforderungen.“ (Hasselhorn und Gold 2006, S. 128)

Angesichts der begrenzten Kapazität unseres Arbeitsspeichers sollte es erklärtes Ziel sein, dass das Faktenwissen in automatisierter und einfacher Form im Gehirn des einzelnen Schülers abgespeichert wird und für diesen damit dauerhaft verfügbar ist. Leider wird von schulischer Seite gerade im Förderbereich immer noch einseitig mit von Ideologie geleiteten didaktischen Vorstellungen gearbeitet, die letztlich dazu führen, dass die Rechenschwächen häufig nur verfestigt werden. Diese Vorstellungen stellen sich zunehmend als Mythen heraus.

Warum aber trennt man sich nicht von Mythen, die letztendlich uneffektiv sind?

Unseres Erachtens wird nicht reflektiert, was die einzelnen Fördermaßnahmen im Gehirn des einzelnen Schülers bewirken sollen, bewirken können bzw. „anrichten“. Ein grundsätzliches Problem in unserem Schulsystem ist, dass meist nur ein Lernangebot gemacht wird, ohne dass die Lehrpersonen die Verantwortung dafür übernehmen, welche Gehirnprozesse dadurch ausgelöst werden. Folge ist dann oft, dass der einzelne Schüler wesentliche mathematische Lerninhalte nur fragmentarisch abspeichert. Leider werden die grundlegenden Voraussetzungen des „gehirngerechten Lernens“ häufig ausgeblendet bzw. gar nicht gewusst, so dass wir in sehr vielen Fällen erleben, dass Förderung die bestehenden Defizite der betroffenen Kinder nicht verringert, sondern eher noch zusätzlich verstärkt.

Zu unserer Verwunderung wird erst jetzt sehr langsam in aktuellen Publikationen, so bei Landerl und Kaufmann (2008), akzeptiert, dass „das wiederholte schematische Üben von Aufgaben mit dem Ziel diese Lerninhalte abzuspeichern“ (S. 179) erfolgreich sowie hilfreich und vielleicht sogar notwendig ist: „Aktuelle Lerntheorien stimmen darin überein, dass ‚Drilltraining‘, wie beispielsweise das Auswendiglernen von arithmetischen Fakten, durchaus effektiv sein kann. Diese Einstellung beruht auf dem Wissen, dass durch das Auswendiglernen von Rechenaufgaben ein direkter Abruf der gelernten Inhalte aus dem Gedächtnis möglich wird. Dieser direkte Abruf stellt sehr geringe Anforderungen an die Arbeitsgedächtnisleistungen, wodurch Arbeitsgedächtnisspeicher frei wird für das Verarbeiten von anderen Lösungsschritten (wie z.B. nötig beim Lösen mehrstelliger schriftlicher Rechenaufgaben).“ (ebenda)

In ihrer Zusammenfassung zu überprüften Interventionsprogrammen bei der Förderung der Rechenfertigkeit konstatieren Landerl und Kaufmann (2008): „Konzeptuelles Verständnis alleine reicht allerdings nicht aus, vielmehr muss das erworbene Verständnis auch konsolidiert werden, damit es effizient und automatisiert angewendet werden kann. Insbesondere arithmetisches Faktenwissen muss konsequent eingeübt werden, weil nur durch schnellen und automatisierten Abruf von Faktenwissen wertvolle Arbeitsgedächtnisressourcen frei werden, die für die Lösung komplexer arithmetischer Aufgaben dringend benötigt werden.“ (ebenda, S. 211). „Drilltraining“, so die Professorinnen, könne also eine „effektive Interventionsmethode“ (ebenda) sein, sofern auch an der Vermittlung des konzeptionellen Verständnisses gearbeitet werde.

Diese neu propagierten „Erkenntnisse“ spiegeln vor dem Hintergrund unserer Erfahrungen unser langjähriges Denken wider. Natürlich freuen wir uns über diese Bestätigung und die Einsicht, dass unsere Vorgehensweise sinnvoll ist, damit Lernen insbesondere im Bereich Mathematik erfolgreich sein kann.

Der Begriff des „Drilltrainings“, den Landerl und Kaufmann verwenden, macht jedoch zugleich die große Ambivalenz sichtbar, die zahlreiche Vertreter, insbesondere der Pädagogik, diesem Ansatz gegenüber nach wie vor hegen. Er zeigt beispielhaft, dass ein solches Vorgehen des „Auswendiglernens“ im Allgemeinen eher verpönt ist. Dabei bauen Landerl und Kaufmann – wie vor ihnen schon andere Autoren – unseres Erachten einen künstlichen Gegensatz zwischen einerseits dem systematischen Einprägen („Drilltraining“) und andererseits dem Verständnis für die arithmetischen Prozeduren auf. Ist es nicht selbstverständlich, dass systematisches Einüben von arithmetischen Prozeduren nur dann erfolgreich sein kann, wenn es für den Betreffenden auch bedeutungsvoll geschieht?

In der Vergangenheit hing man in der Mathematikdidaktik unserer Auffassung nach zu lange der irrigen und auch einseitigen Vorstellung nach, dass über die Einsicht, das Verstehen und die Veranschaulichung quasi zwangsläufig die notwendigen Automatisierungen des numerischen Faktenwissens bzw. der arithmetischen Prozeduren im Gehirn stattfinden.

Wir müssen uns verstärkt und in erster Linie Rechenschaft darüber ablegen, wie Lernprozesse zu strukturieren sind, damit sie erfolgreich sein können. Bisher hat man sich zwar durchaus damit auseinandergesetzt, welche Faktoren beim Kind eine Rechenschwäche mit auslösen können. Noch nicht hat man sich jedoch damit beschäftigt, wie auch Lernmethoden Rechenschwächen verstärken oder sogar verursachen können. Passende, auf die jeweils besonderen Voraussetzungen des einzelnen Kindes abgestimmte Fördermethoden wurden in der Vergangenheit aufgrund der „ideologischen Brille“ nur unzureichend entwickelt.

Die Bedeutung des Arbeitsgedächtnisses hat in den letzten Jahren in der Forschung einen zentralen Stellenwert bekommen. Das Arbeitsgedächtnis stellt das „Nadelöhr“ im Lernprozess dar. Wir bemühen uns, Lernprozesse unter Einbezug dieses Nadelöhrs zu erläutern um dann zu überlegen, welche Lernwege aufgrund dieser Engstelle überhaupt erfolgreich sein können.

Auf einem umfassenden Grundlagenwissen aufbauend haben wir Lernwege entwickelt, damit Kinder auf möglichst einfache Weise die notwendigen Automatisierungen erwerben können, um damit den begrenzten Arbeitsspeicher zu entlasten. Darüber hinaus versuchen wir das systematische Üben so zu gestalten, dass es erfolgreich sein kann und bei den Kindern mit einer Rechenschwäche auch zu einer positiven emotionalen Bewertung des Lerngegenstandes führt. Immer wieder hören wir so von rechenschwachen Kindern, die wir über eine längere Zeit begleitet haben: „Mathe ist jetzt mein Lieblingsfach“.

Claudia Oehler und Armin Born Würzburg, im März 2009

Vorwort zur zweiten Auflage

„Trotz der allenthalben beschworenen Bedeutung mathematischen Wissens in unserer Zeit ist das Bildungssystem gegenwärtig nur sehr unzureichend in der Lage, bei Defiziten die erforderliche Förderung zu realisieren. Gangbare Bildungswege werden kaum angeboten.“ (Neumärker, Bzufka 2005, S. 90). Diese kritische Einschätzung aus dem Bereich der Kinder- und Jugendpsychiatrie wird durch die erschreckenden Ergebnisse wissenschaftlicher Untersuchungen wie z. B. der PISA-Studie bestätigt.

Es stellt sich nun die Frage: Quo vadis – wo soll denn nun der Weg im Mathematikunterricht und im dazugehörigen Förderbereich hinführen? Gerade in der Förderpädagogik sind über viele Jahre, gar Jahrzehnte ausgetretene „Trampelpfade“ beschritten worden, die offensichtlich nicht besonders erfolgreich waren.

Ist nicht langsam die Zeit gekommen, sich auf der Basis neuester Forschungsergebnisse von in diesem System bestehenden etablierten Mythen zu verabschieden und neue, einfachere und auch effektivere Wege zu suchen, um Kinder in Mathematik erfolgreich sein zu lassen? Dies ist umso mehr zu fordern, wenn man bedenkt, welche erheblichen Beeinträchtigungen jeder Einzelne mit einer Rechenstörung (Dyskalkulie) in der persönlichen, emotionalen und sozialen Entwicklung bis hin ins Erwachsenenalter erfährt. Mit zu berücksichtigen sind auch die sozialen Folgekosten unzureichender Förderung, die sich auf das gesamte berufliche Leben genauso gravierend auswirken dürften, wie dies für die Legasthenie bereits gut belegt ist (vgl. Neumärker, Bzufka 2005).

Seit Erscheinen der ersten Auflage unseres Buches „Kinder mit Rechenschwäche erfolgreich fördern" im Jahre 2005, mit teilweise recht provokanten Thesen, haben wir in der Zwischenzeit auf recht unterschiedlichen Ebenen viel Bestätigung erfahren. Empirische Forschungsergebnisse (Grünke 2006) zeigen, dass die von der Mathematikdidaktik abgelehnten Förderwege möglicherweise doch die effektivste Form der Hilfe darstellen (Mythos 5). Krajewski und Schneider (2005) benutzen den Begriff „Gerüchte" für überholte und wohl auch irrige Vorstellungen in Bezug auf die Einschätzung der Bedeutung von Basisfunktionen, wie zum Beispiel des räumlichen Vorstellungsvermögens in der Mathematik (Mythos 1). Gleichzeitig betonen sie die Relevanz sicher beherrschten Grundwissens. Auch in den Publikationen aus den Kreisen der Mathematikdidaktiker zeigt sich allmählich eine Relativierung der Bedeutung von Veranschaulichungsmitteln im Eingangsmathematikunterricht und der Förderung (Mythos 3) sowie eine zunehmende Ablehnung des Trainings von Basisfunktionen (Mythos 2) (vgl. Lorenz 2005).

Vor allem aber haben wir viele positive Rückmeldungen erhalten von Eltern, betroffenen Kindern, Lehrern, Förderlehrern und Kollegen, die uns zu Kongressen und Workshops eingeladen haben. Viele Eltern haben sich mit ihren rechenschwachen Kindern auf den Weg gemacht, unsere Methoden systematisch einzusetzen und berichten von stetigen Fortschritten und Erfolgen. Stellvertretend seien drei Rückmeldungen von Pädagogen angeführt. Eine Förderlehrerin aus der Grundschule schrieb uns: „Nachdem gestern die Rechenkärtchen zum ersten Mal zum Einsatz und auf mehreren Ebenen sehr positiv zum Tragen kamen, denke ich, werde ich diesen Erfolg versprechenden Ansatz weiter verfolgen. Eine Schülerin der 2. Klasse, die ihre Matheaufgaben gerne unterschlagen hätte, war plötzlich begeistert, fragte nach Material, um die Karten für sich (‚zum Zuhauseüben') herzustellen, und hatte endlich verstanden, dass man bei 23 + 5 nicht zählen muss! In diesem Zusammenhang frage ich mich, warum solche einfachen Anschauungsmittel nicht sofort Eingang finden in den Mathematikanfangsunterricht oder zumindest in den Stützkursen. Für mich ist die Arbeit mit den Kärtchen ebenfalls eine Entlastung ... Ich habe ein großes Gefühl der Erleichterung nach einer längeren Odyssee durch Hundertertafeln, Montessori-Material etc.. Nochmals herzlichen Dank und viele Blicke aus strahlenden Kinderaugen."

Eine engagierte Lehrkraft mit 25-jähriger Berufspraxis setzte sich sehr intensiv mit unserem Buch auseinander und berichtete uns unter anderem Folgendes: „Ich habe mich gefreut über Kritik an folgenden Lehrmeinungen, weil es meiner

Erfahrung nach nie (richtig) funktioniert hat (Mythos 1 und Mythos 3, mein Hauptpunkt !!!). Ich konnte noch nie feststellen, dass bei rechenschwachen Kindern nach einer gewissen Zeit des Einführens, Erklärens, Ausprobierens usw. weitere Veranschaulichungen geholfen hätten. ... bei der Einführung des neuen (bayerischen) Lehrplans habe ich auf mehreren Fortbildungen die Referenten gefragt, wie denn nun der Übergang sein soll vom Ausrechnen der Kernaufgaben zum Beherrschen der 1 x 1-Reihen und ich habe von keinem eine sinnvolle Antwort bekommen. ... zum selbst entdeckenden Lernen stimme ich Ihnen ganz energisch zu!!! Für rechenschwache Kinder ist es Unfug. ... das Buch ist sehr wichtig für mich. Was ich sehr gut finde: Ich habe einige Erklärungen für bisher rätselhafte Beobachtungen gefunden (z. B. Mythen), viele Dinge, die ich mir selbst ausgedacht und erarbeitet habe, wo ich von den Büchern und Lehrmeinungen abweiche, finde ich bestätigt, z. B. der große Stellenwert des Übens, des systematischen Übens, weniger verschiedene Aufgabenformen und Veranschaulichungsmittel usw. ..."

Viele Lehrer sehen sich oft eingebunden in Lehrmeinungen, Lehrpläne und Beurteilungsverfahren. So äußerte beispielsweise eine Lehrkraft vor dem bevorstehenden Besuch des Schulrates: „Darf ich denn eine solche Stunde halten, so einfach?". Lehrer haben Angst, die Vielfalt an Darstellungsformen und Methoden aufzugeben, obwohl dadurch häufig nur Chaos im Gehirn des rechenschwachen Kindes entsteht und verstärkt wird.

Lehrkräfte erleben häufig den Gegensatz zwischen der ihnen vermittelten Unterrichtsdidaktik und ihrem persönlichen Erfahrungswissen. Wir möchten weder Lehrerschelte betreiben noch das Verhältnis zwischen Eltern und Lehrern mit unserer kritischen Einschätzung belasten. Vielmehr möchten wir beginnen, auf der Basis sicherer Erkenntnisse über die Art und Weise, wie wir lernen und wie wir speziell auch Mathematik lernen, ideologiefrei den effektivsten Weg für die rechenschwachen Kinder zu suchen. Mathematik sollte einfach sein, sollte nicht angstbelastet sein, Rechenfertigkeiten sollten primär als „Handwerkszeug" verstanden werden, welches dann später für „kreativere Lösungsprozesse" z. B. bei Sachaufgaben eingesetzt werden kann. Auf dieser Grundlage halten wir die enge Kooperation zwischen Lehrer/innen und Eltern als notwendige Voraussetzung für eine Erfolg versprechende Förderung.

Claudia Oehler und Armin Born September 2007

Einleitung

Wie unser erstes Buch „Lernen mit ADS-Kindern“, so ist auch das nun neu vorliegende Buch „Kinder mit Rechenschwäche erfolgreich fördern“ aus unserer täglichen therapeutischen Arbeit mit Kindern, Jugendlichen und deren Eltern entstanden. Ausgangspunkt war zum einen das therapeutische Bemühen um Kinder, die an einer Aktivitäts- und Aufmerksamkeitsstörung (ADHS) leiden, denn neueste Zahlen weisen darauf hin, dass ca. ein Drittel der mit einer Rechenstörung belasteten Kinder auch von einem ADHS betroffen sind (vgl. Jakobs, Petermann 2003). Zum anderen waren es Kinder, die uns aufgrund von Emotionalstörungen vorgestellt wurden. Aus Leistungsproblemen entstehen nämlich bei etwa einem Drittel der Kinder oft emotionale Probleme in Form von Ängsten und depressivem Erleben.

Für ADHS-Kinder entwickelten wir in den vergangenen Jahren „passende“ Vorgehensweisen und Lernmethoden, um ihnen die Grundfertigkeiten des Lesens, Schreibens und Rechnens nahe zu bringen. Wir versuchten dabei immer wieder eine Verknüpfung zwischen unserer Erfahrung und dem aktuellen Forschungsstand, insbesondere dem der Neurowissenschaften, herzustellen. Beim Ausbau unserer Arbeit bezogen wir Kinder mit Emotionalstörungen mit ein. Auch hier bemühten wir uns um eine wissenschaftliche Reflektion und versuchten aktuelle Forschungserkenntnisse in konkrete therapeutische Arbeit umzusetzen. In unserer praktischen Arbeit und letztlich auch beim Schreiben dieses Buches ermutigten uns Rückmeldungen von Lehrerinnen und Lehrer, wie etwa: „Ihre Methoden für ADHS-Kinder helfen auch bei den anderen Kindern.“

Welche Schüler sind gemeint, wenn wir von Rechenschwäche sprechen, was fällt bei ihnen auf? Woran sind die „rechenschwachen“ Kinder zu erkennen, die wir hier ansprechen und mit unseren Methoden unterstützen wollen?

> Alle Kinder, die in der Grundschule Schwierigkeiten beim Rechenlernen haben, sind mit diesem Buch angesprochen. Ihnen fehlt vor allem eine angemessene Automatisierung der Grundrechenfertigkeiten sowie die des Zahlen- und Mengenverständnisses.

Beim *numerischen Faktenwissen*, d. h. beim Einspluseins und beim Einmaleins fällt diesen Kindern das Ergebnis nicht sofort ein. Sie müssen zeitintensive Fehlstrategien einsetzen, um zum Ergebnis zu gelangen, und bei den einfachen Grundrechenarten benötigen sie Hilfsmittel, wie ihre Finger oder Strategien des inneren Vor- und Zurückzählens.

In der Folge kommt es bei *arithmetischen Prozeduren*, d. h. bei den Rechenfertigkeiten, die eine bestimmte Abfolge von Rechenschritten beinhalten, wie

z. B. beim schriftlichen Malnehmen, Teilen, Bruch- und Prozentrechnen oder dem Berechnen von Flächen und Volumen, zu häufigen Fehlern. Die richtige Abfolge der Rechenschritte ist hier nicht dauerhaft abgespeichert. An das Sachrechnen trauen sich die Schüler oft nicht heran, und sie vermeiden lange Textaufgaben, weil sie Angst haben, diese nicht zu bewältigen. Eine Rechenfähigkeit über die Rechenfertigkeit hinaus, kann so nicht entwickelt werden. Schnell stellen sich emotionale Probleme mit Vermeidungsverhalten und Ängsten vor Versagen ein, wenn häufiger Misserfolge erlebt werden.

In erster Linie sind wir Psychologen und haben somit eine therapeutische Zugangsweise zu den Kindern. Wir erleben täglich entmutigte Kinder, die schon in ihrer kurzen Schulkarriere sehr viele Misserfolge und Versagenserlebnisse hinnehmen mussten. Die Folgen sind die klassischen: Schnell stellt sich eine geringe Lernmotivation mit entsprechendem Vermeidungsverhalten ein, und aufgrund der sich im Lernbereich entwickelnden Teufelskreise mehren sich die Misserfolge. Dies hat natürlich entsprechende Auswirkungen auf das ohnehin beeinträchtigte Selbstwertgefühl und Selbstbild dieser Kinder. Dabei erleben wir es ständig: Kinder wünschen sich nichts sehnlicher, als Erfolgserlebnisse zu haben, ein wenig besser in der Schule zu werden. Sie können sich so sehr über kleine Erfolgserlebnisse freuen und stolz auf ihre Fortschritte sein.

Vorrangiges Ziel unserer Arbeit ist es, Einstellungsveränderungen zu bewirken.

Wir sehen uns hier in Übereinstimmung mit den Erkenntnissen und Aussagen des Zentrums für Forschung und Innovation im Bildungswesen (CERI) der Organisation für wirtschaftliche Zusammenarbeit und Entwicklung (OECD). Im CERI-Projekt „Lernwissenschaften und Gehirnforschung“ wurden auch die Prioritäten in Bezug auf die wesentlichen Kernkomponenten des traditionellen Lehrplans kritisch hinterfragt. Traditioneller Weise, so die OECD (2005), würden Lehrpläne Kenntnisse höher als Fähigkeiten bewerten und Fähigkeiten wiederum höher als Einstellungen. Das Wissenschaftsgremium schlägt jedoch eine andere Prioritätenordnung vor: Demnach sind positive Einstellungen, wie etwa Selbstbewusstsein und -vertrauen, Motivation, Verantwortungsgefühl und Optimismus, der Schlüssel zu einem erfolgreichen Lernen und damit letztlich auch zu einem erfüllten Leben oder einer befriedigenden Arbeit (vgl. OECD 2005, S. 33 ff.).

Die Ermutigung der Kinder sehen wir daher als eine wesentliche Voraussetzung für ihren Lernfortschritt an.

Ermutigung verstehen wir dabei nicht im Sinne von „gut zureden“. Hilfreich erscheint uns auch nicht, bei den betroffenen Kindern auf andere Kompetenzbereiche, wie z. B. im Sport oder beim Musizieren hinzuweisen, wenn sie doch in Wirklichkeit im Rechnen schlecht sind. Ermutigung verstehen wir vielmehr in dem Sinne, dass Kinder in den Bereichen, in denen sie Probleme haben, erleben, dass sie genau dort besser werden können. So können sie wieder Hoffnung und damit auch Lernbereitschaft entwickeln. Ermutigung bedeutet in diesem

Sinne, Kinder an zu bewältigende Lernschritte heranführen, bei denen die Wahrscheinlichkeit eines Erfolgserlebnisses groß ist. Kinder und Eltern (Lehrer) bekommen damit die Möglichkeit, sich gemeinsam über Fortschritte freuen zu können.

Wir haben versucht, möglichst effektive Wege für den Erwerb der Grundfertigkeiten des Rechnens zu entwickeln. Die einfachen Methoden stehen zunächst immer im Dienste der Ermutigung. Ziel ist es, das Selbstvertrauen der Kinder und ihre Hoffnung auf einen Fortschritt zu stärken.

Um die Ausgangssituation im Bildungsbereich zu veranschaulichen, sei noch einmal auf ein Zitat aus dem OECD-Bericht verwiesen: „Die Lehrer hören viel über ihre Fächer, über Mathematik oder Biologie ..., aber sie haben wirklich große Defizite in neurowissenschaftlicher und psychologischer Lerntheorie." (OECD 2005, S. 96). Dies ist sicher eine recht pointierte Aussage, möglicherweise steckt jedoch ein Körnchen Wahrheit darin. Betrachten wir die Ergebnisse der ersten PISA-Studie im Hinblick auf die Mathematik, aber auch die Lesefertigkeiten, und lesen folgendes Fazit: „Das deutsche Bildungssystem ist besonders wenig erfolgreich bei der Förderung schwächerer Schüler, bei der Sicherung von Mindeststandards." (Deutsches PISA-Konsortium 2001, S. 172), so muss sich unser Bildungssystem tatsächlich unbequeme Fragen gefallen lassen. Auch die zweite PISA-Studie (2004) konnte hier keine besseren Ergebnisse aufweisen: Hauptschüler schnitten im Fach Mathematik gegenüber der ersten Studie sogar noch schlechter ab.

Bei der Aus- und Fortbildung von Lehrern kommt unseres Erachtens der Bereich des Lernens zu kurz.

So äußerte eine Schulrätin nach einer von uns durchgeführten Fortbildungsveranstaltung Folgendes: „Mir ist nach dieser Fortbildung sehr bewusst geworden, und dies nehme ich mit nach Hause: Methoden sind kein Selbstzweck, sondern stehen immer im Dienste des Behaltens und sind deswegen zu hinterfragen, wie sie dauerhaftes Behalten bewirken können." Eine junge engagierte Lehrkraft sagte nach dem Besuch eines Wochenend-Fortbildungskurses zum Thema „Lernen mit ADS-Kindern": „Aus lernpsychologischer Sicht und unter dem Aspekt des dauerhaften Behaltens habe ich meinen Wochenarbeitsplan plötzlich ganz neu gesehen und erkannt, ich kann das nicht so machen, wenn ich wirklich will, dass meine Kinder etwas behalten sollen."

Bewusst haben wir keine enge fachdidaktische Zugangsweise zur Mathematik und zu den Grundlagenfertigkeiten des Rechnens gewählt. Ausgangspunkt waren aktuelle Ergebnisse der Lernpsychologie und auch der Gehirnforschung.

Besonders den Neurowissenschaften gilt es heute zunehmende Aufmerksamkeit zu schenken, da in den letzten 10 Jahren das Wissen in diesem Bereich, auch durch die Möglichkeiten der modernen bildgebenden Verfahren, regelrecht explodiert ist. Obwohl die Gehirnforschung erhebliche Erfolge in der Grundlagenforschung aufweisen konnte, fand bislang kaum ein Brückenschlag zwischen diesen Entdeckungen und den Lernwissenschaften, bzw. dem konkreten Bildungsbereich statt. Die Relevanz der neuen Erkenntnisse ist dennoch kritisch zu betrachten. Hier können wir Anregungen und Hilfen bekommen, müssen uns aber auch stets deren Grenzen bewusst sein. Neue Erkenntnisse können nicht im Sinne einer Eins-zu-Eins-Zuordnung als Allheilmittel umgesetzt werden. Dies wird auch selbstkritisch in den Reihen der Gehirnforscher der OECD so gesehen. Forschungsarbeiten, die sich bemühen, den Lernprozess im Lichte der Hirnforschung zu verstehen, so die Wissenschaftler, können interessierten Entscheidungsträgern im Bildungswesen und Lehrkräften wichtige Anhaltspunkte in diesem Bereich liefern. Die Ergebnisse der Gehirnforschung können zunächst „einfache Fragen über elementare Prozesse" beantworten. Neurowissenschaftliche Studien stellen damit Anhaltspunkte und Anregungen für komplexes Lernen zur Verfügung, können aber letztendlich kein umfassendes Lernkonzept vorgeben (vgl. OECD 2005).

In diesem durchaus kritischen Verständnis stellen Gehirnforschung und Lernpsychologie einen ersten wichtigen Pfeiler und eine bedeutsame zentrale Komponente dieses Buches dar, da sowohl Lehrende als auch Lernende gleichermaßen von unserem Wissenszuwachs in diesem Bereich profitieren sollten.

Neben den Ergebnissen der Lernpsychologie und der Neurowissenschaften und deren Einfluss auf das Lernen, möchten wir uns genauso ausführlich mit den herkömmlichen und weit verbreiteten Förderansätzen im Bereich der Mathematik beschäftigen. Diese sollten auf dem Hintergrund aktueller Forschungsergebnisse und persönlicher Erfahrungen kritisch gewürdigt werden.

Im Bereich der Rechtschreibung, d. h. der Legasthenieforschung und der empirischen Überprüfung ihrer Förderansätze ist unser Kenntnisstand wesentlich größer als im Bereich der Mathematik. Aus diesem Grund erscheint es umso notwendiger, Förderkonzepte für die Mathematik zu überprüfen.

Unter anderem setzen wir uns hier mit der bis heute postulierten Notwendigkeit des Trainings so genannter Basisfunktionen oder auch der Bedeutung von Veranschaulichungsmitteln in der Mathematik kritisch auseinander. In diesem Zusammenhang werden Sie in dem vorliegenden Buch häufiger über den Begriff „Mythos" stolpern, den wir bewusst provokativ einsetzen. Mit dieser Begrifflichkeit und der damit verbundenen kritischen Argumentation möchten wir eine Diskussion und auch einen Klärungsprozess anstoßen, zum Wohle unserer Lernenden, d. h. unserer Kinder. Ziel ist es, Denkanstöße, Anregungen und auch Zweifel bezüglich bestimmter Vorgehensweisen zu vermitteln. Möglicherweise sind das Ausmaß und die Bedeutung der vorgestellten und immer noch von Pädagogen propagierten Förderansätze wesentlich geringer, als traditionell vermittelt. Hier könnten sich neue Denkperspektiven eröffnen.

In der Praxis erleben wir täglich, dass Kinder und auch Eltern häufig durch den Mathematikunterricht verwirrt werden und mit ungesichertem Wissen und Fertigkeiten zurückbleiben. Besonders die Vielfalt an Lerninhalten und Methoden führt bei Kindern mit Rechenschwäche zu Verwirrung und Chaos im Kopf. In der Folge entstehen Selbstzweifel, Unsicherheiten und Ängste, Vermeidungsverhalten und Blockaden.

Die Mathematik ist keine Geheimwissenschaft. Lassen Sie sich in diesem Buch mit auf den Weg nehmen, die Mathematik in ihren Anfängen und Grundzügen wieder durchschaubar zu erleben.

Vereinfacht ausgedrückt setzt sich die Mathematik aus verschiedenen basalen Rechenfertigkeiten zusammen. Diese müssen angemessen erlernt, d. h. automatisiert werden, damit auch komplexere Rechenformen erlernbar sind. Ist zum Beispiel das Einmaleins automatisiert, gelingt das schriftliche Malnehmen von mehrstelligen Zahlen oder das Bruchrechnen. Diese Grundrechenfertigkeiten bilden das Handwerkszeug und sind somit unabdingbare Voraussetzungen für den Lernenden, den Mut aufzubringen, sich an Sachaufgaben zu wagen und diese letztendlich zu lösen. Die Lösung aller weiteren mathematischen Probleme nimmt hier ihren Ausgangspunkt.

Bei rechenschwachen Schülern, die vielleicht auch noch mit einer ADHS-Problematik belastet sind, ist besonders beim Erwerb der Grundrechenfertigkeiten zu fragen, ob das Einfache nicht das eigentlich Pädagogische ist. Sollte es nicht unser aller Ziel sein, auf einfachen Wegen Erfolge erlebbar zu machen, damit bei unseren Kindern und Schülern der Weg der Hoffnung beginnen und Selbstvertrauen aufgebaut werden kann.

Ihr Wegweiser für dieses Buch

Möglicherweise haben Sie als Eltern, Lehrer, Psychologen und Pädagogen oder auch als Ärzte unterschiedliche Interessen, wenn Sie dieses Buch lesen. Insbesondere für die Eltern rechenschwacher Kinder, denen die praxisorientierten Teile wichtig sind, haben wir die konkreten Lernhilfen am Seitenrand blau unterlegt – und somit leicht auffindbar gemacht.

Die weiß belassenen Teile sind mehr theoretischer Natur und geben einen Überblick über den aktuellen Wissensstand zur Thematik. Diese Seiten dürften neben den Eltern insbesondere Lehrer, Psychologen, Pädagogen und Lerntherapeuten sowie Ärzte und Heilpädagogen ansprechen.

Das Buch gliedert sich in fünf Teile

Teil 1 enthält eine Einführung, in der wir darauf eingehen, was unter Rechenstörung und Rechenschwäche verstanden wird. Anschließend folgt Grundlagenwissen zum Thema Lernen, denn Rechenfertigkeiten werden erlernt. Es ist daher wichtig zu wissen, was beim Lernen überhaupt passiert und Sie an aktuellen Ergebnissen der Lernpsychologie und Gehirnforschung sowie an daraus gewonnenen theoretischen Modellen der rechnerischen Verarbeitung teilhaben zu lassen. Dieser Teil dürfte besonders Lehrer und Therapeuten interessieren, aber natürlich auch Eltern, da hier die Grundlagen und Grundvoraussetzungen für die Lernarbeit – ob zu Hause oder in der Schule – reflektiert werden.

In *Teil 2* werden zentrale Ansätze der aktuellen Förderpraxis sowie der gewohnten Unterrichtsgestaltung dargestellt und kritisch beleuchtet. Wir fragen immer wieder, ob es sich bei diesem „Altbewährten" um Mythen oder gesicherte Erkenntnisse handelt. Engagierte Lehrer und Lerntherapeuten, die in ihrer Lehr- und Förderpraxis immer wieder feststellen, dass ihr Bemühen nicht zum angestrebten Ziel führt, finden hier vielleicht Antworten. Viele Anregungen für Diskussionen und Denkanstöße zur Reflektion des täglichen Praxishandwerks, die Sie hier vorfinden, mögen zum Teil provozierend klingen, da sie tradierte und gewohnte Vorgehensweisen in Frage stellen, aber vielleicht kann etwas Fruchtbares entstehen, wenn Sie sich auf die Inhalte und Argumentationsstränge einlassen.

Eltern kann dieser Teil dabei helfen, die Förderpraxis, die ihr Kind in der Schule, beim Lerntherapeuten oder in der Ergotherapie erfährt, in ihren Wirkmöglichkeiten einzuschätzen.

Teil 3 ist für Eltern gedacht, die auf der Suche nach ganz konkreten Hilfestellungen für ihr rechenschwaches Kind sind. Hier werden die Rahmenbedingungen für eine erfolgreiche Förderarbeit erläutert.

Teil 4 geht auf konkrete Lernmethoden im Grundlagenbereich der rechnerischen Fertigkeiten und Fähigkeiten ein. In diesem Teil finden Sie die exemplarische Umsetzung der Erkenntnisse der Lernpsychologie und aktuellen Gehirnforschung. Wir haben diese Erkenntnisse in leicht handhabbare Lernmethoden umgesetzt und vor allem Fördermöglichkeiten für den Grundschulbereich aufgenommen. Mit einfachen Methoden, die von den Eltern leicht durchzuführen sind, haben wir versucht, Denkvorgänge im rechnerischen Bereich nachzukonstruieren, damit sie dann eingeschliffen werden können.

In *Teil 5* beschäftigen wir uns mit den schulischen Rahmenbedingungen des Lernens im Mathematikunterricht auf der Basis lernpsychologischer und neurowissenschaftlicher Erkenntnisse, die es beim Lernen zu berücksichtigen gilt, damit Lernen erfolgreich sein kann. Auf dieser Grundlage suchen wir nach Möglichkeiten zur Umgestaltung des Unterrichts, um Leistungsverbesserungen des Schülers erreichen zu können. Auch werden Anregungen zu einem sinnvolleren Einsatz der Hausaufgaben und der Prüfungssituationen, sprich der Gestaltung der Schulaufgaben, sowie Ideen zur Verbesserung der Mathematikschulbücher vorgestellt und diskutiert. Letztendlich bedarf es auch einer kritischen Überprüfung der Ausbildungssituation der Lehrer an den Hochschulen, die wir im Rahmen dieses neuen Kapitels anregen und fordern.

In *Teil 6* beschäftigen wir uns mit der Prüfungsängstlichkeit, dem häufigen emotionalen Folgeproblem einer Rechenstörung. Es wird Wissen über die Entstehungsbedingungen einer Prüfungsängstlichkeit vermittelt und es werden Hilfen für Kinder aufgezeigt, um diese zu bewältigen.

Danksagung

An dieser Stelle möchten wir den vielen Kindern, die wir mit ihren Rechenproblemen begleiten durften sowie deren Eltern, die wir seit vielen Jahren in Lerntrainingsgruppen betreuen, danken.

Unser Dank gilt auch den Lehrerinnen und Lehrern, die an Arbeitsgemeinschaften zum Thema „Rechenschwäche" teilgenommen haben und auf diese Weise zu einem fruchtbaren Austausch zwischen Pädagogik und Psychologie beitrugen. Auch gilt unser Dank den Schulrätinnen und -räten, die sich in den letzten Jahren gegenüber unserem Denkansatz aufgeschlossen zeigten und Fortbildungen für Lehrer ermöglichten.

Nicht zuletzt möchten wir unseren eigenen Kindern Anja und Tommy sowie Johanna und Philipp danken für ihre Geduld bei der Entstehung des Buches. Unser besonderer Dank gilt Anja, die die vielen Korrekturen am Computer in verlässlicher Weise durchgeführt hat.

Besonderer Dank gilt wiederum Herrn Dr. Ruprecht Poensgen vom Kohlhammer-Verlag für die engagierte Begleitung bei der Entstehung dieses Buches.

Inhalt

Teil I: Grundlagenwissen

Kapitel 1: Einführung – Rechenschwäche und Rechenstörung

1. Definition, Häufigkeit, Diagnostik und aktueller Forschungsstand

Fallbeispiel: Katrin

Katrin sucht mit ihrer Mutter die Praxis des Kinderpsychologen auf. Katrin geht in die dritte Klasse der Grundschule, sie ist ruhig, eher schüchtern, zurückhaltend – und sie hat große Schwierigkeiten im Rechnen. Als die Mutter beginnt, über die Rechenprobleme zu berichten, fängt Katrin zu weinen an. Das Mädchen hat Schwierigkeiten im Bereich der Subtraktion und Addition im Hunderterraum, hier macht sie viele Fehler. Das Prinzip des Zerlegens hat sie möglicherweise nicht begriffen. Auch die Einmaleins-Aufgaben beherrscht Katrin nur unzureichend, sie rechnet mit bestimmten „Ankeraufgaben" und zählt zum Teil innerlich hoch. Im Kopfrechnen ist die Grundschülerin schlecht und ihr Arbeitstempo ist sehr langsam. Textaufgaben bereiten ihr große Schwierigkeiten. Sie überfliegt die Aufgabenstellung, greift sich einzelne Zahlen heraus und verknüpft diese nach dem Prinzip „Versuch und Irrtum". Geschriebene Zahlwörter überliest sie manchmal. Katrin hat große Probleme, Fragestellungen zur Textaufgabe zu formulieren. Sie ist sehr traurig über ihre zunehmenden Probleme und Misserfolgserlebnisse und klagt oft schon vor dem Mathematikunterricht über Bauchschmerzen. Trotz allem ist Katrin immer noch bereit, mit ihrer Mutter zu üben. Doch auch die vielen, zusätzlich angebotenen Veranschaulichungsmaterialien der Lehrkraft bringen keinen Erfolg.

Katrin gehört zu den 4 bis 6 % der Grundschüler, die unter einer Rechenstörung leiden. Nicht nur Katrin leidet unter diesem Problem, auch ihre Eltern und ihre Lehrerin, die alle besorgt und hilflos erscheinen. Was ist bei dem Mädchen nun schief gelaufen? Wie kann es sein, dass sie in den anderen Fächern recht gut zurechtkommt, in der Mathematik aber so langsam, fehlerhaft und völlig verunsichert arbeitet? Liegt es an Katrins unzureichender Begabung, an einer spezifischen Schwäche in Mathematik oder gar an einem schlechten Unterricht? Welchen Beitrag leisten Katrins Eltern im Hinblick auf das Rechenproblem? Ist die Grundschülerin einfach nur unkonzentriert?

Während Schwierigkeiten im Lesen und Rechtschreiben bereits seit langer Zeit Gegenstand der pädagogisch-psychologischen Forschung sind, wurde die Rechenschwäche bzw. -störung lange vernachlässigt. Dabei sind die Folgen des Versagens in diesem Bereich im Hinblick auf die schulische und berufliche Laufbahn der Kinder und Jugendlichen von ebenso großer Bedeutung. Trotz entsprechender Begabung bleibt ihnen dann oft die adäquate Schullaufbahn verschlossen, die Folgen für das Selbstwertgefühl und der Leidensdruck sind erheblich.

a) Definition: Rechenschwäche und Rechenstörung

Bei der Definition von Rechenstörungen gilt es zwischen einer wissenschaftlichen und einer mehr pädagogischen Zugangsweise zu unterscheiden. Rechenstörungen werden im internationalen Krankheitsklassifikationsschema der Weltgesundheitsorganisation (WHO/ICD10 1999) den „umschriebenen Entwicklungsstörungen schulischer Fertigkeiten (F81) zugeordnet. Die so genannte Dyskalkulie (griechisch: dys = schlecht; lateinisch: calculus = Rechnung) wird dann diagnostiziert, wenn die Rechenleistung des Kindes eindeutig unterhalb des Niveaus liegt, welches aufgrund des Alters, der allgemeinen Intelligenz und der Schulklasse zu erwarten ist. Diese Teilleistungsstörung lässt sich per Definition nicht diagnostizieren, wenn die grundlegende Beeinträchtigung der mathematischen Fertigkeiten auf eine unangemessene Beschulung, defizitäre Sinneswahrnehmungen oder eine neurologische oder psychiatrische Erkrankung zurückzuführen ist. Zur Diagnose muss bei dieser Definition eine bestimmte vorgegebene Diskrepanz zwischen dem spezifischen Leistungsbereich Mathematik und der Begabung vorliegen. Beide Bereiche werden hierzu mit standardisierten Testverfahren, Intelligenztest und standardisiertem Mathematiktest „gemessen“. Kritisch in diesem Zusammenhang ist anzumerken, dass sich die Merkmale Intelligenz und Mathematikleistung nur mäßig wechselseitig beeinflussen und so sehr häufig mehr oder weniger große Unterschiede bestehen.

Bei einer Rechenstörung sind vor allem die einfachen Rechenoperationen, wie Addition, Subtraktion, Multiplikation und Division betroffen und weniger die höheren mathematischen Fähigkeiten (Algebra, Trigonometrie, Geometrie, Differenzialrechnung, Stochastik oder Vektorrechnung). Das DSM-IV-TR (APA 2003, S. 87) des amerikanischen Klassifikationssystems für Erkrankungen, legt ähnliche Kriterien zugrunde wie das ICD-10. Die im Bereich Mathematik mittels standardisierter Testverfahren individuell erfassten Leistungen liegen hier wesentlich unter denen, die aufgrund des Alters, der gemessenen Intelligenz und der altersgemäßen Bildung des Betroffenen zu erwarten sind (Diskrepanzkriterium). Die Rechenstörung behindert die schulischen Leistungen und auch Alltagsaktivitäten, bei denen mathematische Fähigkeiten benötigt werden.

Folgende Kriterien müssen erfüllt sein, um eine Rechenstörung (315.1) zu diagnostizieren (vgl. Jakobs, Petermann 2003):

- Die schulische Fertigkeit im Bereich Mathematik wird mit mangelhaft oder ungenügend bewertet.
- In einem standardisierten Rechentest wird ein Prozentrang kleiner/gleich 10 erreicht.
- Der Intelligenzquotient fällt nicht kleiner als 70 aus.
- Zwischen Rechentestergebnis und Intelligenzquotient besteht eine Diskrepanz von mindestens 1,5 Standardabweichungen oder 12 T-Wert-Punkten.
- Die schulische Leistungsstörung tritt vor dem Erreichen der 6. Klasse auf.

Der mehr pädagogische Zugangsweg zum Problem Rechenschwäche fordert einen Verzicht auf die eindeutige Definition der Dyskalkulie. Rechenschwierigkeiten sollten differenziert analysiert werden, um der Heterogenität der entsprechenden Lernschwäche gerecht zu werden und vor allem den pädagogischen Förderbedarf mehr in den Vordergrund zu stellen. Fritz, Ricken und Schmitt

(2003) möchten so zum Beispiel lieber von „Schwierigkeiten im Rechnenlernen" sprechen und die unterschiedlichen Bedingungen und deren Wechselwirkungen betrachten, die an der Entstehung und Ausprägung des Rechenproblems des jeweiligen Kindes beteiligt sind. Da die Rechenschwierigkeiten der Kinder äußerst unterschiedlich sein können, z. B. Probleme beim Zählen, in der Zahlwortkenntnis, im Aufschreiben von Zahlen, im Erwerb von Rechenoperationen etc., gilt es, genau diese einzelnen Fertigkeiten zu beschreiben und Lösungsmöglichkeiten abzuleiten.

Zusammenfassend ist festzustellen, dass die mehr medizinische Orientierung der Definition einer Rechenstörung keine Förderhinweise liefert. Brauchbare Ergebnisse für die Schulpraxis gibt es entsprechend wenige. Eine Rechenschwäche entsteht in den allermeisten Fällen in der Grundschule beim Erlernen der elementaren Rechenfertigkeiten (vgl. Schwarz 2002, S. 23). Im Grundschulbereich sollte sie auch behoben werden, damit dann in der weiterführenden Schule auf ein solides Fundament aufgebaut werden kann.

b) Häufigkeit von Rechenstörung und Rechenschwäche

Wie bei anderen Teilleistungsstörungen, so variieren auch bei der Dyskalkulie die Angaben zu ihrem Vorkommen (Prävalenz) aufgrund der unterschiedlichen Begriffsdefinitionen. Von den meisten Autoren werden je nach Untersuchung und damit engerer, bzw. weiterer Begriffsdefinition ca. 3 bis 7 % der Grundschüler als extrem rechenschwach diagnostiziert. Bei ca. 15 % der Kinder geht man von einer förderungsbedürftigen Rechenschwäche aus (Lorenz 2003a).

Das Auftreten der Rechenstörung entspricht somit mit ca. 6 % etwa dem der Lese- und Rechtschreibstörung (Remschmidt 2000). Beide Teilleistungsschwächen kommen auch gemeinsam vor: In einer Untersuchung von Badian (1983) hatten von den 6,4 % der rechengestörten Kinder seiner Stichprobe 43 % auch eine Leseschwäche und von den 4,9 % der Kinder mit Lesestörung zeigten 56 % eine Rechenschwäche. 2,7 % aller Kinder im Grundschulalter zeigen nach Remschmidt (2000) beide Störungsbilder gleichzeitig.

Das Geschlechterverhältnis beim Vorliegen einer Rechenstörung liegt bei drei zu zwei, d. h. auf drei betroffene Mädchen kommen zwei betroffene Jungen (von Aster 1996b). Bei 17 bis 60 % der betroffenen Kinder treten Legasthenie und Dyskalkulie gleichzeitig auf. *26 bis 42 % der Kinder zeigen zusätzlich Symptome eines Aufmerksamkeits- Hyperaktivitätssyndroms (ADHS)* (vgl. Jacobs, Petermann 2003). Diese erhebliche Komorbidität wurde bisher kaum bzw. gar nicht bei der Förderung dieser Kinder berücksichtigt.

Aktuelle Untersuchungsergebnisse zum Leistungsstand deutscher Schüler in Mathematik lieferte die PISA-Studie 2009: Wiederum wurden 15-jährige Schülerinnen und Schüler repräsentativ untersucht. Folgende Ergebnisse wurden ermittelt:

(1) Seit der PISA-Studie 2003 konnte eine Verbesserung der Schülerinnen und Schüler um 10 Punkte auf insgesamt 513 Punkte erzielt werden. Somit liegt die mittlere mathematische Kompetenz der untersuchten Stichprobe erstmals signifikant über dem OECD-Durchschnitt von 496 Punkten (Klieme u. a. 2010, S. 163 u. 169).

(2) Der Anteil der Jugendlichen unter oder auf der niedrigsten Kompetenzstufe 1 hat sich im Vergleich zu 2003 um 3 % auf 18,6 % verringert. Nachbarländer, wie etwa die Schweiz oder die Niederlande, sind in diesem Bereich aber immer noch um 5 % besser (Klieme u. a. 2010, S. 173).

(3) Weiterhin gibt es deutliche Kompetenzunterschiede zwischen Jungen und Mädchen. Die Jungen erzielten im Mittel 16 Punkte mehr als die Mädchen, was einem signifikanten Geschlechterunterschied entspricht. Dass dieser Unterschied jedoch nicht „naturgegeben" ist, zeigt z. B. Schweden. Hier schneiden die Mädchen besser als die Jungen ab. In Finnland, Slowenien oder Korea gibt es nur geringe, d.h. statistisch nicht bedeutsame Unterschiede zwischen Jungen und Mädchen von weniger als 4 Punkten (Klieme u. a. 2010, S. 166).

(4) Die Streuung der mathematischen Kompetenz, d. h. das Auseinanderklaffen zwischen den Leistungen guter und schlechter Schüler in Mathematik ist „nach wie vor signifikant höher als im OECD-Durchschnitt" (Klieme u. a. 2010, S. 171).

Fazit aus den Ergebnissen der PISA-Studie 2009

18,6 % der über alle Schulformen hinweg repräsentativ untersuchten Jugendlichen verfügen nur über Leistungen unter oder auf der niedrigsten Kompetenzstufe 1. Dieser Anteil ist damit „noch immer relativ groß" (Klieme u. a. 2010, S. 173).

Aus diesem Ergebnis haben Experten folgende Konsequenzen gefordert:

„Da für die betreffenden Jugendlichen aufgrund ihrer unzureichenden mathematischen Kenntnisse erhebliche Probleme für ihre weitere Ausbildungs- und Berufslaufbahn zu prognostizieren sind, sollten weiterhin Bemühungen angestellt werden, diese Gruppe zu verkleinern. Als zentral sind hierbei einerseits Maßnahmen anzusehen, die frühzeitig verhindern, dass Lernende den Anschluss an den Mathematikunterricht verlieren und andererseits Förderangebote für kompetenzschwache Schülerinnen und Schüler" (Klieme u. a. 2010, S. 173).

c) Diagnostik von Rechenstörungen

Mit etwa 6 % betroffenen Schülern ist die Dyskalkulie ein weit verbreitetes Phänomen, das auch in anderen Kulturen vorkommt. Doch wie sieht es mit den diagnostischen Möglichkeiten aus?

Grundsätzlich ist festzustellen, dass erst in den letzten zehn Jahren mit der Entwicklung geeigneter Rechentests begonnen wurde. Bei den sich zurzeit auf dem Markt befindenden Testverfahren ist zwischen Schulleistungsgruppentest- und eher förderdiagnostisch ausgerichteten Testverfahren zu unterscheiden. Erstere dienen dazu, den Leistungsstand des Schülers innerhalb seiner jeweiligen Klassenstufe zu erfassen. Bei Auffälligkeiten in diesen Verfahren kann der Verdacht auf das Vorliegen einer Teilleistungsstörung durch ein Einzeltestverfahren noch weiter bestätigt werden.

Schulleistungsgruppentests

Beim DEMAT 1+ (Krajewski u. a. 2002) liegen neun Inhaltsschwerpunkte in den Subtests: Mengen-Zahlen, Zahlenraum, Addition und Subtraktion, Zahlenzerlegung-Zahlenergänzung, Teil-Ganz-Schema, Kettenaufgaben, Ungleichaufgaben und Sachaufgaben.

Der DEMAT 2+ (Krajewski u. a. 2004) beinhaltet ebenfalls neun Inhaltsschwerpunkte in seinen Subtests: Zahleneigenschaften, Längen, Addition, Subtraktion, Multiplikation, Division, Geld, Geometrie und Sachaufgaben.

Beim DEMAT 3+ (Roick u. a. 2004) werden die lehrplanrelevanten Bereiche Arithmetik, Sachrechnen und Geometrie in 9 Aufgabentypen mit insgesamt jeweils drei Items gegliedert.

Beim DEMAT 4 (Gölitz, Roick und Hasselhorn 2006) wird in den drei Bereichen Arithmetik, Sachrechnen und Geometrie die Fähigkeit zum Arbeiten mit dem Zahlenstrahl, Addition und Subtraktion größerer Zahlen, Multiplikation und Division, Größenvergleiche, Sachrechnen, Lagebeziehung und Spiegelzeichnungen überprüft.

Während sich die DEMAT-Testreihe mehr an der Analyse der Lehrpläne in den 16 Bundesländern orientiert, versucht der *Heidelberger Rechentest HRT 1–4* elementare Mengen- und Rechenoperationen zu erfassen, die kulturübergreifend für die Entwicklung komplexerer mathematischer Fertigkeiten von Bedeutung erscheinen (Haffner, Baro, Parzer, Resch 2005). Beim HRT 1–4 wird zwischen den beiden Bereichen „Rechenoperationen" und „räumlich-visuelle Funktionen" unterschieden. In zwölf Subtests werden die Grundrechenarten Addition, Subtraktion, Multiplikation und Division, Ergänzungsaufgaben, Größer-Kleiner-Vergleiche, Zahlenfolgen, Längenschätzen, Würfelzählen, Mengenzählen und das Zahlenverbinden überprüft. Als Kontrolltest wird zusätzlich die Schreibgeschwindigkeit erfasst.

Zareki-R (Neuropsychologische Testbatterie für Zahlenverarbeitung und Rechnen bei Kindern) (von Aster, Weinhold Zulauf und Horn 2006)

Der Zareki-R stellt die inhaltlich überarbeitete und neunormierte Fassung des Zareki dar. Der Anwendungsbereich umfasst die Klassen 1 bis 4 und beinhaltet zwölf Subtests. Faktorenanalytisch lassen sich vier Faktoren finden:

- Zahlen- und Faktenwissen
- Analog-semantische und arithmetische Fähigkeiten
- Zählfertigkeiten
- Numerisches Arbeitsgedächtnis

RZD 2–6 (Das Rechenfertigkeiten- und Zahlenverarbeitungs-Diagnostikum für die 2.–6. Klasse) (Jacobs und Petermann 2005)

Dieses Einzeltestverfahren ist von der 2. bis zur 6. Klasse anwendbar. Neben basalen Fähigkeiten der Zahlenverarbeitung werden Rechenfertigkeiten überprüft. Der Test besteht aus 18 Subtests, in denen das Kind in Abhängigkeit von seiner Klassenstufe jeweils einer von vier Teststufen zugeordnet wird. Dieses Verfahren unterscheidet zwischen Arbeitsgüte (Power-Komponente) und Arbeitsgeschwindigkeit (Speed-Komponente). Für Arbeitsgüte und Arbeitsgeschwindigkeit liegen getrennte Normen vor. Dies ermöglicht einzuschätzen, ob ein Kind angemessen viele Aufgaben richtig lösen kann und ob es dafür nicht zu viel Zeit benötigt.

In den letzten Jahren wurden die Eggenberger Rechentests (ERT) 1+ (Schaupp u. a. 2007), 2+ (Lenart u. a. 2008) und 3+ (Holzer u. a. 2010) neu entwickelt. Bei den sog. ERT´s handelt es sich um Diagnostikinstrumente für Dyskalkulie von der 1. bis zur 4. Klasse. Die drei genannten Verfahren versuchen, in 16, 18 bzw. 15 Skalen insbesondere vier Faktoren mathematischer Fähigkeiten und Fertigkeiten zu erfassen:

a) Grundfähigkeiten der Mathematik
b) Ordnungsstrukturen
c) Algebraische Strukturen
d) Angewandte Mathematik

Die Intention der Diagnostik liegt darin, gezielt Defizite zu erkennen und damit die Grundlage für Fördermaßnahmen zu legen.

Förderdiagnostisch ausgerichtete Rechentests

Seit 2009 ist der TEDI-MATH (Kaufmann u. a. 2009) auf dem Testmarkt – ein Test zur Erfassung numerisch-rechnerischer Fertigkeiten vom Kindergarten bis zur 3. Klasse. Dieser Test beruht auf kognitiv-neuropsychologischen Theorien. Der Gesamttestwert kann wiederum zur Diagnostik von Rechenstörungen herangezogen werden. Dieser Test ist besonders zur Früherkennung numerischer Stärken und Schwächen geeignet, da er bereits ab dem vierten Lebensjahr, was in etwa dem zweiten Halbjahr des vorletzten Kindergartenjahres entspricht, eingesetzt werden kann. Bei einigen Untertests ist auch eine qualitative Leistungsbeurteilung vorgesehen, die für die Förderplanung hilfreich ist.

2008 wurde der DIFMAP (de Vries 2008), ein diagnostisches Inventar zur Förderung mathematischer Basiskompetenzen, auf den Markt gebracht. Auch dieses Verfahren wird im Bereich der Förderdiagnostik in Mathematik eingesetzt und ist somit für Erzieher im Kindergartenbereich bzw. in der Vorschule, Grundschullehrer sowie Sonderschulpädagogen nutzbar.

Der sog. BASIS-MATH 4–8 (Moser Opitz u. a 2010), Basisdiagnostik Mathematik für die Klassen 4–8, kam 2010 auf den Markt. Mit diesem Verfahren kann überprüft werden, inwieweit bei rechenschwachen Schülerinnen und Schülern zentrale mathematische Kompetenzen der Grundschulmathematik, der sogenannte mathematische Basisstoff, erworben wurde.

Neben den Grundoperationen beim Rechnen werden auch die Rechenwege, das Verständnis für das dezimale Stellenwertsystem, die Zahlkompetenz sowie das Operationsverständnis überprüft. Neben der Bestimmung einer quantitativen Gesamtleistung findet auch eine qualitative Analyse der verschiedenen mathematischen Inhaltsbereiche statt.

Qualitative Überprüfung

Unseres Erachtens lässt bei allen Testverfahren die Speed-Komponente auf den Grad der Automatisierung der Rechenfertigkeiten schließen. Verfälschungen könnten jedoch in niedrigeren Klassenstufen dadurch auftreten, dass manche Kinder besonders schnell in „Fehlstrategien" wie z. B. dem inneren Zählen sind. In der Diagnostik gilt es stets herauszufinden, wie das Kind zu dem Ergebnis kommt und nicht nur, ob das Kind zum (richtigen) Ergebnis kommt. Der qualitative Zugang liefert zusätzliche Hinweise auf Fehlstrategien, die in höheren Klassenstufen mit komplizierteren Rechenprozessen zu Schwierigkeiten führen. Uns erscheint es deswegen sehr wichtig, stets den qualitativen Aspekt in der Diagnostik mit zu berücksichtigen, da nur durch dessen Einbezug angemessene Fördermöglichkeiten entwickelt werden können.

Betrachten wir noch einmal die wissenschaftliche Definition der Rechenstörung, so wird diese nicht diagnostiziert, sofern eine angemessene Beschulung vorliegt. Eine „unangemessene" Beschulung gilt als Ausschlusskriterium für die Diagnostik dieser Teilleistungsstörung. Hinsichtlich der PISA-Studie ist es nun fraglich, ob bei diesen Ergebnissen tatsächlich von einer angemessenen Beschulung in unserem Bildungssystem ausgegangen werden kann. Könnte es zu den Rechenproblemen nicht auch aufgrund eines unangemessen erteilten Unterrichts kommen? Trägt unser Bildungssystem möglicherweise immer noch mit dazu bei, rechenschwache Kinder geradezu zu produzieren?

d) Aktueller Forschungsstand

Im Gegensatz zur Erforschung der Lese-Rechtschreibstörung (LRS) steht die Dyskalkulieforschung noch am Anfang (Landerl, Butterworth 2002). Bislang ist noch recht unklar, welche kognitiven Fertigkeiten welchen mathematischen Leistungen zugrunde liegen. Im Bereich der Lese- und Rechtschreibschwäche hat die neuro- und kognitionspsychologische Forschung in den letzten Jahrzehnten wesentliche Beiträge zu deren besserem Verständnis geleistet. Die schlechte Schulkarriere vieler betroffener Kinder und Folgeprobleme der LRS, wie Schul- und Prüfungsangst oder Verhaltensauffälligkeiten, konnten und können – auch durch schulpolitische Gesetzgebungen – zunehmend verhindert werden. Im Gegensatz zu diesen Trends ist das Wissen um die normale als auch die gestörte Entwicklung der rechnerischen Fertigkeiten gering. Die interindividuellen Unterschiede im Bereich der rechnerischen Fertigkeiten scheinen wesentlich größer zu sein als im Bereich der Leseleistung. Schwierigkeiten beim rechnerischen Denken haben aber auf die Schullaufbahn ebenso wie auf die Persönlichkeitsentwicklung der Kinder massive negative Auswirkungen.

Versucht man sich einen Überblick über den Forschungsstand im Bereich der Rechenschwächen bzw. -störungen zu verschaffen, so trifft man auf unterschiedlichste Begrifflichkeiten, wie Rechenschwäche, Rechenstörung, Rechenschwierigkeit oder auch Dyskalkulie. Unterschiedlichste Forschungsrichtungen, häufig ohne Verbindung zueinander, beginnen sich mit dieser Thematik auseinander zu setzen. Forscher wie Fritz, Ricken und Schmitt fordern angesichts der

Komplexität des speziellen Entwicklungsbereichs mathematischer Schwierigkeiten für die weitere Forschung eine Integration von Wissen aus den verschiedenen Fachdisziplinen. Ihr Fazit zum bisherigen Forschungsstand lautet: „Keinesfalls ist es bisher gelungen, eine Theorie über die Entstehung mathematischer Kompetenzen insgesamt zu entwickeln. Deshalb ist es nicht verwunderlich, dass Analysen im Kontext unterschiedlicher theoretischer Perspektiven unterschiedlich ausfallen, die Lupen gleichsam auf unterschiedliche Punkte gerichtet bzw. unterschiedlich fein eingestellt sind" (2003, S. 453). Die Autoren stellen fest, dass trotz einer Vielzahl empirischer Befunde bislang allgemein gültige Entwicklungsmodelle für den Erwerb des Rechnens fehlen, im Gegensatz zu den Modellen für die Entwicklung der Schriftsprache.

2. Der Teufelskreis

Betrachtet man emotionale Probleme, die mit einer Rechenstörung einhergehen können, so verweist von Aster (1996a, b) auf Befunde, wonach die Dyskalkulie eher zusammen mit so genannten „internalisierenden" psychologischen Störungen wie Depression oder Angst auftritt. Im Gegensatz dazu würde die Legasthenie mit so genannten „externalisierenden" Störungen, wie Störungen des Sozialverhaltens, belastet sein. Abgesichert sind diese Befunde jedoch noch nicht in ausreichendem Maße. Konzentrations- und Gedächtnisstörungen werden als Probleme benannt, die mit beiden Teilleistungsschwächen einhergehen (vgl. z. B. Geary 1993). Remschmidt (2000) berichtet bei den genannten Lernstörungen Dyskalkulie und Legasthenie über ein hohes Risiko von begleitenden sekundären psychosozialen Belastungen. Das Risiko eine Schulangst zu entwickeln, Motivationsprobleme zu bekommen, Konflikte bei den Hausaufgaben zu erleben, eine inadäquate Schullaufbahn mit Abbruch der Ausbildung, Arbeitslosigkeit oder gar Straffälligkeit in der persönlichen Entwicklung zu zeigen, sei deutlich erhöht.

Fallbeispiel: Tobias

Tobias geht in die zweite Klasse, er ist ein ausgesprochen aufgewecktes Kind. Seine Frustrationstoleranz bei nicht sofortigem Gelingen einer Anforderung, ist hingegen gering. Aufgaben, die Tobias in Angriff nimmt, müssen sofort klappen. Auch in seiner Klasse möchte er der Erste sein, was im Heimat- und Sachkundeunterricht und zum Teil auch in Deutsch gelingt. Zu Beginn der zweiten Klasse fällt auf, dass Tobias die notwendigen Rechenoperationen nur unzureichend beherrscht, und er noch seine Finger – zum Teil versteckt – benutzt. Im Zahlenraum bis zu 10 macht er Fehler und zeigt deutliche Unsicherheiten bei der Überschreitung des 10ers. Aufgaben, die sich im Zehnerraum bewegen, wie z. B. 11 + 6, rechnet er abzählend mit den Fingern, also 12, 13, 14, … . Im Verlauf der zweiten Klasse wird deutlich, dass Tobias immer mehr Zeit für die gleichen Rechenoperationen benötigt als seine Mitschüler. Er hat sein inneres Zählen kontinuierlich verfeinert, sodass es „äußerlich" kaum mehr wahrzunehmen ist. Deutlich erkennbar ist jedoch, dass sich Tobias im Kopfrechnen sehr schwer tut, dass er viele Fehler in den Lernzielkontrollen macht, und sehr lange braucht, um zu Lösungen zu kommen. Dies spiegelt sich dann auch im Wortgutachten des Jahreszeugnisses der zweiten Klasse wieder, in dem auf die Notwendigkeit weiteren intensiven Übens hingewiesen wird.

Die Lehrerin hatte Tobias die unterschiedlichsten Veranschaulichungsmethoden angeboten, als sie beobachtete, dass er ohne konkretes Veranschaulichungsmaterial nur schwer Rechenoperationen durchführen kann. Seine Mutter berichtet, dass Tobias die verschiedenen Veranschaulichungsmöglichkeiten beim Erlernen durcheinander bringt. Noch schwerer tut er sich mit den kopierten Übungsblättern der Lehrerin, auf denen die Aufgaben in den unterschiedlichsten Darstellungsformen wie z. B. Rechenrädern, Rechentabellen, Rechenmaschinen usw. angeboten werden. Mit Platzhalteraufgaben kommt er überhaupt nicht zurecht. In der ersten Klasse ließ Tobias sich noch darauf ein, mit seiner Mutter täglich zu rechnen. Da sich aber kein Erfolg einstellte, vermeidet er nun zunehmend das tägliche Üben. Immer mehr Kampf und Auseinandersetzungen gibt es zwischen Tobias und seiner Mutter. Am Ende der zweiten Klasse blockiert er vollständig. Die Mutter ist enttäuscht von seinem Verhalten.

Tobias vergleicht sich mit seinen Mitschülern und er kann unschwer feststellen, dass die anderen schneller und besser sind als er. Da er seine Gefühle schlecht kontrollieren kann, kommt es zu immer mehr Kaspereien und auffälligem Verhalten im Unterricht. Seine Aggressivität gegenüber den Mitschülern nimmt zu.

Beobachtet man Tobias, so stellt man fest, dass er an seiner Fehlstrategie des „inneren Zählens" festhält. Er entwickelt zunehmend das Gefühl, dass er für Mathematik nicht begabt und darüber hinaus wahrscheinlich insgesamt recht dumm sei. Seine Motivation zum Üben nimmt immer mehr ab.

Fallbeispiel: Lisa

Lisa ist wie Tobias 8 Jahre alt und hat das zweite Grundschuljahr fast beendet. Im letzten Rechentest hatte sie 6 von 28 Punkten. Lisa ist nicht in der Lage, Plus- und Minusaufgaben im Hunderterraum richtig zu rechnen, ihr scheint das Verständnis für das, was sie da tun soll, zu fehlen. An kleine Textaufgaben traut sie sich gar nicht erst heran. Schon in der ersten Klasse zeigten sich Rechenschwierigkeiten. Als Lisa im Anfangsrechenunterricht noch zahlreiches Anschauungsmaterial, wie z. B. Perlen, angeboten wurde, hatte sie im Zahlenraum bis 10 keine Schwierigkeiten. Aber schon das Addieren und Subtrahieren ohne Anschauungsmaterial im Zahlenraum bis 10 ging nur langsam. Vom Zählen mit den Fingern löste sie sich nie ganz. Manchmal verzählte sich Lisa auch, z. B. bei Aufgaben wie 9 – 7. Den Zehnerübergang mit der Zerlegung der zu addierenden oder zu subtrahierenden Zahl hatte sie nie richtig verstanden und hielt an ihrer Fingerstrategie fest. Je größer die Zahlen wurden und je mehr sich der Zahlenraum erweiterte, desto langsamer wurde Lisa und ihre Aufgaben fehlerhafter.

Wie wirkten sich diese Probleme in der zweiten Klasse nun auf Lisa Gefühls-/Stimmungslage aus? Schon im Kindergarten war Lisa ein sehr liebes, ruhiges, eher ängstliches Mädchen. In der Schule schien sie immer ein wenig verträumt, meldete sich wenig und bekam gelegentlich nicht mit, was sie zu Hause erledigen sollte. Ihre Mutter musste Lisa bei den Hausaufgaben begleiten, damit etwas auf das Papier kam. Mit zunehmenden Misserfolgserlebnissen in den

Lernzielkontrollen reagierte Lisa mit Angst und immer häufiger auch mit Bauchschmerzen. Lisas Vater äußerte: „Von mir hat sie das nicht, ich war immer gut im Rechnen." Das Mädchen weint immer mehr bei den Hausaufgaben und dem nachfolgenden Üben. Ist eine Lernzielkontrolle für den nächsten Tag angekündigt, würde sie am liebsten zu Hause bleiben. Die Lehrerin bemüht sich, indem sie Lisas Mutter viele Kopiervorlagen mit unterschiedlichen Aufgabenarten mitgibt und ihr rät, erfinderisch mit dem Anschauungsmaterial zu sein. Lisa arbeitet tapfer weiter, ihre Leistungen werden jedoch nicht besser. Lisas Selbstwertgefühl nimmt immer mehr ab, die Gedanken, dass sie einfach nur dumm sei, verfestigen sich. Die Lehrerin zieht die Schulpsychologin zurate. Eine testpsychologische Untersuchung (K-ABC) erbringt durchschnittliche Leistungen, aber Schwierigkeiten im seriellen Denken. Lisa fiel es insbesondere im akustischen Kurzzeitgedächtnis schwer, sich längere Zahlenfolgen zu merken, auch zeigte sie leichtere Aufmerksamkeitsprobleme während der Testbearbeitung (Lückenmuster). In dem durchgeführten Schulleistungsdiagnostikum zeigte sich, dass Lisa bereits die Addition und Subtraktion im Zahlenraum bis 10 nur unzureichend und den Zehnerübergang keineswegs sicher beherrscht.

Die häusliche Situation eskalierte zunehmend. Hatte Lisa bisher noch recht bereitwillig mitgearbeitet, verweigert sie sich nun zunehmend. Sie weint immer häufiger, möchte nicht mehr üben und äußert manchmal sogar, dass sie nicht mehr leben möchte. Der konsultierte Schulpsychologe diagnostiziert bei Lisa im emotionalen Bereich ein depressives Erleben, gepaart mit Ängsten. Die Mutter kann das Leid ihrer Tochter kaum mehr mit ansehen und möchte Lisa über ein Dyskalkulieattest von der Mathematiknote befreien lassen.

a) Teufelskreis Typ 1 und Typ 2

Sowohl Tobias als auch Lisa zeigen deutliche Rechenschwierigkeiten. Bereits in der Mitte ihrer Grundschulzeit reagieren sie mit heftigen Verhaltensproblemen. Tobias wird zum Klassenkasper und zunehmend aggressiv (Teufelskreis Typ 1), während Lisa immer ängstlicher und depressiver wird (Teufelskreis Typ 2). Beide Kinder sind nicht mehr zum Üben zu bewegen und blockieren hier völlig. Ihr Selbstwertgefühl ist sehr instabil. Sie sind überzeugt, dumm zu sein.

Ausgehend von verschiedenen ursächlichen Faktoren, die bis heute nicht eindeutig zu identifizieren sind (genetische Veranlagung, Hirnreifestörung, neuropsychologische Störungen, aber auch psychosoziale und schuldidaktische Einflüsse), entwickelt sich das Störungsbild einer Rechenstörung. Wechselwirkungsprozesse mit ungünstigen äußeren Faktoren sowie mit negativen Rückmeldungen und Bewertungen verschärfen die Problematik. Wie in den Beispielen von Tobias und Lisa wird die wechselseitige Interaktion zwischen Kind, Lehrern, Eltern, Mitschülern und Geschwistern durch die Rechenschwäche negativ beeinflusst. In vielen Fällen, wie auch in den beschriebenen, strengen sich die Kinder vermehrt an, um ihre Aufgaben zu lösen, erfahren aber immer wieder, dass ihre Mitschüler schneller und besser rechnen können. Es entwickeln sich Frustrationserlebnisse und Versagensängste.

Lehrer und Eltern beobachten das fehlerhafte und langsame Rechnen und fordern die Kinder zu vermehrter Konzentration und Anstrengung sowie zu erhöhtem Übungsaufwand auf. Trotz des Übens wird die Leistung nicht besser.

Immer mehr häufen sich Misserfolgserlebnisse, die zu Lernbarrieren führen. Die Kinder vermeiden zunehmend Rechenaufgaben und beteiligen sich immer weniger aktiv am Unterricht. Eltern und Lehrer reagieren dann oft mit Vorwürfen und Bestrafungen, wie etwa „Bei dir ist Hopfen und Malz verloren“ oder „Du wirst es nie lernen“. Auch Mitschüler oder Geschwister hänseln die betroffenen Kinder. In jeder neuen Prüfungssituation erlebt das Kind eine Überforderung. Überzeugungen wie „Ich bin zu blöd, ich werde das nie schaffen“ stabilisieren sich. Die Hausaufgaben werden zu einem kaum zu bewältigenden Berg und kosten unendlich viel Zeit und Energie. Recht schnell entwickeln sich dann Folgeprobleme, wie die beschriebene Verweigerungshaltung, Resignation, Versagens- und Schulängste oder aggressives Verhalten. Die Schullaufbahn der betroffenen Kinder ist dann meist ebenso deutlich beeinträchtigt wie die nachfolgende berufliche Integration.

b) Die Entmutigungstreppe

Die entstehende Problematik ist in Abbildung 1.1 anschaulich dargestellt. Misserfolge führen auf der Entmutigungstreppe zu Niedergeschlagenheit und Traurigkeit, zu Lernabneigung, Selbstabwertungen, Misserfolgserwartungen und Ängsten und schließlich – allzu oft – zur völligen Entmutigung der betroffenen Kinder.

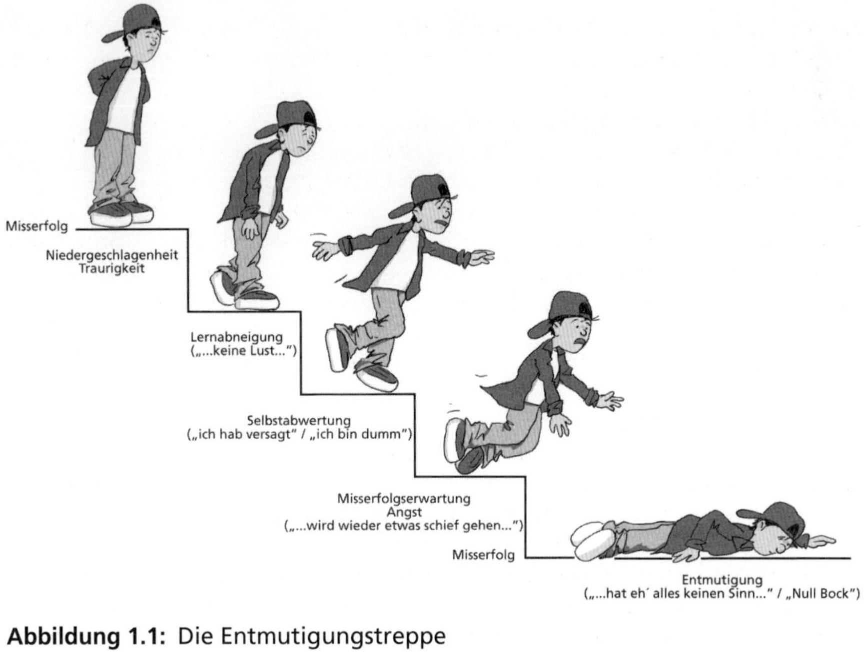

Abbildung 1.1: Die Entmutigungstreppe

c) Langzeiteffekte der Dyskalkulie

Aber nicht nur kurzfristig kommt es zu negativen emotionalen Folgen bei den Betroffenen. Gravierender noch sind die langfristigen Konsequenzen. Bisher schon kannte man die negativen Langzeiteffekte einer Rechtschreibstörung sowohl für die Schullaufbahn als auch für die berufliche Entwicklung. Noch dramatischer scheint sich jedoch eine Rechenstörung auszuwirken. Eine englische Studie (Bynner und Parsons 1997) konnte zeigen, dass die Arbeitslosenrate bei Personen mit unterdurchschnittlichen Rechenleistungen bei 48 % und damit höher als die Arbeitslosenrate bei unterdurchschnittlichen Leseleistungen (41 %) lag. In der untersuchten Stichprobe betrug im Gegensatz dazu die Arbeitslosenrate bei denen, die keine Auffälligkeiten in ihren Rechen- und Leseleistungen zeigten, nur 8 %. Der Studie ist demzufolge zu entnehmen, dass jeder zweite Betroffene mit einer Rechenstörung arbeitslos war. Insofern scheint der negative Einfluss auf die Entwicklung des Einzelnen bei einer Dyskalkulie sogar höher als bei einer Lesestörung zu sein. Angesichts der erheblichen gesellschaftlichen Bedeutung dieses Umstandes ist es erstaunlich, dass die Dyskalkulie in der Forschung bisher eher als Stiefkind behandelt wurde.

Kapitel 2: Abspeichern und dauerhaft behalten – Erkenntnisse der Lernpsychologie

Um zu verstehen, welche Lernstrategien im Allgemeinen und später auch im Bereich des rechnerischen Denkens erfolgreich oder weniger erfolgreich sind, müssen wir wissen, was beim Lernen im Einzelnen passiert. Im Folgenden stellen wir aktuelle Erklärungsmodelle für die Informationsaufnahme, die Abspeicherung und das Behalten dar. Zunächst werden Bedeutung und Funktion des Wahrnehmungsspeichers, der „selektiven Aufmerksamkeit" sowie des Kurz- und Langzeitgedächtnisses erläutert.

1. Der Wahrnehmungsspeicher

Der Wahrnehmungsspeicher, auch sensorischer Speicher oder Ultrakurzzeitgedächtnis genannt, nimmt über unterschiedliche Eingangskanäle die verschiedensten Informationen auf. Diese Eingangskanäle entsprechen unseren Sinnesorganen, die die Informationen zum Gehirn weiterleiten. Die Sinnesorgane sind die Empfangsstationen für die Außeninformation. Wir haben also ein vielfältiges „multimodales" Gedächtnissystem. In ihm werden die eintreffenden Umgebungsreize den verschiedenen Sinneskanälen zugeordnet, um dann im Kurzzeit-

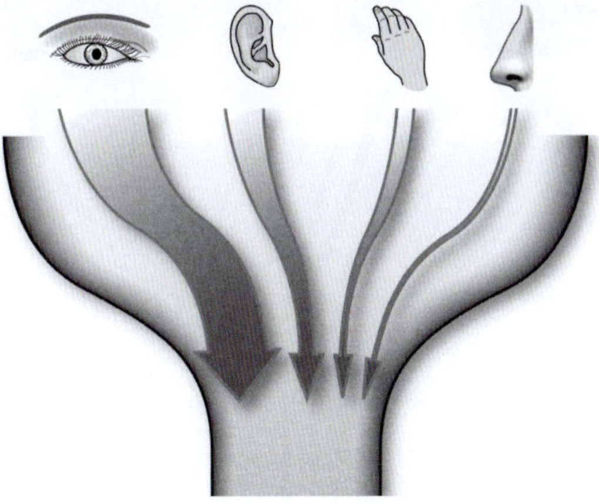

Abbildung 2.1: Der Wahrnehmungsspeicher

gedächtnis weiter verarbeitet zu werden. Der visuelle Kanal nimmt dabei die meisten Informationseinheiten pro Sekunde auf. Zweitgrößter Empfangskanal ist der akustische Kanal, der unsere Hörempfindungen bündelt. Es schließen sich der taktile Kanal (Tastempfindungen), der olfaktorische Kanal (Riechempfindungen) und andere Kanäle an.

2. Die Rolle der „selektiven Aufmerksamkeit"

Aus der Vielzahl der auf uns einströmenden Umweltreize filtern wir aktiv diejenigen heraus, die für uns wichtig sind. Nur diese werden dann weitergeleitet. Die kognitive Neurowissenschaft nennt die Fähigkeit des Menschen, bestimmte Stimuli (Umweltreize) bevorzugt zu behandeln und ihre Wahrnehmung überhaupt erst zu ermöglichen „selektive Aufmerksamkeit" (vgl. Spitzer 2002, S. 34 ff.; Born, Oehler 2004, S. 16 ff.). Es handelt sich hierbei um eine aktive Ausrichtung der Aufmerksamkeit. Das Aufmerksamkeitsfenster kann mit einem Scheinwerfer verglichen werden, der gezielt auf bestimmte Informationen, die von den Sinnen geliefert werden, ausgerichtet wird. Nur was vom Licht erfasst wird, kann in den Arbeitsspeicher gelangen und dort weiterverarbeitet werden. Der größte Teil der eintreffenden Sinnesinformationen geht sofort wieder verloren, da sie den Filter der selektiven Aufmerksamkeit nicht überwinden können.

Forschungsergebnisse weisen darauf hin, dass unsere selektive Aufmerksamkeit nur über eine ganz bestimmte und begrenzte Kapazität verfügt, um Informationen zu verarbeiten. Je mehr wir von dieser Kapazität einer bestimmten Aufgabe zuweisen, desto mehr wird sie anderswo abgezogen. Unser Scheinwerfer, d.h. die Gesamtmenge der durch unsere selektive Aufmerksamkeit erfassbaren Informationseinheiten, scheint konstant zu sein, bzw. sich innerhalb be-

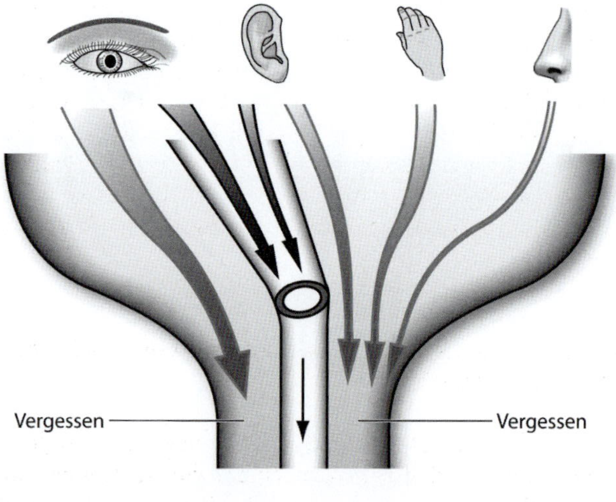

Abbildung 2.2: Die Rolle der „selektiven Aufmerksamkeit"

stimmter Grenzen zu bewegen. Hinzu kommt, dass wir zu einem bestimmten Zeitpunkt nur jeweils einen Scheinwerfer einsetzen können.

Neben diese grundsätzliche Begrenztheit, die allen Menschen eigen ist, kann sich eine zusätzliche Problematik hinzugesellen – die der Aufmerksamkeitsstörungen. Dies bedeutet, so wie im Falle des ADHS (d.h. der Aufmerksamkeitsdefizit-Hyperaktivitätsstörung), dass sich die Informationsverarbeitungskapazität auch irrelevanten, d.h. unbedeutenden Stimuli zuwenden kann und somit für wichtige Umgebungsreize nicht mehr so viel Kapazität zur Verfügung steht. Wir können also unser Wahrnehmungssystem nicht daran hindern, so viel wie möglich wahrzunehmen, doch muss dies nicht immer bedeuten, dass wir die wirklich wichtigen Informationen wahrnehmen.

3. Das Kurzzeitgedächtnis und der Arbeitsspeicher

a) Teilkomponenten – Hauptkomponenten

Dem Wahrnehmungsspeicher nachgeschaltet ist das so genannte „*Kurzzeitgedächtnis*“. Während wir im Alltag meist von einer Gedächtnisspanne von Stunden oder Tagen ausgehen, verstehen Neuropsychologen (vgl. Lepach et al. 2003, S. 9) unter dem Kurzzeitgedächtnis einen Zeitraum von nur wenigen Sekunden. Informationen, die wir aus der Vielfalt der Umgebungsreize als bedeutungsvoll herausgefiltert haben, werden dort so lange gespeichert, bis sie – als unbedeutend bewertet, schnell vergessen werden, oder durch vertiefte Verarbeitung in unser Langzeitgedächtnis gelangen.

In aktuelleren Gedächtnistheorien wird ein eigenständiges Gedächtnissystem, ein Arbeitsgedächtnis angenommen, das sich vom Kurzzeitgedächtnis in wichtigen Aspekten unterscheidet. Baddeley (1997) nimmt an, dass das *Arbeitsgedächtnis* Gedächtnisinhalte bereitstellt, während gleichzeitig übergeordnete geistige Operationen ablaufen. So werden beispielsweise beim Diktat einzelne Wörter behalten, bis der vollständige Satz zu Ende gesprochen wurde, um diesen dann komplett verstehen zu können. Auch beim Kopfrechnen spielt das Arbeitsgedächtnis eine besondere Rolle – Zwischenergebnisse müssen so lange behalten werden, bis die Rechenaufgabe vollständig gelöst ist. Das Arbeitsgedächtnis stellt somit eine Art „Schnittstelle“ zwischen der Wahrnehmung, der selektiven Aufmerksamkeit und höheren kognitiven Prozessen dar, deren Untersysteme durch die Funktion des Arbeitsgedächtnisses als Kontrolleinheit koordiniert und gesteuert werden.

b) Kodierung: Wechselwirkung zwischen neu eintreffenden und abgespeicherten Informationen

Wie wird unser Gedächtnis aktiviert, wenn wir eine bedeutende Umweltinformation erhalten haben und diese dann einem Gedächtnissystem zugeordnet werden soll? Die „*Kodierung*“ ist der Gedächtnisprozess, der die wichtige Umweltinformation entsprechend aufbereitet. Er ist der Informationsspeicherung

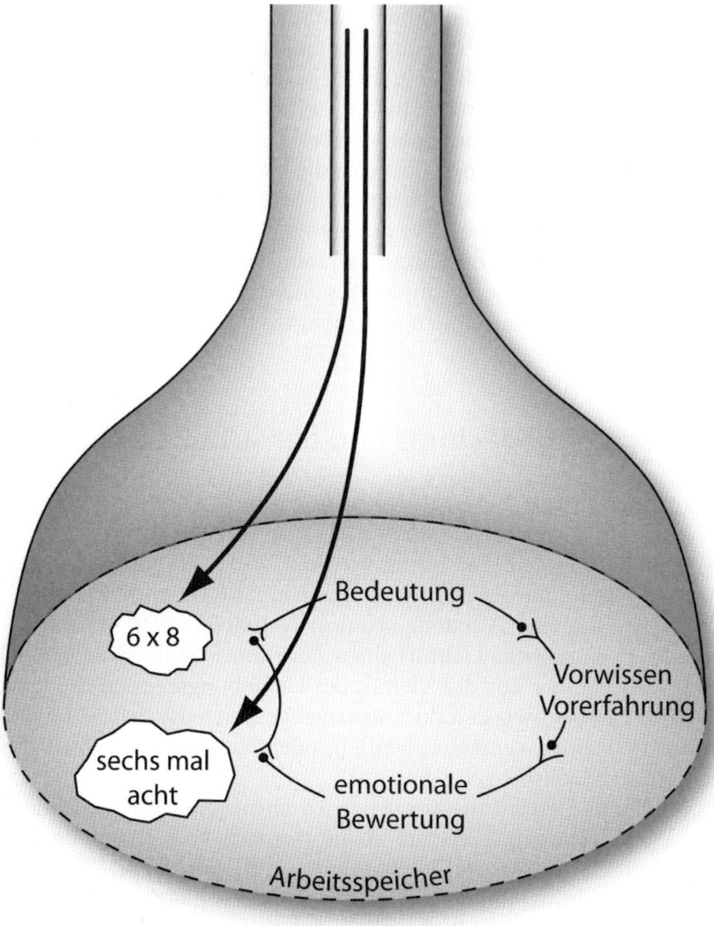

Abbildung 2.3: Kodierung Mathematik

und später auch dem Abruf der Informationen vorgeschaltet. In der Kodierungsphase gilt es, zunächst die visuell („6 × 8") oder phonologisch („sechs mal acht") dargebotenen Informationen präsent zu halten („visuell-räumlicher Notizblock"/„phonologische Schleife"). In einem weiteren Schritt erfolgt die Bedeutungsgebung und die emotionale Bewertung. Bei der Bedeutungsgebung wird auf Vorwissen zurückgegriffen, um den Sinn der neu eingetroffenen Informationen zu erschließen. Gleichzeitig werden aufgrund von Vorerfahrungen gefühlsmäßige Komponenten mit diesen Informationen verknüpft.

Beispiel für Kodierung

Ihr Sohn ist zum Kindergeburtstag eingeladen. Dort trifft er einige unbekannte Jungen und Mädchen. Er aktiviert die Vorerfahrung, dass mit Jungen eine größere Übereinstimmung der Interessen besteht als mit Mädchen (z.B. Jungen spielen Fußball). Seine bisherigen positiven Spielerfahrungen führen zu der emotionalen Bewertung „Jungen sind attraktivere Spielkameraden“, was zur Folge hat, dass Ihr Kind mit den anderen Jungen Kontakt sucht und diese weiter kennen lernt.

Beispiel für Kodierung aus dem Bereich der Mathematik

Aufgrund seines Vorwissens erkennt das Kind, dass „6 × 8“ eine rechnerische Aufgabenstellung ist und es erinnert, was das „mal“ bedeutet. Es kann vielleicht auch schon bestimmte Strategien mit der Aufgabenstellung verbinden, mit deren Hilfe es zum Ergebnis kommen kann.

Im Bereich des Vorwissens gibt es große Unterschiede. Das eine Kind kann zum Beispiel schon automatisiert haben „6 × 8 = 48“. Ein anderes Kind verbindet damit die Strategie für die Lösungssuche: „Ich zähle mithilfe der Finger 8, 16, 24, 32, 40, 48.“ Ein weiteres Kind verbindet das automatisierte Vorwissen „5 × 8 = 40“ mit der Lösungsstrategie: „5 × 8 weiß ich schon: 40. 40 + 8 = 48.“ Und ein Kind kann sich aber auch nicht sicher darüber sein, was das „mal“ bedeutet.

Die emotionale Bewertung ist abhängig von den Vorerfahrungen. Hat ein Kind bislang im Rechnen Erfolge erlebt und kann auf ein gutes Vorwissen zurückgreifen, dann wird die emotionale Bewertung wahrscheinlich positiv ausfallen: „Toll eine Malaufgabe, geht ganz leicht, mache ich gerne, ...“ Bei einem Kind, das überwiegend Misserfolge erlebt hat und dessen Vorwissen bruchstückhaft und voll von Lücken ist, wird eine ganz andere emotionale Bewertung stattfinden: „Was, schon wieder eine Rechenaufgabe? Ist ganz schwer, kann ich nicht, ich fühl‘ mich schlecht, wenn ich mich nur der Aufgabe zuwende.“

c) Konsolidierung (Speicherung)

Nach der Kodierung der neuen Informationen gilt es, diese möglichst dauerhaft zu speichern. Innerhalb des Speichervorgangs ist die Verfestigung („Konsolidierung“) der wichtigste Prozess, denn bei ihm findet sozusagen eine Verstärkung der Gedächtnisspuren statt, die auf neuronaler Ebene gelegt worden sind. Findet keine Konsolidierung der Gedächtnisinhalte statt, werden diese zwangsläufig wieder vergessen.

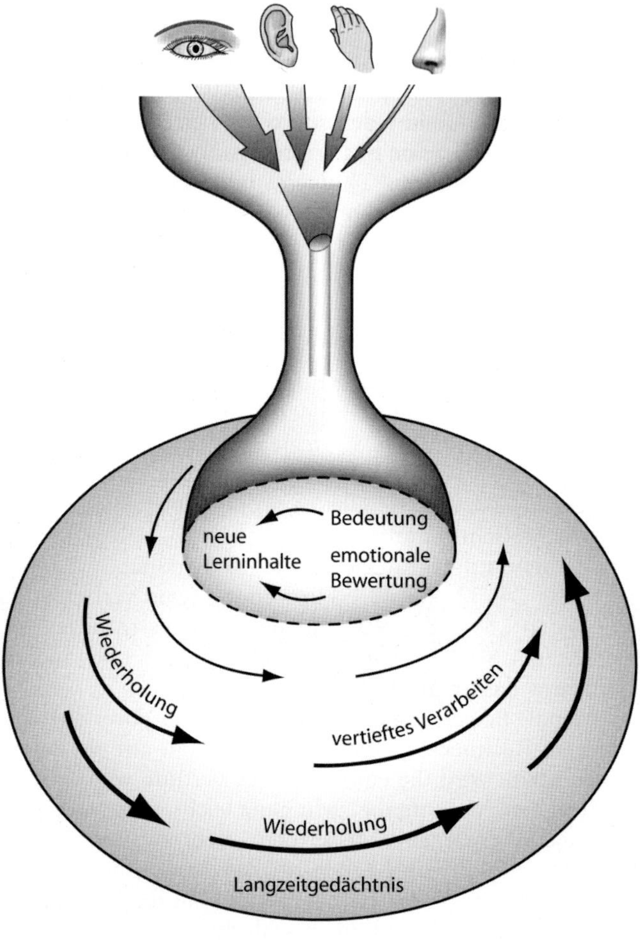

Abbildung 2.4: Konsolidierung

Nach der Kodierung, d. h. der Verknüpfung von neuen Lerninhalten mit Bedeutung und emotionaler Bewertung, beginnt der eigentliche Einprägeprozess. Nur wenn die neuen Lerninhalte innerlich ständig wiederholt oder oft in vertiefter Form verarbeitet worden sind, werden sie dauerhaft im Langzeitgedächtnis abgespeichert. Erfolgt dieses Wiederholen zu kurz oder nicht häufig genug, wird der Lerninhalt wieder vergessen.

4. Der Langzeitspeicher

Dem Arbeitsspeicher mit seinen Teilkomponenten ist der Langzeitspeicher nachgeordnet. Das Langzeitgedächtnis kann grundsätzlich zeitlebens alle bearbeiteten Informationen bereithalten. Ob wir tatsächlich in der Lage sind, auf lange zurückliegende Ereignisse zuverlässig zurückzugreifen, hängt jedoch davon ab, wie gut und in welcher Weise die Informationen gespeichert wurden und dann abgerufen werden können. Das Langzeitgedächtnis wird der neueren Gehirnforschung nach in zwei verschiedene Gedächtnissysteme unterteilt: in das „explizite" und das „implizite". Das explizite Gedächtnis beinhaltet Erinnerungen an Ereignisse oder auch Faktenwissen (semantisches Gedächtnis), also Informationen, die unserem Bewusstsein zugänglich sind. Der Inhalt des impliziten Gedächtnisses ist uns oft nicht bewusst, auch wenn wir ihn täglich nutzen, wie z.B. beim Schreiben, Fahrradfahren (automatisierte Fertigkeiten) oder schnellen Wiedererkennen von vertrauten Personen.

Die Abrufmöglichkeiten aus dem Langzeitgedächtnis werden stark davon bestimmt, ob die gespeicherten Informationen für uns emotional bedeutsam sind. Es besteht eine enge Verbindung zwischen Gefühlen und Gedächtnisleistung. Emotional wichtige Informationen, wie etwa Erinnerungen an schreckliche oder aber auch an schöne Erlebnisse, können wesentlich besser erinnert werden als neutrale Ereignisse. Bei neutralen Ereignissen, wie z. B. langweiligem Schulstoff, der nicht mit besonders starken Gefühlen gekoppelt ist, sind die Abrufmöglichkeiten auch von der Anzahl der Wiederholungen abhängig. Dauerhaftes Einprägen wird verhindert, wenn der Lernstoff zu wenig wiederholt wird. Die Vergessenskurve (Abbildung 2.5) zeigt uns, dass wir besonders zu Be-

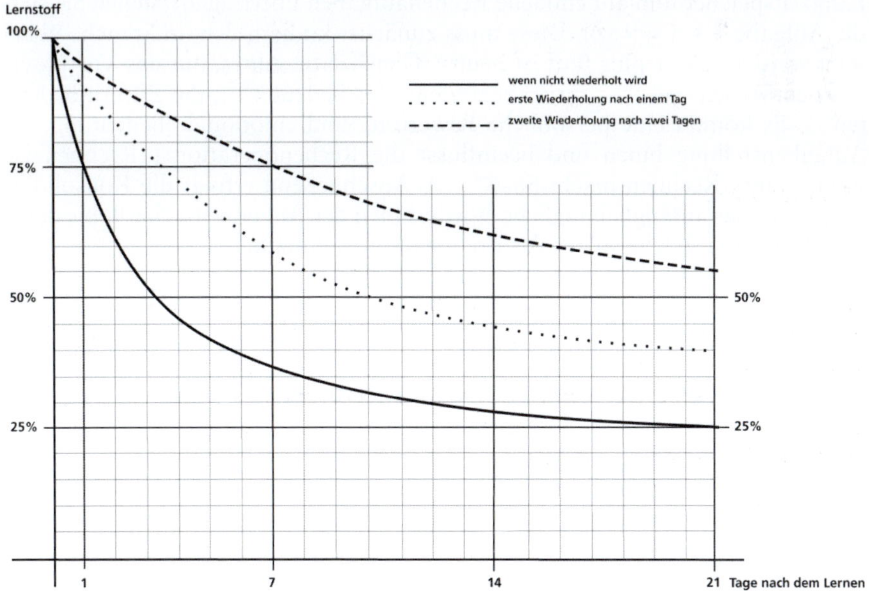

Abbildung 2.5: Vergessen ist leicht – Behalten ist schwer

ginn, d.h. nach den ersten Einprägeprozessen, sehr schnell und sehr viel wieder vergessen. Wiederholungen in den ersten Tagen nach der Informationsaufnahme sind erforderlich, um unserem Vergessen entgegenzuwirken. Im Laufe der Zeit vergessen wir langsamer. Dennoch setzt sich der Vergessensprozess ohne Wiederholungen stetig fort.

Wie spiegeln sich diese Erkenntnisse wider bei dem Versuch, das Einmaleins auswendig zu lernen? Das Kind hat das 8er-Einmaleins an einem Tag so weit gelernt, dass es alle 10 Aufgabenkombinationen beherrscht. Es gibt sich mit diesem Lernerfolg zufrieden und wiederholt nicht weiter. Zwei Tage später beherrscht es nur noch 1×8, 2×8, 5×8 und 10×8. Den Rest der Aufgabenkombinationen mit dem jeweils entsprechenden Ergebnis hat es wieder vergessen. Nach einer Woche weiß das Kind auf Anhieb nur noch die zwei bis drei leichtesten Kombinationen.

Ein weiterer Faktor, der die Fähigkeit zum längerfristigen Behalten im Langzeitspeicher beeinflusst, ist unsere persönliche (genetische) Ausstattung. So weisen Kinder mit Teilleistungsstörungen im Bereich Lesen, Rechtschreiben oder Rechnen oft Merkfähigkeitsstörungen auf. Es kann aber auch eine ganz bestimmte Art der Merkfähigkeit beeinträchtigt sein, wie zum Beispiel die visuell-figurale Merkfähigkeit oder das auditiv-verbale Gedächtnis. Diese Störungen kommen insbesondere dann zum Tragen, wenn größere Informationsmengen reproduziert werden müssen, Störreize vorliegen oder die Wiedergabe verzögert erfolgt. Die betroffenen Kinder können unmittelbar nach dem häuslichen Üben den Stoff reproduzieren, haben am nächsten Tag in der Klassenarbeit aber alles wieder vergessen.

Wie lässt sich das aufgezeigte Modell, d.h. der Weg von der Informationsaufnahme über die Sinnesorgane bis hin zur Verfestigung der Information im Langzeitspeicher nun auf einfache Rechenaufgaben übertragen? Stellen Sie sich die Aufgabe $4 + 5 = 9$ vor. Diese muss zunächst kodiert, d.h. in Sprache übersetzt werden: „Vier plus fünf ist neun.“ Gleichzeitig gilt es, auf das Vorwissen aus dem Arbeitsspeicher zurückzugreifen: plus bedeutet …, die Ziffern bedeuten … Es kommt eine persönliche Bewertung und emotionale Bedeutung der Aufgabenstellung hinzu und beeinflusst die Rechenoperation („Rechnen ist blöd“ oder „Rechnen macht Spaß“ …). Anschließend erfolgt die Konsolidierung, d.h. das anfänglich tägliche Wiederholen der Aufgabe $4 + 5 = 9$, bis dann dem Kind eine Woche später das Ergebnis sofort einfällt.

5. Mit Speicherstrategien Informationen sichern

Die Art und Weise wie wir Informationen speichern, erleichtern oder erschweren die Möglichkeiten des späteren Abrufs. Hilfreich können hierbei so genannte Speicherstrategien sein, die unterschiedliche Vorgehensweisen beinhalten können.

a) Verbales Wiederholen

Beim verbalen Wiederholen (rehearsal) werden zu behaltende Gedächtnisinhalte laut oder in Gedanken zum Teil mehrfach wiederholt. Im Alter von 6 bis 7 Jahren nutzen Kinder erstmals diese Strategie und wenden sie mit zunehmendem Alter immer flexibler automatisierter und verinnerlichter an. So kann man eine einzelne Zahl oder mehrere Zahlen hintereinander laut wiederholen, wie z. B. Telefonnummern aneinander reihen, wiederholen und schließlich noch eine Verbindung (Assoziation) mit wiederholtem Aussprechen der Zahlenfolge herstellen, wie etwa: „Die Telefonnummer von der Oma 09…“

b) Wiederholen von Visualisierungen

Bildhafte Vorstellungen gehören zu den am besten untersuchten Abrufstrategien, die ältere Kinder etwa ab dem 8. Lebensjahr häufig anwenden. Werden verbale Informationen mit bildhaften Vorstellungen verknüpft, findet sozusagen eine Doppelkodierung statt, die zu einer sehr tiefen Verarbeitung der Gedächtnisinhalte beiträgt. Visualisierungstechniken, bei denen eine doppelte Kodierung stattfindet, erleichtern den späteren Abruf der Informationen bedeutend.

Ein Beispiel für die Mathematik

Die Arbeit mit Lernkärtchen zur Automatisierung von numerischem Faktenwissen und einfachen arithmetischen Prozeduren (vgl. S. 140 ff).

c) Chaining

Beim Chaining handelt es sich um eine Strategie, bei der erlernte Einzelrechenschritte miteinander verknüpft werden. Die Erinnerungsleistung ist besser, wenn die Abfolge der Schritte in prägnanten, möglichst kurzen Worten festgehalten und abgespeichert wird.

Ein Beispiel für die Mathematik

Beispiele sind die kurzen Merksprüche bei der Addition und Subtraktion mit Zehnerübergang (vgl. S. 157) oder der Division durch einen Bruch (vgl. S. 175).

d) Kategoriales Realisieren

Hierbei handelt es sich um eine weitere wichtige Speicherstrategie. Zunächst werden voneinander unabhängige Gedächtnisinhalte nach unterschiedlichen Kriterien organisiert bzw. geordnet. Bestimmte äußere Ähnlichkeiten wie Farbe oder Größe, sprachliche Beziehungen (z. B. Tisch und Stuhl gehören zu der Kategorie Möbel), *funktionale* Aspekte (Tomate und Zucchini, beide kann man essen) oder auch biografische Kategorien werden herangezogen. 10- bis 11-jährige Kinder wenden diese Speicherstrategie sehr zuverlässig und häufig an.

Ein Beispiel für die Mathematik

Strukturierung durch eine generalisierte Abfolge von Arbeitsschritten: Wie gehe ich an Sachaufgaben heran und wie können dabei die Arbeitsschritte aussehen, obwohl sich die Sachaufgaben vom Inhalt sehr unterscheiden (vgl. S. 179)?

e) Elaborieren

Diese Speicherstrategie wird von älteren Kindern und Jugendlichen angewandt. Grundlage ist eine intensive Beschäftigung mit dem abzuspeichernden Material.

Ein Beispiel für die Mathematik

Wiederholte Auseinandersetzung mit Sachaufgaben mit ähnlichem Grundmuster (siehe S. 180 f).

f) Locitechnik

Bei der Locitechnik, der Methode der Orte, werden Informationen die hintereinander behalten werden müssen, wie z. B. Aufträge, die von der Mutter erteilt werden, gedanklich mit bestimmten Orten verbunden. So kann man in der Vorstellung einen vertrauten Weg, z. B. im Haus, „begehen" und einzelne Stationen abrufen.

Die Liste der so genannten Mnemotechniken ist lang. Fasst man den Kenntnisstand über Gedächtnisstrategien zusammen, so lassen sich entwicklungsabhängige Möglichkeiten beobachten. Das sechsjährige Kind kann meist nur dann Gedächtnisstrategien anwenden, wenn ihm diese vermittelt werden und eine entsprechende Anleitung stattfindet. Bis zum 9. Lebensjahr können verschiedene Gedächtnisstrategien erprobt und auch ohne fremde Anleitung eingesetzt werden. Kinder, die älter als 10 Jahre sind, verwenden Gedächtnisstrategien immer häufiger und flexibler. Gedächtnisstrategien sind somit altersabhängig und erlernbar.

6. Was beeinflusst die Informationsspeicherung?

a) Kapazität

Viele Untersuchungen belegen, dass die Kapazität unseres Kurzzeitgedächtnisses und somit auch unseres Arbeitsspeichers, die man als unmittelbare Merkspanne bezeichnen kann, altersabhängig und begrenzt ist. Vier- bis fünfjährige Kinder, so die Annahme, können etwa maximal fünf Informationseinheiten auf einmal speichern, z. B. die fünf Ziffernfolgen einer Telefonnummer [5-7-3-4-9].

Abbildung 2.6:
Wie viele Informationen passen in meinen Kurzzeitspeicher?

Mit etwa 9 Jahren können durchschnittlich sechs Einheiten gespeichert werden, im Erwachsenenalter liegt die Grenze der Speicherkapazität bei ca. 7 Items (+/– 2). Bei Kindern, die unter einer Aufmerksamkeitsbeeinträchtigung leiden, wie z. B. dem ADHS, ist die Kapazität des Kurzzeitgedächtnisses in der Regel noch geringer.

Versucht ein Kind, sich in einem Einprägeprozess mehr als fünf bzw. sechs Informationseinheiten gleichzeitig einzuprägen, führt die Begrenztheit des Arbeitsspeichers automatisch dazu, dass dessen Kapazität überlastet wird. Ein Teil der überzähligen Informationseinheiten wird aus dem Arbeitsspeicher hinausgeworfen und kann nicht mehr angemessen eingeprägt werden.

Nur sehr kleine, begrenzte „Lernportionen“ können gleichzeitig abgespeichert werden.

b) Dauer des Verfestigungsprozesses im Gedächtnis

Dem Entwicklungsaspekt unterliegt auch das Tempo der Informationsverarbeitung der Gedächtnisinhalte. Mit zunehmendem Alter werden wir in der Verarbeitung von neuen Informationen immer schneller. Vierjährige benötigen

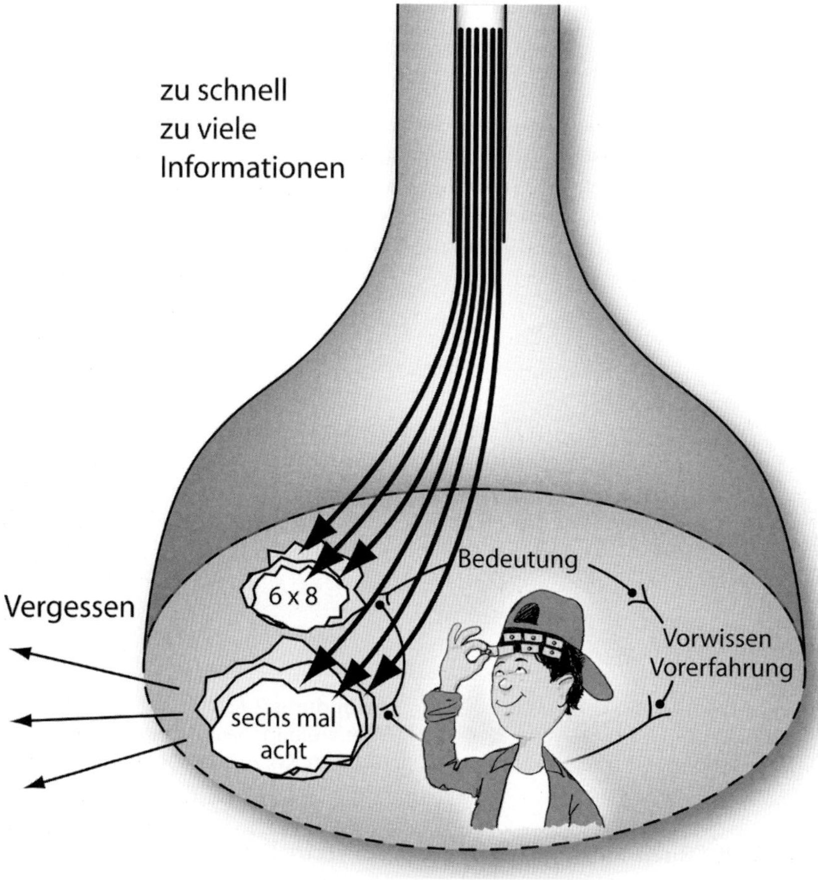

Abbildung 2.7: Zwangsläufiges „Vergessen" bei Überlastung des Arbeitsspeichers

etwa drei Sekunden, um eine Informationseinheit zu verarbeiten, 8-Jährige zweieinhalb Sekunden und 12-Jährige nur noch eineinhalb Sekunden (Lepach et al. 2003). Um erste Gedächtnisspuren anlegen zu können, muss das Kind den Lerninhalt für eine bestimmte Zeit im Bewusstsein präsent halten, d. h. innerlich wiederholen. Erfolgt die Beschäftigung mit dem Lerninhalt nur über eine kürzere Zeit und besteht zusätzlich keine starke emotionale Verbindung, wird dieser automatisch vergessen.

Ein erfolgreicher erster Abspeicherprozess benötigt eine bestimmte Zeitdauer des inneren Wiederholens der Lerninhalte.

7. Hauptgefahren beim Lernen und dauerhaften Behalten

a) Probleme im Arbeitsspeicher

Selektive Aufmerksamkeit
Die Gesamtmenge der selektiven Aufmerksamkeit scheint konstant zu sein. Unsere Fähigkeit jedoch, Wichtiges von Unwichtigem zu unterscheiden, ist sehr unterschiedlich. Ist unser Aufmerksamkeitsscheinwerfer auf viele unwichtige Informationen ausgerichtet, bleibt kein Platz mehr für wichtige Informationen, die in unser Kurzzeitgedächtnis gelangen. Dieses Phänomen finden wir beispielsweise bei der Aufmerksamkeits- und Aktivitätsstörung (ADHS). Gelangen zu viele irrelevante Informationen in den Arbeitsspeicher, ist dieser überlastet und hat nicht mehr genügend Kapazitäten für wichtige Informationen.

Unzureichende Automatisierungen/Vorwissen
Weitere Probleme können sich beim Kodierungsprozess im Arbeitsspeicher ergeben. Ist kein ausreichendes Vorwissen vorhanden, so kann die aktuelle Information nicht mit „Altwissen" abgeglichen werden. Habe ich die Rechenaufgabe 4 + 5, so muss ich um die Bedeutung der Zahlen und die Bedeutung des Pluszeichens wissen, um mit dieser Aufgabe im Arbeitsgedächtnis erfolgreich hantieren zu können. Das schriftliche Malnehmen kann ohne das automatisierte kleine Einmaleins nicht angemessen erlernt werden.

Emotionale Beeinträchtigungen
Eine weitere Gefahr liegt im Bereich der emotionalen Bewertung während des Kodierungsvorgangs im Kurzzeitgedächtnis. Liegen hier starke negative Bewertungen aufgrund früherer Misserfolgserlebnisse vor, wird auch die neue Information entsprechend etikettiert. Dies hat negative Folgen für spätere Abrufmöglichkeiten (Blockaden, „Black-outs").

b) Probleme beim Konsolidieren

In der Konsolidierungsphase, der Phase, in der die Gedächtnisspuren verstärkt werden, können ebenfalls Gefahren auftauchen.

„Unpassende" Lernverfahren
Wird beispielsweise numerisches Faktenwissen mithilfe unterschiedlicher Veranschaulichungsformen gelernt, so kann dieses nur unzureichend automatisiert werden, da die einzelne Veranschaulichungsform und damit das aktive Wiederholen in zu geringem Ausmaße stattfindet. Werden Gedächtnisinhalte zu kurz gelernt, dann werden diese ebenfalls nicht konsolidiert. Besonders ADHS-Kinder „hüpfen" aufgrund ihres spezifischen Wahrnehmungsstils sehr häufig zwischen verschiedenen neu zu lernenden Informationen, die somit nicht lange genug im Kurzzeitgedächtnis präsent gehalten werden können.

Auch unpassende bzw. gänzlich fehlende Speicherstrategien verhindern die Konsolidierungsvorgänge. Gerade bei jüngeren Kindern müssen Speicherstrategien von den Erwachsenen modellhaft vorgeführt und eingeübt werden, damit die Kinder diese verinnerlichen können. Werden Speicherstrategien nicht entsprechend trainiert und später automatisiert, sind die Kinder nur unzureichend in der Lage, sich Informationen einzuprägen. Aus Einsicht alleine entsteht meistens kein dauerhaftes Behalten: Auch die Einsicht muss „konsolidiert“ werden.

Hauptgefahrenstellen im Langzeitspeicher als Langzeitbehaltensleistung
Hier spielen negative Motivationswirkungen einerseits sowie lückenhafte und unpassende Wiederholungen von Lernstoff andererseits eine bedeutsame Rolle. So führt der schnelle Themenwechsel in unseren Schulen (das Einmaleins wird nur „angerissen“, eine Woche später wird ein neues Stoffgebiet eingeführt) dazu, dass der Stoff oft überhaupt nicht in den Langzeitspeicher gelangt. Automatisierung hat somit nicht stattgefunden, Vorwissen ist nicht gesichert. Die neuen Inhalte können auf kein sicheres Fundament aufgebaut, nicht konsolidiert und dann natürlich auch später nicht abgerufen werden.

Kapitel 3: Lernen aus der Sicht der aktuellen Gehirnforschung

Nachdem wir eingangs vereinfachte Erklärungsmodelle für Abspeicherprozesse dargestellt haben, möchten wir uns nun der etwas komplizierteren Realität nähern. Neuere Ergebnisse aus der Gehirnforschung erhellen den Abspeicherprozess erheblich. Das Wissen um die Vorgänge auf der neuronalen Ebene ist explodiert, seit es moderne bildgebende Verfahren in der Medizin gibt.
Besonders in den letzten 10 Jahren ist unser Kenntnisstand über die Funktionsweise des Gehirns immens gewachsen. Dennoch gibt es große Erkenntnislücken über das Gehirn, das in seiner Komplexität möglicherweise niemals vollständig zu verstehen sein wird (vgl. Das Manifest. In: Gehirn und Geist 2004/6, S. 30–34).

1. Wie funktioniert unser Gehirn?

Neurobiologische Untersuchungen setzten auf drei Ebenen an, um die Funktionsweise unseres Gehirns zu ergründen. Auf der obersten Ebene wird versucht, die Aufgaben und Funktionen größerer Hirnareale, wie z. B. die der Großhirnrinde oder der Basalganglien zu erklären (Funktionskomplexe). Auf der mittleren Ebene wird das Wechselwirkungsgeschehen innerhalb von Zellverbänden untersucht. Und auf der untersten Ebene beschäftigt man sich mit den Vorgängen auf dem Niveau einzelner Zellen und Moleküle. Bedeutsame Fortschritte wurden in den letzten Jahren insbesondere auf der obersten und untersten Ebene erzielt. Heute wissen wir – auf der untersten Ebene – deutlich mehr über die Funktion von Neurotransmittern, Neuropeptiden und Neurohormonen, über die Entstehung und Fortleitung der neuronalen Erregung und dem Ablauf von Signalprozessen innerhalb der Zelle.

Unser Gehirn ist ein hoch kompliziertes und hoch komplexes Universum. Betrachtet man folgende Zahlen, wird dies schnell deutlich: Allein unsere Großhirnrinde besitzt ca. 20.000.000.000 Nervenzellen, wobei jedes einzelne Neuron wiederum über synaptische Verbindungen mit 10.000 bis 15.000 anderen Neuronen verfügt. Die Gesamtzahl der Synapsen in unserem Gehirn liegt letztlich bei mehreren 100 Billionen.

Die konkrete funktionale Struktur des Gehirns unterscheidet sich von Mensch zu Mensch. Sie hängt sowohl von seiner genetischen Veranlagung als auch von seiner persönlichen Lerngeschichte ab und – sie ist einer ständigen Veränderung unterworfen, da unser Gehirn permanent lernt. Es durchläuft z. B. innerhalb nur einer Minute ca. 600 Zustandsveränderungen und hat damit seine Mikrostruktur verändert.

Die eingangs beschriebene mittlere Ebene, d. h. die der neuronalen Netzwerke, ihrer Funktionen und Kommunikationen, gibt noch viele Rätsel auf. Vermutlich sind Netzwerkstrukturen hoch dynamische und nichtlineare Systeme. Die Abbildung von Wahrnehmungen oder auch motorischen Programmen in diesen Netzwerken entsprechen hochkomplexen Aktivitätsmustern raum-zeitlicher Anordnung.

Im Gegensatz zu früheren Annahmen, denen zur Folge die Hirnentwicklung und damit die Bildung neuronaler Netzwerke mit der Jugend abgeschlossen ist, wissen wir heute, dass auch noch im Gehirn von Erwachsen neue Verschaltungen stattfinden können. Jeder Gedanke, den wir haben, jeder neue Sachverhalt, den wir lernen und jede körperliche Aktivität, die wir unternehmen, verändert dieses Verknüpfungsmuster. In diesem Sinne sind unsere Lernmöglichkeiten – über die Jahre betrachtet – auch kein statischer Prozess, der in der Kindheit festgelegt und unveränderlich ist, sondern ein kontinuierliches Geschehen, welches nie zum Stillstand kommt. Dies begründet die enorme Plastizität unseres Gehirns.

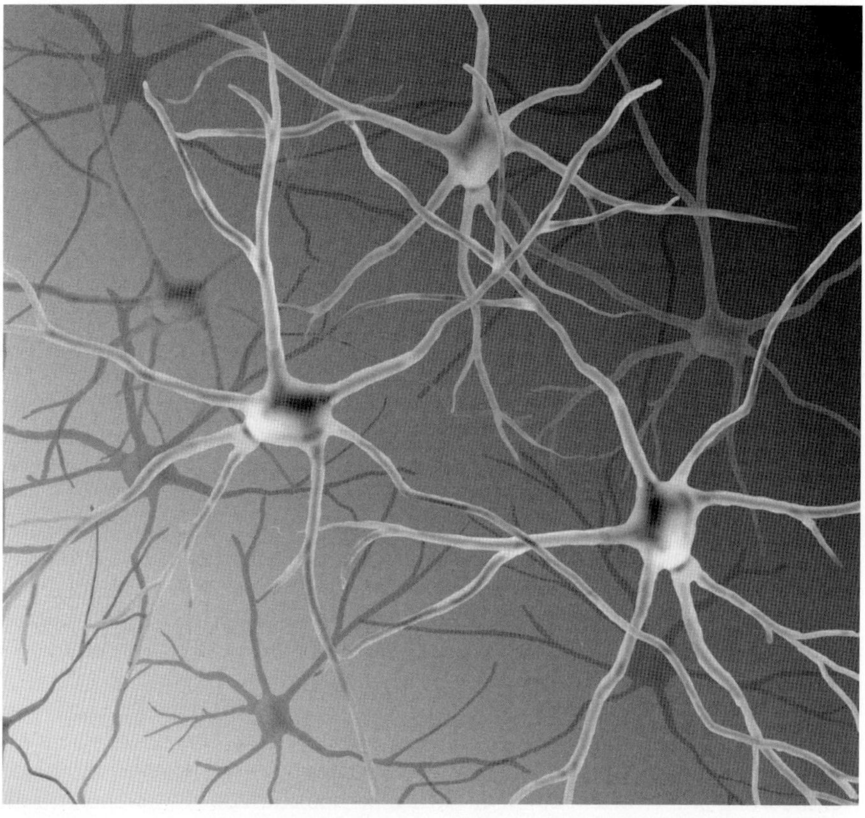

Abbildung 3.1: Neuronendschungel

Die molekularen und zellulären Faktoren, die den Lernprozessen und ihrer Plastizität zugrunde liegen, werden mittlerweile so gut verstanden, dass es auch leichter fällt, Lernkonzepte – wie für das schulische Lernen –, besser an die Funktionsweise unseres Gehirns anzupassen. Dennoch bleibt der Hirnforschung noch viel Arbeit, insbesondere was die Arbeitsweise kleinerer Zellverbände, der so genannten Mikroschaltkreise anbelangt. Eine vollständige Beschreibung des menschlichen Gehirns wird wahrscheinlich nie gelingen. Damit wird auch die exakte Vorhersage über das Verhalten eines bestimmten Menschen in einer bestimmten Situation unwahrscheinlich, denn: Jedes Gehirn organisiert sich aufgrund der unterschiedlichen genetischen Ausstattung und der individuellen Lerngeschichte, bzw. einmaliger Prägungsvorgänge durch Umwelteinflüsse, selbst. Dies bedeutet, dass das einzelne Gehirn auch individuellen Bedürfnissen und einem eigenen Wertesystem folgt, und deswegen wird es die bloße Erfassung von Hirnaktivität kaum ermöglichen, auf die psychischen Vorgänge einer bestimmten Person zu schließen.

2. Die so genannte neuronale Ebene im Gehirn

Wie schon gesagt, unser Gehirn ist ein hoch kompliziertes und hoch komplexes Universum. Es gleicht einem Dschungel aus – fasst man die Nervenzellen aller Gehirnteile zusammen – ca. 10^{12} Nervenzellen (vgl. Rösler 2004), den so genannten Neuronen. Diese rundlichen Zellkörper bilden Fortsätze aus, die Axone und Dendriten genannt werden. Jede einzelne Nervenzelle hat ein Axon und bis zu ca. 10.000 Dendriten – Verästelungen, die die Informationen an die Neurone weitergeben und damit Lernprozesse in Gang setzen. Die Axone übermitteln als wichtige Leitbahnen die Informationen, d.h. den Lernstoff von einem Neuron zum nächsten.

Die Neuronen bilden so mit ihren Verbindungsstellen ein eng verknüpftes und vielfach verästeltes Netz mit 10.000.000.000.000.000 verschieden Kontaktstellen, die ständig der Veränderung unterliegen (vgl. Rösler 2004).

3. Welche Prozesse und Strukturen sind beim Lernen beteiligt?

In unseren vereinfachten Modellen sind komplexe Vorgänge in Teilprozesse aufgeschlüsselt, um Lernprozesse zu veranschaulichen und mit ihnen „hantieren" zu können. Beim Einprägen bestimmter Informationen, z.B. beim Abspeichern von numerischem Faktenwissen (z.B. des kleinen Einspluseins oder des Einmaleins) oder dem Wissen um arithmetische Prozeduren (z.B. beim schriftlichen Multiplizieren zweier mehrstelliger Zahlen oder beim Bruchrechnen), arbeiten jedoch verschiedene Areale unseres Gehirns gleichzeitig und interaktiv miteinander. Auf diese Weise werden bei der intensiven Beschäftigung mit neuen Inhalten regelrechte „Spuren" im Gedächtnis hinterlassen.

Erinnern sie sich an unser vereinfachtes Modell der Funktionsweise des Gedächtnisses (siehe Abb. 2.2–2.4)? Dort haben wir beschrieben, dass die Informationen über die verschiedenen Sinnesorgane in den Wahrnehmungsspeicher geleitet werden, um dann in das Kurzzeitgedächtnis zu gelangen. Nur wenige Informationen werden letztendlich in das Langzeitgedächtnis transportiert.

Tatsächlich unterscheidet man auch in der modernen Gehirnforschung zwischen einem Kurzzeit- und einem Langzeitgedächtnis. Das Kurzzeitgedächtnis hält einen Teil der Sinneseindrücke, nämlich die, die uns als nützliche Informationen erscheinen, vorübergehend, d.h. flüchtig fest. Es wird auch Arbeitsspeicher oder Arbeitsgedächtnis genannt und ermöglicht uns, mit bestimmten wichtigen Inhalten kurze Zeit „im Geiste" zu hantieren. So können Sie sich beispielsweise einen Satz merken, wenn Sie dabei sind, einen Brief zu formulieren, oder eine Telefonnummer, die sie gerade gelesen haben. Diese Telefonnummer können Sie aber nur wiedergeben, indem Sie sich diese immer wieder im Kopf vorsagen. Sie erinnern sich vielleicht an den mühsamen Prozess des inneren Wiederholens, den wir in den vorausgegangenen Kapiteln aufgezeigt haben.

Das Arbeitsgedächtnis hat eine begrenzte Kapazität. An dieser Stelle möchten wir noch einmal an Abbildung 2.6, den Jungen mit den fünf Schubladen, erinnern. Erwachsene können sich ca. 7 Informationseinheiten, z.B. 7 Zahlen hintereinander merken, Kinder deutlich weniger. Das Arbeitsgedächtnis unserer rechenschwachen Kinder kann maximal sechs, möglicherweise nur drei bis fünf Informationseinheiten auf einmal speichern.

Die neurobiologischen Prozesse des Kurzzeitgedächtnisses garantieren in der Regel keine langfristige Speicherung der aufgenommenen Informationen. Die Informationen, die wir uns wirklich merken wollen, d.h. die als Gedächtnisspuren langfristig eingegraben werden sollen, benötigen besondere Festigungsvorgänge. Diese Festigungsvorgänge und die damit verbundene Abspeichertiefe sind das, was wir als Langzeitgedächtnis bezeichnen.

4. Wie kommt es zum dauerhaften Behalten?

Der entscheidende Schauplatz, wo es zu Veränderungen bei der Informationsweiterleitung und letztendlich zum Einprägen kommt, ist sehr klein: Es ist die *Synapse*, die Kontaktstelle zwischen den einzelnen Neuronen.

Als Grundregel im Lernprozess gilt, dass eine Erinnerung umso intensiver und zugänglicher ist, je stärker die synaptische Modifikation ist, d.h. die Veränderung der Kontaktstellen zwischen den Neuronen, zu der es aufgrund des Lernprozesses kommt. Beim Lernen verknüpfen und „verdrahten" sich gemeinsam aktive, d.h. feuernde Neuronen, die für eine bestimmte Aufgabe zuständig sind. Je intensiver unser Lernvorgang ist, desto stärker werden regelrechte Schaltkreise, d.h. neuronale Netzwerke im Gehirn ausgebaut.

Wie funktioniert nun zunächst die Informationsweiterleitung und -abspeicherung auf der neuronalen Ebene? Wie erwirbt man dauerhaftes stabiles numerisches Faktenwissen beim Einspluseins und beim Einmaleins oder dauerhaft verfügbares Wissen um arithmetische Prozeduren?

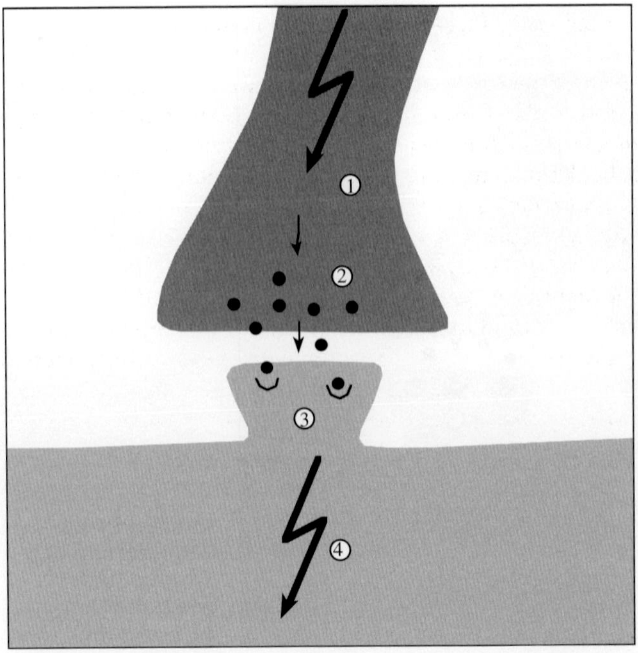

Abbildung 3.2: Synapse während des Lernvorgangs

Was passiert in unserem Gehirn genau, wenn ich z. B. die Aufgabenstellung 9 – 7 = 2 erlerne. Sehr vereinfacht ausgedrückt werden hier zwei Nervenzellen im Gehirn miteinander „verdrahtet“. Die Herausbildung der Verknüpfung folgt dabei der Hebb'schen Regel: „Neurons that fire together wire together.“ Die Reize „9 – 7“ und „2“ werden gleichzeitig dargeboten. Unterschiedliche Nervenzellen, die spezifisch durch einen dieser Reize aktiviert werden, bilden Verbindungsstellen heraus.

Wie hat man sich nun die Funktionsweise einer solchen Verknüpfung zweier Nervenzellen vorzustellen? Die erste (obere) Nervenzelle wird aktiviert durch die Aufgabe „9 – 7“, die zweite (untere) Nervenzelle steht für das Ergebnis „2“. Durch die Aktivierung der ersten Nervenzelle mittels des Reizes „9 – 7“ wird in dieser ein elektrischer Impuls ausgelöst, der sich zu der Verbindungsstelle der zweiten Nervenzelle fortpflanzt ①. Diese Verbindungsstellen werden Synapsen genannt und stellen die Übertragungsorte der Information an den Endstellen der Neurone dar. Von der Senderzelle werden nun Neurotransmitter ②, es handelt sich dabei um Botenstoffe, in den schmalen Spalt (synaptischer Spalt) zwischen den Neuronen ausgeschüttet. Diese Neurotransmitter docken an den „Empfängerantennen“ des Empfängerneurons ③ an. Dieses chemische Signal wird anschließend wieder in ein elektrisches Signal ④ zurückverwandelt und damit das Ergebnis „2“ ausgelöst.

Wie wird nun aus dieser „flüchtigen“ Signalweitergabe ein dauerhaftes Erinnern? Die neu erlernte Information wird nur dann in unserem Gedächtnis verankert, wenn sie wiederholt dargeboten, d. h. unsere Rechenaufgabe 9 – 7 = 2 wiederholt gelernt wird – ohne unnötige Zwischenschritte oder Umwege ist

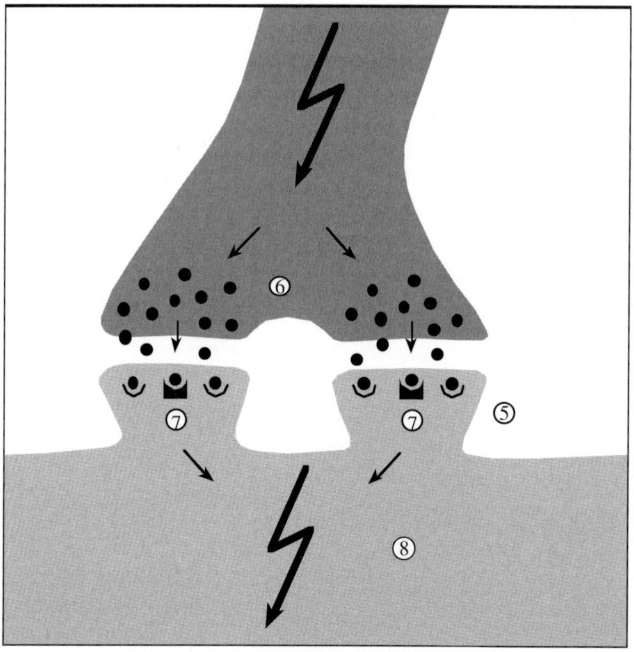

Abbildung 3.3: Veränderung der Synapse nach wiederholtem Lernvorgang

dann sofort das Ergebnis 2 abrufbar. Durch den Wiederholungsvorgang werden die Verbindungen zwischen den Neuronen immer ein wenig mehr gestärkt. Die an diesem Vorgang beteiligten Synapsen erfahren dabei eine strukturelle Veränderung. Wird nämlich eine Synapse zwischen der ersten Nervenzelle „9 – 7" und der zweiten Nervenzelle „2" mehrfach hintereinander aktiviert, teilt sich die Synapse und bildet eine zweite Kontaktstelle zwischen den Nervenzellen aus ⑤. Aufgrund der beiden Kontaktstellen besteht nun eine größere Kontaktfläche und die Informationsübermittlung wird effizienter. Die Senderzelle verändert sich zusätzlich, indem sie dauerhaft mehr Neurotransmitter ausschüttet ⑥. Die Empfängerzelle wird in ihrer Sensibilität, d. h. in ihrer Empfangsbereitschaft verändert, da sie mehr Rezeptortypen ⑦, d. h. Antennen ausbildet (vgl. Laroche 2002). Wird dem Kind jetzt die Aufgabe 9 – 7 gestellt, kann das Ergebnis unmittelbar erinnert werden: „klick" 2.

Nun haben wir den Lernvorgang sozusagen isoliert mit der Lupe an einer winzigen Stelle betrachtet. In Wirklichkeit sind beim Lernen jedoch nicht nur zwei Neurone beteiligt, sondern viele Nervenzellen gleichzeitig. Diese können über unterschiedliche Regionen des Gehirns verteilt sein, sodass unsere Information, d. h. unser „Faktenwissen" 9 – 7 = 2 letztendlich in einem ganzen Neuronenverband abgespeichert wird. Durch das Lernen finden also strukturelle Veränderungen in einem ganzen Netzwerk der beteiligten Neuronen statt. Dies sind die so genannten Gedächtnisspuren: Beim Lernen werden manche Neuronenverbindungen, nämlich die, die oft genutzt werden, gestärkt, andere, die weniger oft genutzt werden, schwächen sich wieder ab. Eine gut gelernte Rechenaufgabe ist somit an einer starken synaptischen Verbindung in unserem

Netzwerk zu erkennen. Erinnerung hat also eine physikalisch-chemische Entsprechung: Sie wird repräsentiert durch das Muster der synaptischen Modifikationen.

Möchten wir uns wirklich etwas gut merken, müssen die neuronalen Entladungsmuster, die unser Netzwerk bilden, stets wiederholt werden, damit eine feste Verankerung im Langzeitgedächtnis erfolgt. Sie erinnern sich – dies ist die oft unangenehme aber notwendige „Knochenarbeit“ des steten Wiederholens.

5. Welche Bedeutung haben Emotionen beim Lernen?

Große Neuronenverbände sind darauf spezialisiert, ankommende Informationen zu analysieren und dann dauerhaft zu speichern. Was wir jedoch abspeichern und in welcher Tiefe, ist höchst individuell. Darauf nimmt auch die emotionale Bewertung der eingehenden Information maßgeblichen Einfluss.

Welche Prozesse liegen der Einflussnahme durch die Emotionen zugrunde? Vermutlich handelt es sich um zwei unterschiedliche Wirkprinzipien. Einerseits sind es wohl vor allem Bereiche des limbischen Systems, die zusammen mit weiteren kortikalen Regionen der Gehirnrinde daran beteiligt sind, einen bestimmten emotionalen Erlebniswert bestimmten Ereignissen und Objekten zuzuordnen. Eine positive emotionale Bewertung scheint hierbei eine deutlich bessere Abspeicherung im Langzeitgedächtnis zu ermöglichen, da ein positiver emotionaler Kontext mit zu einer Aktivierung des Hippocampus führt und somit u.a. zu zusätzlichen Wiederholungsaktivierungen während des Nachtschlafs. Die Speicherung unter positiven emotionalen Vorzeichen erfolgt an Abspeicherorten, die eine leichtere Abrufbarkeit der Lerninhalte ermöglichen (vgl. Spitzer in OECD 2005).

Andererseits scheinen einige übergreifende Nervenzellenverbände die Vorderhirnstrukturen zu beeinflussen, indem sie die Neurotransmitter Dopamin, Noradrenalin, Serotonin und Acetylcholin ausschütten. Herausragend ist unser inneres „Belohnungssystem“, das über den Neurotransmitter Dopamin gesteuert wird. Sind wir erfolgreich mit unserem Verhalten, erlangen wir einen Vorteil hierdurch oder haben ein Problem gelöst, wirken diese positiven Erfahrungen über Dopaminausschüttungen zurück und werden in kortikalen Strukturen abgespeichert.

Der emotionale Kontext, in dem die Speicherung der jeweiligen Lerninhalte geschieht, hat einen eindeutigen Einfluss auf die spätere Erinnerungsleistung.

a) Abhängig vom emotionalen Kontext werden unterschiedliche Hirnregionen aktiviert.
b) Lerninhalte, die in einem positiven emotionalen Kontext abgespeichert werden, werden am besten und am dauerhaftesten erinnert.

6. Was geschieht, wenn wir Fertigkeiten „automatisieren"?

Wenn uns Fertigkeiten, wie z. B. das Fahrradfahren immer schneller und besser gelingen oder uns bestimmte Aufgabenlösungen sofort einfallen, was geschieht dann? Diesen Prozess, der auch eine Entsprechung auf neuronaler Ebene hat, nennen wir *Automatisierung*. Trainieren wir etwas lange und intensiv, so müssen wir uns auf diese Aufgabe immer weniger konzentrieren. Beim Erlernen von Fertigkeiten werden in der Hirnrinde sehr viele Neuronen für Abspeicherprozesse genutzt, aber immer weniger beansprucht, je besser wir eine Fertigkeit beherrschen. Die Bewältigung dieser Fertigkeit wird dann in tiefer liegende Regionen unseres Gehirns verlagert, sodass die Hirnrinde wieder zum Erlernen neuer Aufgaben zur Verfügung steht. In den tiefer liegenden Gedächtnisschichten werden dann die eingeübten, d. h. automatisierten Fertigkeiten fest verdrahtet. Wären diese Fertigkeiten in den höheren Ebenen der Hirnrinde geblieben aber nicht mehr genutzt worden, würden diese Verknüpfungen und die Erinnerungen daran verloren gehen. So aber gelingt es Ihnen auch noch nach 10 Jahren Pause wieder ohne Schwierigkeit, sozusagen „aus dem Stand" heraus, mit dem Fahrrad loszuradeln oder „6 × 6 = 36" zu erinnern.

Diese Vorgänge der Automatisierung bedeuten also, dass neue Aufgaben anfangs geistige Anstrengung erfordern, bei häufigem und intensivem Einüben aber zur Routine werden können und uns letztendlich weniger Konzentration abverlangen. Auf diese Weise können wir uns dann wieder neuen Problemstellungen zuwenden. Noch einmal übertragen auf den Lernprozess, stellt somit beispielsweise das reibungslose schnelle Rechnen – eine Fertigkeit, über die gute Rechner nicht mehr nachdenken – letztendlich das Resultat vieler Übungsstunden im Sinne der zunehmenden Automatisierung dar.

Was bedeuten die Ergebnisse der modernen Gehirnforschung für unseren Lernprozess?

Lernen bedeutet, Neuronenverbindungen zu neuronalen Netzwerken aufzubauen. Wir müssen das Gelernte wiederholen, damit sich auch auf der neuronalen Ebene die Entladungsmuster wiederholen können, um im Langzeitgedächtnis verankert zu werden. Diese Verankerung ist mit der Bildung von spezifischen Eiweißstoffen verbunden, die die Überträgerstellen, d. h. die Synapsen strukturell verändern. Je besser eine Aufgabe trainiert ist oder je häufiger ein Lerninhalt wiederholt wird, umso mehr wird er automatisiert und benötigt nicht mehr so viel Aufmerksamkeit und geistige Anstrengung. Je mehr wir etwas lernen, je öfter wir etwas lernen, je tiefer wir etwas verarbeiten, umso besser können wir es behalten. Routinen, d. h. automatisierte Gedächtnisinhalte machen uns wieder frei für neuen Lernstoff.

Kapitel 4: Rechnen – Spezielle Ergebnisse der Gehirnforschung

Nachdem wir zunächst vereinfachte Erklärungsmodelle für die Informationsspeicherung im Gehirn dargestellt haben und anschließend versuchten, aktuelles Wissen über die Vorgänge auf der neuronalen Ebene im Gehirn zu vermitteln, wenden wir uns nun speziellen Modellvorstellungen zu, die sich mit dem Prozess des Rechnens und dessen Abbildung im Gehirn beschäftigen. Welche Modellvorstellungen und Theorien existieren in diesem Bereich?

1. Das Triple-Code-Modell nach Dehaene

Ein Modell für die Zahlenverarbeitung aus kognitiv-neuropsychologischer Sicht stammt von Dehaene (1992): Das so genannte Triple-Code-Modell. Dieses geht von drei verschiedenen Modulen oder neuronalen Verarbeitungsnetzwerken aus, in denen Zahlen auf unterschiedliche Art und Weise repräsentiert und verarbeitet werden.

Den Nachweis für Dehaenes Modellvorstellung lieferten verschiedene Versuche, so auch Studien an neurologisch erkrankten Patienten. Bei ihnen fand man je nach beschädigter Gehirnregion entsprechende Ausfälle in den von Dehaene angenommenen unterschiedlichen Modulen der Zahlenverarbeitung. Dehaene u. Cohen (1995) beobachteten so zum Beispiel reine Zahlleseunfähigkeiten bei ansonsten intakter Lesefähigkeit für Worte und Buchstaben und auch das genaue Gegenteil.

Weitere Belege für die Beteiligung spezifischer Gehirnareale nach dem Modell von Dehaene liefert der von Butterworth et al. (2001) veröffentlichte Fall eines Patienten, dessen Kompetenzerhalt bzw. Verlust eindrucksvoll belegt, dass Zahlenverarbeitung kategorie-spezifisch stattfindet. Dieser Patient wies eine Schrumpfung im Bereich des linken Temporallappens (Schläfenlappen) auf, aufgrund dessen er seine Fähigkeit zu Lesen und zu Schreiben fast vollständig verlor. Andererseits behielt er aber überraschender Weise seine Fähigkeiten bei, mit Zahlen zu operieren, zu rechnen und Ziffern richtig zu lesen und zu schreiben.

Mithilfe bildgebender Verfahren konnten Dehaene et al. (1999) in einer Studie mit erwachsenen Versuchspersonen nachweisen, dass sich in Abhängigkeit von der Art der Aufgabe, die der Versuchsperson gestellt wurde, unterschiedliche, nicht miteinander in Verbindung stehende Aktivierungsmuster im Gehirn zeigten. Ließ Dehaene seine Versuchspersonen Rechenaufgaben schätzen (3 + 4 = ca. 8 oder 2) zeigte sich ein Aktivitätsmaximum im Bereich der so genannten parietalen Region (Scheitellappen) beider Gehirnhälften (siehe Abb. 4.1). Bei

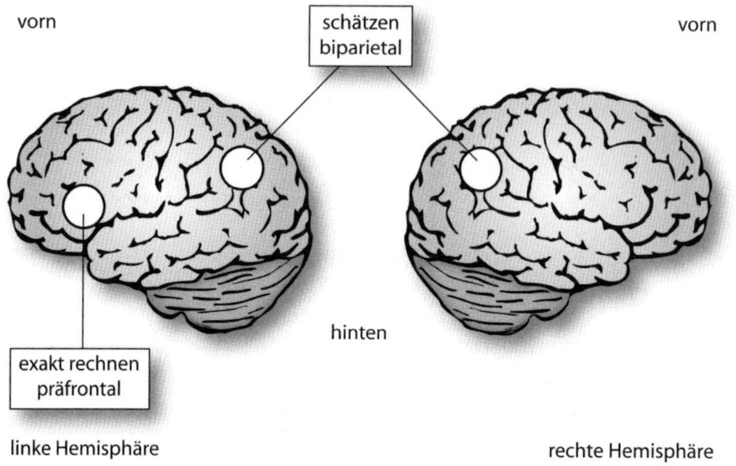

Abbildung 4.1: Beim Schätzen und Rechnen beteiligte Gehirnareale (vgl. Dehaene et al. 1999)

exakten Rechenaufgaben (welches Ergebnis ist nun richtig: 3 + 4 = 7 oder 8) fand sich hingegen ein Aktivitätsmaximum in der präfrontalen sprachverarbeitenden Hirnrinde in der linken Hemisphäre.

Der Denkvorgang „3 + 4 = 7" ist also ein gänzlich anderer als der Denkvorgang „3 + 4 ist so etwa 8". Beim ersten Prozess handelt es sich um eine genaue Ergebnisberechnung, beim zweiten um ein orientierendes Überschauen im Zahlenraum, eine Abschätzung der Größenordnung, in der das Ergebnis zu liegen kommt. Das genaue Berechnen erfordert entsprechende Prozeduren, das grobe Schätzen basiert eher auf dem intuitiven Erfassen einer Größe. Es handelt sich somit, wie von Dehaene eindrucksvoll nachgewiesen, um zwei unterschiedliche geistige Prozesse. Seine Arbeiten zeigen, wie unser Gehirn Mathematik betreibt.

Dehaene nimmt in seinem kognitiv-neuropsychologischen Modell drei unterschiedliche Module an, in denen Zahlen repräsentiert sind und verarbeitet werden. Module sind so genannte Funktionseinheiten.

Alle drei Module stehen miteinander in Verbindung und sie alle haben einen eigenen Ein- und Ausgang. Ein Zahlensymbol kann durch die Verschaltung eines Modus in einen anderen überführt werden.

Wie sind nun die Zahlen in Dehaenes Modell codiert? Zum einen nimmt Dehaene eine so genannte *„analoge" Repräsentation von Größen* an, ein nichtsprachliches Modul. Hierbei handelt es sich um eine innere Zahlvorstellung, welche die grundlegende Fertigkeit des Verständnisses von Mengen und Zahlen beinhaltet. In diesem Modul werden Mengen, ohne dass ein direktes Zählen stattfindet, miteinander verglichen und Aufgaben in ihrem Ergebnis überschlagen. Dies bedeutet also eine geringere Exaktheit der Ergebnisfindung. Hierzu benötigte Grundfertigkeiten aus dem Bereich der Wahrnehmung lassen sich bei Säuglingen und sogar bei Tieren nachweisen. Es handelt sich um die Fähigkeit, die so genannte „Mächtigkeit" einer kurz dargebotenen Objektmenge von eins bis drei, manchmal auch vier Items richtig anzugeben, bzw. eine Menge zu schätzen, die über vier Items hinausgeht. Dieses Schätzen liefert die Bedeutung (Semantik) der Zahlen. Dehaene nimmt in diesem Funktionsbereich zudem eine Art inneren Zahlenstrahl an. Jede Zahl wird auf diesem Zahlenstrahl örtlich oder räumlich repräsentiert. Es handelt sich also um eine geistige Repräsentation der Zahlenanordnung.

In einem weiteren Modul, das Dehaene die *visuell-arabische Repräsentation von Zahlen* nennt, werden Zahlen in Form von arabischen Ziffern (z. B. „13") repräsentiert. Diesem Modul wird die Fähigkeit zugeordnet, Zahlen zu steuern und mit ihnen umgehen zu können sowie die Fähigkeit zur Operation mit Zahlen. Zahlen werden also in diesem Modul relativ unabhängig von sprachlichen Grundfertigkeiten im Rahmen des arabischen Zahlensystems verarbeitet.

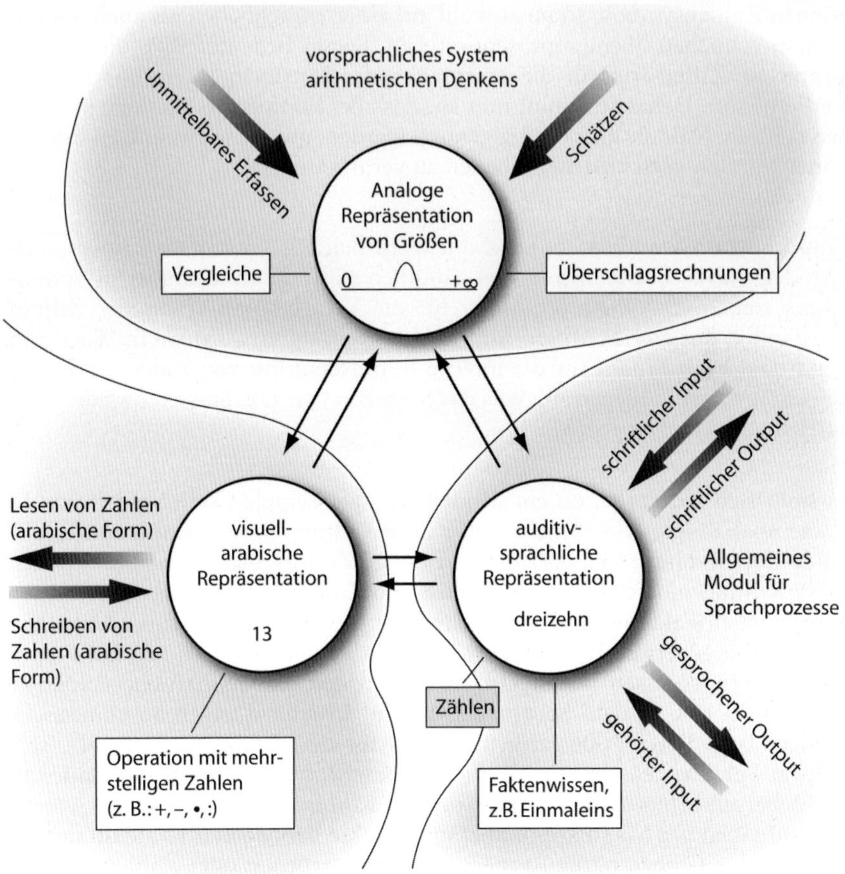

Abbildung 4.2: Das Triple-Code-Modell nach Dehaene

Hierzu sind Regelkenntnisse erforderlich. Wir benötigen das Wissen, dass beispielsweise die Zahl 13 aus einem Zehner und drei Einsern besteht. Auch die Fähigkeit zur Beurteilung, ob wir es zum Beispiel mit einer geraden oder ungeraden Zahl zu tun haben, erfolgt in diesem Bereich. Darauf aufbauend werden schriftliche arithmetische Verfahren bei mehrstelligen Zahlen gelernt. Konkret könnte dies zum Beispiel bedeuten, dass ich über das Wissen und die Fertigkeit verfüge, zwei dreistellige Zahlen zu addieren oder miteinander zu multiplizieren oder die Schritte durchführen kann, wenn ich durch einen Bruch dividiere. Das Modul der visuell-arabischen Repräsentation soll im visuellen Kortex liegen, die rechte Hirnhemisphäre hierbei die dominierende sein.

Das letzte Modul beinhaltet nach Dehaene *auditiv-sprachliche Repräsentationen*. Hier werden Zahlen auf einer linguistischen Ebene, d. h. in begrifflicher Form verarbeitet (z. B. „dreizehn"). Dieses Modul benötigen wir bei Zählprozeduren, dem Abspeichern von numerischem Faktenwissen, wie beispielsweise dem Einmaleins. Die auditiv-sprachliche Repräsentation wird dem Sprachsystem in unserer linken Gehirnhälfte zugeordnet.

Da die verschiedenen Funktionsbereiche miteinander in Verbindung stehen, können Zahlensymbole somit sowohl auf einer sprachlichen als auch auf einer nichtsprachlichen Ebene repräsentiert sein. Dieses bedeutet, dass die Ziffer 13 (arabische Zifferform) in die entsprechende Wortform (dreizehn) überführt werden kann. Dehaene nimmt nun an, dass bei komplexen Mathematikaufgaben mehrere Module gleichzeitig genutzt werden, um die notwendigen Informationen auf den verschiedenen Ebenen zu verarbeiten.

Zusammenfassend findet die Zahlenverarbeitung nach dem Triple-Code-Modell von Dehaene also in drei Modulen statt, die miteinander in Verbindung stehen. Das *erste Modul* ist für die Verarbeitung arabischer Ziffern zuständig, das *zweite Modul* für die Verarbeitung von Zahlen in Wortform und das *dritte Modul* für die interne Repräsentation von Zahlen, z. B. auf einem inneren Zahlenstrahl, was das Schätzen von Ergebnissen und den Vergleich von Mengen ermöglicht.

Es stellt sich die Frage, ob ein Modell wie das Tripple-Code-Modell von Dehaene unabhängig von Sprache und Kultur Geltung haben könnte. Neuere Befunde weisen darauf hin, dass die vorrangige Zuordnung von bestimmten Aufgabenstellungen, wie z. B. der Vergleich von Zahlenwerten oder der Abruf von numerischem Faktenwissen, zu bestimmten Gehirnzentren nichts „Naturgegebenes" oder genetisch Determiniertes zu sein scheint, sondern von kulturspezifischen Lernprozessen abhängt. Dehaene ordnete das numerische Faktenwissen (1 + 1, 1 × 1) dem Sprachzentrum zu. Untersuchungen an chinesischen Kindern (vgl. Fayol 2006) zeigen, dass es für das Gehirn nicht „egal" ist, in welcher Sprache gerechnet wird. In den Experimenten wurden Probanden mit englischer und chinesischer Muttersprache während der Durchführung von Rechenaufgaben per Magnetresonanztomographie beobachtet. Es stellte sich heraus, dass bei Chinesen, die Rechenaufgaben bearbeiten oder Zahlenwerte vergleichen sollten, die visuell-räumlichen Zentren im Gehirn besonders stark aktiviert wurden, während bei englischsprachigen Probanden das Sprachzentrum aktiviert wurde. In beiden Fällen gebrauchten die Probanten arabische Ziffern, beide Kulturen haben es somit mit dem gleichen visuellen Input und den gleichen Bedeutungen zu tun. – Wie sind diese Unterschiede zu erklären? Beim Erlernen der chinesischen Sprache, insbesondere bei deren Schrift, scheint es so zu sein, dass vor allem visuell-räumliche kognitive Leistungen gefordert sind. Die Autoren vermuten, dass Menschen, die schon sehr früh mit solch starken graphischen Komponenten konfrontiert werden, auch beim Rechnen visuelle und vor allem räumliche Fähigkeiten mit einbeziehen. Ein zusätzlicher Faktor scheinen kulturabhängige Rechenlernstrategien sowie weitere Faktoren zu sein, die dem spezifischen Bildungssystem zugrunde liegen. Grundsätzlich scheinen junge Chinesen stärker mit visuell-räumlichen Methoden zu arbeiten als Westeuropäer (vgl. Fayol 2006).

Die von Dehaene angenommenen Hauptmodule der Zahlenverarbeitung müssen möglicherweise noch weiter ausdifferenziert werden. Er selbst berichtet von Untersuchungen an Menschen mit Gehirnverletzungen, die Neurowissenschaftlern Einblicke in die Wirkungsweise des Gehirnes bieten. Neuropsychologen beschäftigen sich mit der „Dissoziation", der Beobachtung, dass nach einer Gehirnverletzung ein Fähigkeitsbereich nicht mehr intakt ist, während ein anderer vergleichbarer Bereich weiterhin funktioniert. Wenn zwei Fähigkeiten, so Dehaene, auf diese Weise dissoziiert sind, kann man daraus die Schlussfolgerung ziehen, dass diese teilweise auf verschiedenen neuronalen Netzwerken beruhen. Die erste Fähigkeit verändert sich dann, weil sie auf die Mitarbeit des beschädigten zerebralen Gehirnareals angewiesen wäre, das jetzt nicht mehr funktioniert. Die zweite bleibt intakt, weil die dafür zuständigen Gehirnareale von der Schädigung verschont geblieben sind. Für mathematische Kompetenzen sind möglicherweise auch noch weitere als die von Dehaene postulierten Module zu fordern. So zeigte sich, dass Patienten mit einer Akalkulie, d. h. einer gehirnverletzungs- bzw. gehirnerkrankungsbedingten Rechenschwäche nicht notwendiger Weise ihre algebraischen Kenntnisse verlieren (vgl. Dehaene 1999, S. 229 f.). Ein Patient hatte nach einer Gehirnverletzung sein Gedächtnis für numerisches Faktenwissen im Bereich der Addition und Multiplikation verloren, war aber in der Lage, mithilfe raffinierter mathematischer Vorschriften Rechenaufgaben zu lösen, die auf eine sehr gute Beherrschung der Arithmetik hinwiesen. So errechnete er beispielsweise die Aufgabe 7×8, in dem er 7×10 minus 7×2 rechnete. Bei einem weiteren Patienten bestand eine so ausgeprägte Akalkulie, dass er nicht in der Lage war, 2×3, $7 - 3$, $9 : 3$ oder 5×4 zu lösen. Andererseits konnte er abstrakte formale algebraische Rechnungen fehlerfrei durchführen. Aus diesen Befunden lässt sich die Schlussfolgerung ableiten, „dass die neuronalen Schaltkreise, die das algebraische Wissen enthalten, weitgehend unabhängig sind von den neuronalen Netzwerken, die mit Kopfrechnen zu tun haben, auch wenn letztendlich deren genaue Lokalisation noch unbekannt ist" (Dehaene 1999, S. 230).

Folgende Modellvorstellung könnte somit entwickelt werden:

a) „Die neuropsychologischen Dissoziationen lassen uns eine viel feinkörnigere Einteilung der Hirnareale erwarten. Je nach der erforderten arithmetischen Operation sollten sehr unterschiedliche zerebrale Netzwerke aktiviert werden" (Dehaene 1999, S. 250). Neuronale Schaltkreise, die ganz spezifische mathematische Wissens- und Fertigkeitsbereiche beinhalten, arbeiten unabhängig von den neuronalen Schaltkreisen, die anders geartete mathematische Wissens- und Fertigkeitsbereiche implizieren.

b) „Jede Operation rekrutiert ein ausgedehntes zerebrales Netzwerk" (Dehaene 1999, S. 252). Die Arithmetik scheint nicht mit einem einzigen Rechenzentrum im Gehirn verknüpft zu sein. Selbst kleine simple Rechenoperationen machen das Zusammenwirken von vielen Millionen Neuronen notwendig, die ihrerseits über viele Gehirnareale verteilt sind.

Mathematische Fertigkeiten sind grundsätzlich nicht auf ein einziges Hirnareal zu reduzieren. Das Gehirn scheint seine zum Teil bedeutsamen Rechenfähigkeiten nur so zu erlangen, indem es die Fähigkeiten vieler Millionen Neuronen kombiniert, die sich wiederum im Kortex in unterschiedlichen, lernabhängigen Netzwerken/Modulen verteilen. Unterschiedliche Operationen rekrutieren unterschiedliche, ausgedehnte neuronale Netzwerke.

Vorläuferfertigkeiten für die mathematische Kompetenz im Vorschulalter

Geht man der Frage nach, wie es zur Entwicklung der entsprechenden Module kommt, so gehen die Autoren von einer wechselseitigen Abhängigkeit der einzelnen Funktionsbereiche aus und einer allmählichen Ausdifferenzierung der einzelnen Module. Diese erfolgt in der aktiven handlungsbezogenen Auseinandersetzung des Kindes mit seiner Umwelt. Haben Kinder nun Schwierigkeiten im Bereich des rechnerischen Denkens, könnte dies die Folge einer gestörten Modulreifung sein.

Wann aber ist von einer gestörten oder verzögerten Modulreifung auszugehen? Eine neuere Prognosestudie (Krajewski 2002 in Barth, Michaelis 2004) untersuchte, ob sich bereits im Kindergarten, ein halbes Jahr vor der Einschulung, wichtige Vorläuferfertigkeiten benennen lassen, die die Mathematikleistungen gegen Ende des ersten und zweiten Grundschuljahres vorhersagen. Als die bedeutsamsten Vorläuferfertigkeiten für mathematische Kompetenzen zu Beginn der Grundschulzeit wurden

- das mengenbezogene Vorwissen und
- das zahlenbezogene Vorwissen identifiziert.

Zu diesem mengenbezogenen Vorwissen gehört die Fähigkeit der Seriation (groß – klein, dick – dünn) und die Fähigkeit, Gegenstände in auf- und absteigender Reihe zu ordnen, Mengen zu vergleichen, mit Eins-zu-Eins-Zuordnungen zu operieren (Vergleich von zwei Mengen) und Längen zu vergleichen (größer – kleiner).

Zum zahlenbezogenen Vorwissen gehören die Zählfertigkeit – vorwärts und rückwärts im Zahlenraum bis 20 –, das arabische Zahlwissen (im Zahlenraum bis 10) und Rechenfertigkeiten mit konkretem Material.

In den Untersuchungen von Krajewski ließ sich zeigen, dass die Kinder, die bereits im Kindergarten Schwierigkeiten in ihrem Mengen- und Zahlvorwissen hatten, auch im Mathematikunterricht bis zur zweiten Klasse Probleme zeigten. Das *Zahlvorwissen* war der bedeutsamste Prädiktor (Vorhersagewert) für die Mathematikleistungen. Da die Mathematikleistungen zu Beginn der Grundschulzeit das Fundament für höhere Mathematikleistungen darstellen, kommt dem vorschulischen Wissen somit eine große Bedeutung zu. Diese spezifischen Vorläuferfertigkeiten konnten bis zu 60 % der rechenschwachen Kindergartenkinder richtig identifizieren.

2. Integration neuropsychologischer und kognitionspsychologischer Ansätze nach Anderson

Das Modell von Dehaene nimmt also Module an, die beim Rechnen am Verarbeitungsprozess beteiligt sind und bei Störungen nur begrenzt funktionieren. Darüber hinaus werden auch entwicklungspsychologische Prozesse berücksichtigt. Dennoch bleibt die Frage offen, wie denn nun Verarbeitungsprozesse konkret ablaufen. Die Theorie von Anderson (1992) bietet die Möglichkeit der Integration der neuropsychologischen Modellvorstellung mit so genannten kognitionspsychologischen Auffassungen.

Bei Anderson steht der Erwerb von Wissen und Fertigkeiten im Vordergrund. Er nimmt an, dass Wissen auf unterschiedlichen Wegen erworben werden kann. Anderson geht zum einen von einer Grundausstattung aus, die auch genetisch mit festgelegt ist. Hierzu gehören im Rahmen der Begabung ein Mechanismus, der die Geschwindigkeit der Informationsverarbeitung bestimmt und zwei spezifische Prozessoren. Die Arbeitsweise dieser so genannten Prozessoren entspricht der Verarbeitung in den beiden Gehirnhälften, nämlich dem sequenziell-analytischen Denken und dem ganzheitlich-räumlichen Denken. Ihre Arbeit wird als unabhängig voneinander betrachtet und führt dazu, dass ganz bestimmte Fähigkeiten und Fertigkeiten entwickelt werden.

Mit diesem Modell können Intelligenzunterschiede zwischen Menschen gleichen Alters erklärt werden: Die Verarbeitungsmenge, d.h. die Kapazität des basalen Verarbeitungsmechanismus (abhängig von Intelligenz und Begabungsstrukturen) sowie die Leistungsmöglichkeiten der beiden Prozessoren (verbal-sequenziell und visuell-räumlich) machen dies möglich. Arbeitet der basale Verarbeitungsmechanismus schnell, so können komplexere Probleme leichter und einfache Probleme rascher gelöst werden. Langfristig kann so ein „besserer", schnellerer basaler Verarbeitungsmechanismus zum Erwerb umfangreicheren Wissens führen. In Testverfahren können auch Leistungsunterschiede zwischen den beiden Prozessoren, d. h. der verbal-sequenziellen Informationsverarbeitung und der visuell-räumlichen, d.h. ganzheitlichen Informationsverarbeitung erfasst werden (z.B. sprachlicher versus nonverbaler Faktor im Bereich der Intelligenz). Insgesamt spiegeln der basale Verarbeitungsmechanismus und die Hauptprozessoren die „Grundausstattung" eines jeden Menschen wieder.

Wie lässt sich nach Andersons Theorie angesichts der jeweils besonderen Grundausstattung eines Menschen der Erwerb von Wissen und Fertigkeiten im Laufe der jeweiligen Entwicklung erklären? Hier nimmt Anderson lernabhängige Module an, die eine erhebliche Rolle für qualitative Entwicklungsveränderungen spielen und dem Einzelnen Wissen vermitteln, ohne von der Geschwindigkeitsbegrenzung des basalen Verarbeitungsmechanismus abhängig zu sein. Diese Module können komplexe Operationen automatisiert und mit hoher Geschwindigkeit durchführen. Anderson unterschiedet zwei Arten von Modulen: Zum einen nimmt er vornehmlich genetisch determinierte und reifungsabhängige Module an, zum anderen übungs- und erfahrungsabhängige Module, die im Laufe der Entwicklung des Individuums durch Automatisierungsprozesse häufig ablaufender Informationsverarbeitung herausgebildet werden. „Für die relative Unabhängigkeit der Module vom basalen Verarbeitungsmechanismus sprechen nach Anderson nicht nur zahlreiche neuropsychologische Untersuchungsergebnisse zu Ausfällen und Teilausfällen kognitiver Funktionen (Dissoziationen, Doppel-Dissoziationen) bei ansonsten erhaltener allgemeiner Intelligenz. Auch die zahlreich beschriebenen hoch entwickelten Fertigkeiten, über die manche Menschen mit geistiger Behinderung oder Autismus in isolierten Bereichen verfügen, belegen die relative Eigenständigkeit von Modulen" (von Aster 2003, S. 171).

Welche Konsequenzen sind nun aus diesen theoretischen Vorgaben im Bereich der Förderung zu ziehen? Von Aster (2003) und Fritz, Ricken und Schmitt (2003) verweisen hier auf die besondere Bedeutung der lernabhängigen Module.

Wissenserwerb findet nach Anderson in der Interaktion unterschiedlicher Bereiche oder so genannter Module statt. Ein Teil dieser Module sei genetisch angelegt und entwickle sich durch die Reifung. Ein weiterer Teil entstehe durch die Interaktion von Denken und Wissen. Kompetenzen werden zunächst denkend erarbeitet, aber dann, sofern sie häufig zur Anwendung gelangen, auch entsprechend automatisiert. Einmal automatisiert, stehen sie als neue Wissensmodule nachfolgenden komplizierteren geistigen Anforderungen zur Verfügung. Es ist also anzunehmen, dass Rechenoperationen, die zunächst denkend erarbeitet werden müssen, wie z.B. das Einmaleins im Zehnerzahlenraum, durch häufige Wiederholung zunehmend automatisierter ablaufen und damit Kapazität für komplexere Aufgaben geschaffen wird. Diese Module scheinen sich lern- und übungsabhängig zu entwickeln. Anderson nimmt darüber hinaus an, dass spezifische Wissensmodule nicht in ihrer Funktion beschränkt bleiben, sondern Auswirkung auf das gesamte kognitive System haben und qualitativ neuartigere Ebenen des Denkens hiermit eingeleitet werden können.

In dem Modell von Anderson scheint in unserem Kontext besonders wichtig, dass Automatisierungsprozesse im rechnerischen Denken zur Freisetzung von zentralen, d.h. höheren Verarbeitungskapazitäten für neue Denkaufgaben führen. Angewendet auf die Entstehung schulischer Teilleistungsstörungen im Bereich des Rechnens bedeutet dies: Schwächen im Bereich der sprachlichen oder der visuell-räumlichen Prozesse (Basisfunktionen) können die Ausreifung spezifischer Module für einzelne Aspekte der Zahlenverarbeitung behindern, wie auch ungünstige psychologische Faktoren (z.B. Angst), soziale oder schulische Einflüsse.

Andererseits verweist die Lernabhängigkeit und „relative Eigenständigkeit" der Module sowie deren relative Unabhängigkeit von der Begabungsstruktur, wenn sie einmal automatisiert sind, auf die Notwendigkeit hin, die entsprechenden Module auf angemessenen Wegen aufzubauen. Automatisierte Module können dann Defizite im Bereich des Wissens und der Fertigkeiten ausgleichen, die durch Schwächen im Bereich der Basisfunktionen entstanden sind (vgl. von Aster 2003, S. 172 f.; Fritz, Ricken, Schmitt 2003, S. 456 f.).

Von Aster (2003) versucht die Modelle von Dehaene und Andersen miteinander zu verknüpfen. Vereinfacht gelangt man zu dem Integrationsmodell von Abbildung 4.3. Anhand dieses Modells lässt sich nun auch erklären, warum kein zwangsläufiger Zusammenhang zwischen Schwächen im Bereich des basalen Verarbeitungsmechanismus und der Rechenschwäche besteht.

Visuell-räumliche und sprachliche Fähigkeiten sind Grundfunktionen, die einen wichtigen Anteil an der Entwicklung und Differenzierung spezifischer neuronaler Module (Netzwerkstrukturen) haben, die Zahlen und Quantität verarbeiten. Dennoch stellen sie, für sich genommen, keine hinreichende Bedin-

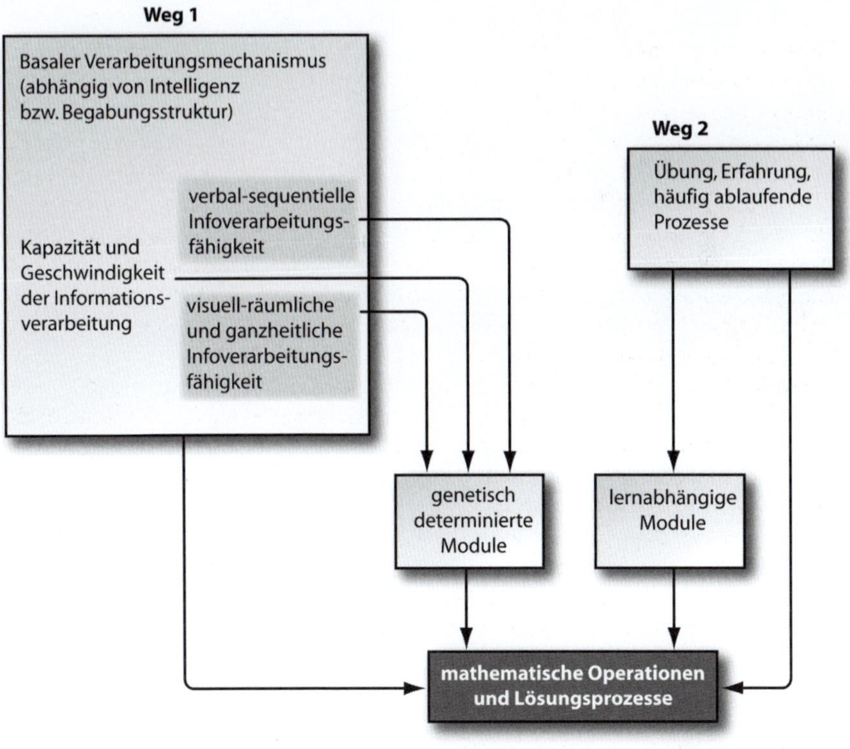

Abbildung 4.3: Integratives Modell zum Erwerb mathematischer Fertigkeiten (vgl. von Aster 2003)

gung für erfolgreiches Lernen dar. Kinder nämlich, die visuell-räumliche Verarbeitungsprobleme oder Sprachentwicklungsstörungen aufwiesen oder die – in diesem Kontext noch weniger bedeutsame – Schwierigkeiten in der Graphomotorik zeigen, entwickeln längst nicht alle Schwierigkeiten beim Rechnen lernen. Auch umgekehrt gilt: Nicht alle Kinder, die Schwierigkeiten im Rechnen haben, zeigen Auffälligkeiten in der visuell-räumlichen Informationsverarbeitung oder in der Sprachverarbeitung. Angenommene Reifungsdefizite in diesen neuropsychologischen Basisfunktionen reichen somit alleine zur Erklärung von Teilleistungsstörungen, wie die der Dyskalkulie, nicht aus, d.h. sie weisen eine mangelnde Spezifität auf (vgl. von Aster 2003, S. 169; Fritz, Ricken, Schmitt 2003, S. 457 f.).

Gerade bei Kindern mit Rechenschwächen stehen somit die lernabhängigen Module und deren Erwerb im Mittelpunkt des Interesses.

Kapitel 5: Zentrale Aspekte beim Mathematiklernen aus lernpsychologischer und neurowissenschaftlicher Sicht

Lernen muss, um erfolgreich sein zu können, die neuropsychologischen Grundlagen des Lernprozesses mit berücksichtigen. Dies gilt auch für den Erwerb mathematischer Kompetenzen. Zwei wesentliche Komponenten, die unseres Erachtens zuwenig Berücksichtigung in der Förderpädagogik finden, sind einerseits die Bedeutung des Arbeitsspeichers und seiner Kapazität und andererseits die Bedeutung der emotionalen Bewertung des Lerngegenstandes Mathematik für den Lernprozess.

1. Die Bedeutung der Kapazität des Arbeitsspeichers

Mit dem Arbeitsspeicher (vgl. hierzu Kapitel 2, Abschnitt 3 und 6) möchten wir uns an dieser Stelle ausführlich auseinandersetzen, da seine Bedeutung im Bereich der Fachdidaktik und damit beim schulischen Lernen unseres Erachtens nur unzureichend oder überhaupt nicht Berücksichtigung findet. Beim Arbeitsspeicher oder Arbeitsgedächtnis ist die Anzahl der Informationseinheiten bei der Verarbeitung und beim Abspeichern von entscheidender Bedeutung. Die *Verarbeitungsgeschwindigkeit* wird im Rahmen der individuellen Voraussetzungen generell dadurch erhöht, dass während der jeweiligen Rechenoperation möglichst wenige Informationseinheiten präsent sein bzw. verarbeitet werden müssen. Weiterhin ist zu beachten, dass im *Abspeicherprozess* nur sehr wenige Informationseinheiten gleichzeitig abspeicherbar sind: Erwachsene können maximal sieben Informationseinheiten, Kinder je nach Alter fünf oder weniger Items auf einmal abspeichern. Diese müssen im Gehirn zusätzlich ausreichend lange wiederholt werden, sodass synaptische Verbindungen zwischen den Nervenzellen entstehen und stabilisiert werden können. Die so entstandenen automatisierten Inhalte reduzieren wiederum die zu verarbeitenden Informationseinheiten bei komplexeren Rechenprozessen. „Gehirngerechtes" Abspeichern und Verarbeiten durch die drastische Reduzierung der benutzten Informationsmenge ermöglicht damit sowohl eine *gute Behaltensleistung* in Bezug auf mathematische Inhalte als auch *schnelleres Rechnen.* Dies hat wiederum entscheidende Auswirkungen auf die emotionale Bewertung dessen, was ich tue. So kann das Kind Rechnen als „sehr anstrengend" erleben, das Gefühl haben „Ich kann es nicht" oder „es ist leicht, einfach, ich kann es gut".

a) Die Tricks der Rechenkünstler

Wie schaffen es eigentlich Rechenkünstler, so schnell zu rechnen? Können wir von ihnen vielleicht etwas lernen? Wie gelingt es beispielsweise einem Rechenkünstler innerhalb kürzester Zeit, die Aufgabe 5498 × 912 im Kopf zu rechnen?

Entlastung des Arbeitsspeichers durch automatisiertes Faktenwissen

Rechenkünstler verlassen sich dabei nicht auf „irgendeine magische Mathematik", sie benutzen vielmehr genau wie wir gespeicherte Tabellen, d.h. numerisches Faktenwissen von Multiplikationsergebnissen, die sich nur durch ihren Umfang und gelegentlich auch durch ihre nichtverbale Form von unserem unterscheiden (vgl. Dehaene 1999, S. 193 ff). Rechenkünstler scheinen somit auf äußerst umfangreiches automatisiertes Faktenwissen zurückzugreifen, das den Arbeitsspeicher bei Rechenoperationen entlastet.

Entlastung des Arbeitsspeichers durch optimierte, d.h. möglichst kurze Rechenwege

Dehaene berichtet weiter, dass Rechenkünstler grundsätzlich ähnliche Verfahren nutzen, wie sie in der Schule unterrichtet werden. Darüber hinaus optimieren sie jedoch die Reihenfolge jeder Operation sorgfältig. Automatisch wählen sie dabei diejenige Strategie aus, mit der sie in kürzester Zeit zum Ergebnis gelangen. Somit unterschieden sich diese Schnellrechner nur durch die Anzahl der von ihnen beherrschten Strategien von einem Erstklasskind, das die Aufgabe 8 + 5 durch Zerlegung bis zum Zehner, also 8 + 2, um dann noch 3 hinzuzufügen, durch diese günstige Strategie schnell errechnet.

Auch Landerl und Kaufmann (2008) betonen, dass sich Rechengenies durch ein sehr gutes numerisches Faktenwissen und durch eine Vereinfachung der Rechenwege auszeichnen:

„Eine erste Beobachtung ist, dass Rechengenies typischerweise über ein außergewöhnlich gut ausgeprägtes numerisches und arithmetisches Faktenwissen verfügen. Sie beherrschen nicht nur das kleine und das große Einmaleins, sondern haben z.B. auch viele Primzahlen oder Quadratwurzeln im Gedächtnis gespeichert.

Zum Zweiten werden mathematische Prinzipien wie Kommutativität (a x b = b x a), Komplementarität (a – b = c; c + b = a) und Transitivität (wenn a = b und b = c, dann a = c) gut verstanden und kompetent eingesetzt. Auch die Fähigkeit zur Dekomposition ist meist gut ausgeprägt, d.h. komplexe Rechnungen können kompetent in Teilschritte zerlegt werden, die wiederum zu einem wesentlichen Teil gar nicht gerechnet, sondern auf Basis des umfangreichen Faktenwissens gelöst werden können. … Das heißt, die Art der Speicherung von Faktenwissen scheint sich nicht grundsätzlich von unauffälligen Rechnern zu unterscheiden (Pesenti et al. 1999), sie ist nur deutlich umfangreicher." (Landerl und Kaufmann 2008, S. 84) Die Schlussfolgerung der beiden Autorinnen daraus lautet: „Dieses enorm umfangreiche Faktenwissen entlastet auch bei komplexen Rechnungen das Arbeitsgedächtnis deutlich." (ebenda)

Schnellrechner sind deswegen „Rechenkünstler“, weil sie – wie Leistungssportler und professionelle Musiker – täglich intensiv trainieren. Das tägliche wiederholte Üben ermöglicht es ihnen, ein umfangreiches numerisches Faktenwissen und viele Rechenschritte zu automatisieren und damit nahezu reflexartig durchzuführen. Rechenkünstler vereinfachen Rechenwege und verfügen dabei über ein großes Repertoire an Abkürzungen, die auf einfachen algebraischen Regeln beruhen. Von ihrem Erfolg lässt sich damit für alle das Ziel ableiten, stets den *kürzesten Rechenweg* zu finden, um schnell zu sein.

Exkurs: „Rechengenie“ aufgrund angeborener Begabung oder intensiven Übens?

Bevor es Registrierkassen gab, so berichtet Dehaene (1999, S. 190), war der Beruf des Kassierers sehr angesehen. Kassierer mussten sechs Tage in der Woche ca. acht bis zehn Stunden addieren, subtrahieren, multiplizieren und dividieren. Obwohl zu Beginn ihrer Anstellung im Jugendalter mit keinerlei Rechenfertigkeiten ausgestattet, erlangten sie durch intensivstes Üben zum Teil rasch eine größere Schnelligkeit als Rechenkünstler. Diese waren jedoch bei komplizierteren Rechnungen schneller, da ihr Gedächtnis viel mehr Daten enthielt.

Wie bei anderen Extremleistungen verschwindet auch in der Mathematik die Grenze zwischen Profis, deren Fertigkeiten auf intensivem Üben beruhen, und Genies mit einer vermutlich angeborenen Begabung.

Eine Studie von Staszewski (1988) bestätigt die Sichtweise, dass es das hohe Ausmaß an Übung und die einfachen Rechenwege sind, die zu rechnerischen Höchstleitungen führen:

„In dieser Studie wurde eine Gruppe von amerikanischen Studenten in besonders effizienten Rechenstrategien trainiert. Diese Strategien übten sie dann während der nächsten zwei bis drei Jahre in einem Gesamtausmaß von etwa 300 Stunden. Nach dieser umfangreichen Trainingsphase waren die bis dahin unauffälligen Rechner in der Lage, das Produkt komplexer Multiplikationen wie ‚59.451 x 86‘ in nur 30 Sekunden im Kopf auszurechnen.“ (Landerl und Kaufmann 2008, S. 179).

Fragt man in Deutschland „Wer ist gut in Mathematik?“, hört man meistens: „Derjenige, der für Mathematik begabt ist“. Fragt man dagegen in asiatischen Ländern wie z. B. China oder Korea „Wer ist gut in Mathematik?“, so hört man: „Wer viel übt!“.

b) Be- und Entlastung des Arbeitsspeichers im Rechenprozess beim Erlernen numerischen Faktenwissens

Die Kapazität des Arbeitsspeichers ist leider sehr gering. Befinden sich zu viele Informationen oder unterschiedliche Bedeutungsinhalte gleichzeitig im Arbeitsspeicher, hat dies zur Folge, dass immer ein Teil der Informationen aus dem

Gedächtnis „geworfen" wird. Sie können dann auch nicht für kurze Zeit im Arbeitsspeicher präsent gehalten, d.h. wiederholt werden. Der Automatisierungsprozess bleibt damit fragmentarisch.

Um den Arbeitsspeicher effektiv nutzen zu können und einen hohen Grad an Automatisierung zu ermöglichen, ist es notwendig, den einfachsten und kürzesten Weg zwischen den beteiligten Nervenzellen zu „verdrahten". Wie kann man dies jedoch z.B. beim Automatisieren des Einspluseins im Zehnerraum umsetzen? Von Aster sieht als „zentralen Mechanismus für die erforderlichen Automatisierungsprozesse konstante Wiederholungen beim Zählen, Abzählen und beim zählenden Rechnen" (2005b, S. 26) an. Er konstatiert einen fließenden Übergang von einer Abzähl- zu einer Abrufstrategie, der dadurch gewährleistet sei, dass das Kind viele Male bei ein und derselben Aufgabe das Ergebnis „erzähle". Als einzige Gefahr sieht er dabei eine noch nicht ausreichend beherrschte Zählstrategie an. Denn wenn es zu unterschiedlichen Ergebnissen komme, könne die Verknüpfung zwischen Aufgabe und Ergebnissen nicht wachsen und das Kind verharre in der unreifen Zählstrategie. Übersehen wird unseres Erachtens hier jedoch, dass es bei der Zählstrategie häufig zu einer Überlastung des Arbeitsspeichers kommt und damit die Abspeicherung des numerischen Faktenwissen (z.B. 9 – 6 = 3) verhindert wird.

Schauen wir uns in einem vereinfachten Modell an, was im Gehirn des Kindes passiert, wenn es zählend rechnet (siehe Abb. 5.1).

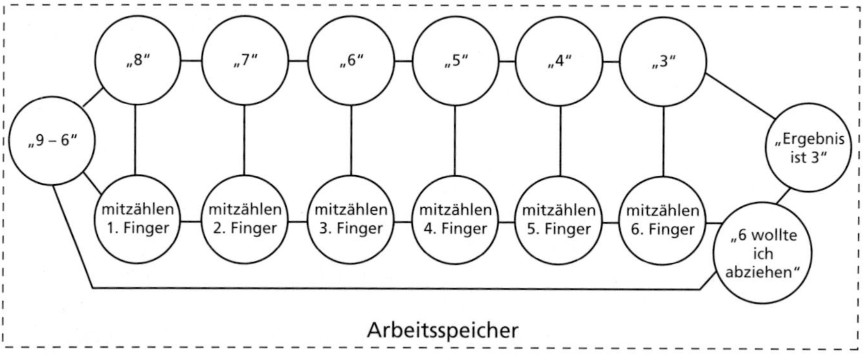

Abbildung 5.1: „9 – 6" mit den Fingern rückwärtszählen

„Geschicktere" Kinder zählen bei dieser Aufgabenstellung von 9 nicht 6 zurück, sondern von 6 auf 9 hoch:

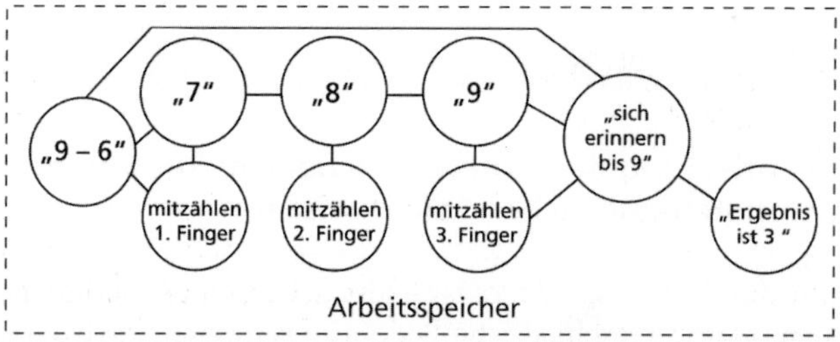

Abbildung 5.2: „9 – 6" berechnen durch hochzählen

Betrachten wir die von Kindern oft benutzten „Fehlstrategien" und setzen diese in Beziehung zu von Asters oben beschriebener Vorstellung, ist festzustellen, dass hier ein *neuronaler Umweg* gebahnt wird. Sie erinnern sich, dass genau das, was im Gehirn aktiviert wird, auch gebahnt wird. Somit werden bei diesen Abzählstrategien Umwege eingeschliffen, die direkte Verdrahtung der Aufgabe 9 – 6 = 3 findet nicht statt.

Wenn wir uns weiterhin vergegenwärtigen, dass die Abspeicherkapazität des Kurzzeitgedächtnisses von Kindern nur ungefähr fünf Informationseinheiten umfasst, wird diese systematisch überschritten. Deswegen ist es bei vielen Kindern nicht zu erwarten, dass die neuronale Verknüpfung der Aufgabenstellung 9 – 6 und ihr Ergebnis 3 zustande kommt, so wie es sich von Aster erhofft. Unseres Erachtens wird auf diese Weise eher das zählende Rechnen automatisiert. Nach Schipper (2001, zit. nach Krajewski, Schneider 2007) stellt jedoch gerade das automatisierte zählende Rechnen das häufigste Symptom einer Rechenstörung dar.

Bei einfachen Aufgaben wie z. B. 3 + 2 = 5 schaffen es Schüler aufgrund der wenigen Zähloperationen, d. h. aufgrund der geringen Anzahl beteiligter Informationseinheiten, gerade noch, die Verbindung zwischen Aufgabenstellung und Ergebnis im Arbeitsspeicher herzustellen und aufrechtzuerhalten. Bei schwierigen Aufgaben ist dies nicht mehr möglich, da sie weiterzählen müssen und die Informationsmenge und die benötigte Zeit die Kapazität ihres Arbeitsspeichers überschreiten. Ziel bei „schwierigen" Aufgaben wie z. B. 9 – 6 muss es deswegen erst recht sein, die direkte „Verdrahtung" zwischen Aufgabe und Ergebnis herzustellen, ohne die Kapazität des Arbeitsspeichers zu überfordern.

Auch im Bereich der Multiplikation gibt es vergleichbare Fehlstrategien. Dies ist zum einen der Fall, wenn die Kinder das Ergebnis durch serielles Hochzählen ermitteln.

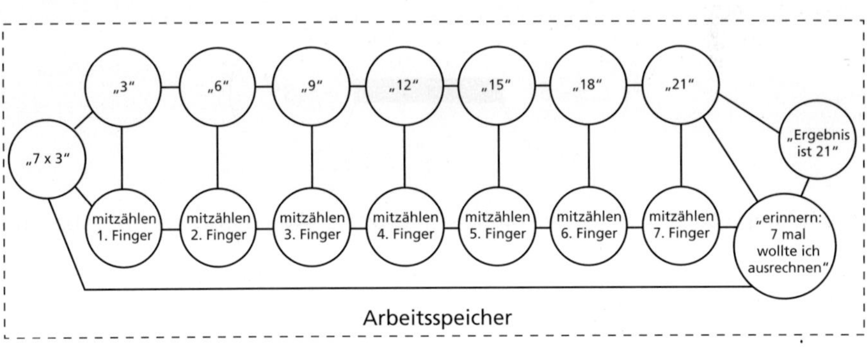

Abbildung 5.3: Serielles Hochzählen „7 x 3" führt zu einer Überlastung des Arbeitsspeichers

Manchmal sind es sogar die Schule bzw. der Lehrplan, die leider Fehlstrategien fördern. So beispielsweise, wenn dem Kind beim Multiplizieren dauerhaft beigebracht wird, es müsse nur Kernaufgaben beherrschen und könne dann von diesen ausgehend durch Addition- bzw. Subtraktionsrechnung die Multiplikationsaufgabe weiter ausrechnen.

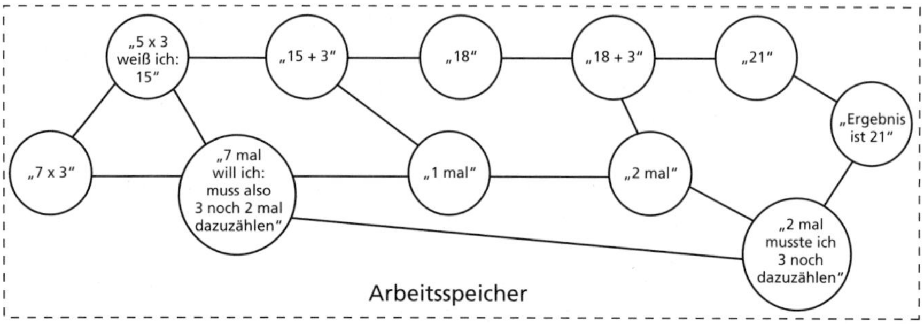

Abbildung 5.4: Beispiel „7 x 3" errechnen – Wieder Überlastung der Kapazität des Arbeitsspeichers

Wenn wir uns wieder vor Augen führen, dass die Abspeicherkapazität des Arbeitsgedächtnisses von Kindern nur ungefähr fünf Informationseinheiten umfasst, wird schnell deutlich, dass diese bei solchen Fehlstrategien systematisch überschritten wird. Somit werden bei diesen Lehrplanvorgaben Umwege eingeschliffen, die keine direkte Verdrahtung der Aufgabe 7 x 3 und ihrem Ergebnis 21 ermöglichen.

Ziel bei schwierigeren Aufgaben, wie z. B. 9 – 6 oder 7 x 3, muss es deswegen sein, im Gehirn unserer Kinder die direkte Verdrahtung zwischen Aufgabe und Ergebnis herzustellen, ohne die Kapazität des Arbeitsspeichers zu überschreiten. Im Gehirn des einzelnen Kindes gilt es, für das grundlegende numerische Faktenwissen im Bereich der Addition, Subtraktion, Multiplikation und Division die kürzeste und zugleich auch eine möglichst stabile Verdrahtung zwischen Aufgabenstellung und Ergebnis herzustellen.

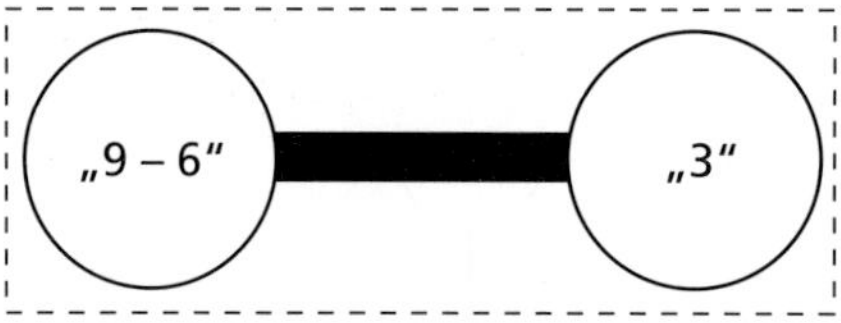

Abbildung 5.5: „9 – 6" – Der direkte neuronale Weg zwischen Aufgabe und Ergebnis

Analog gilt für das Einmaleins:

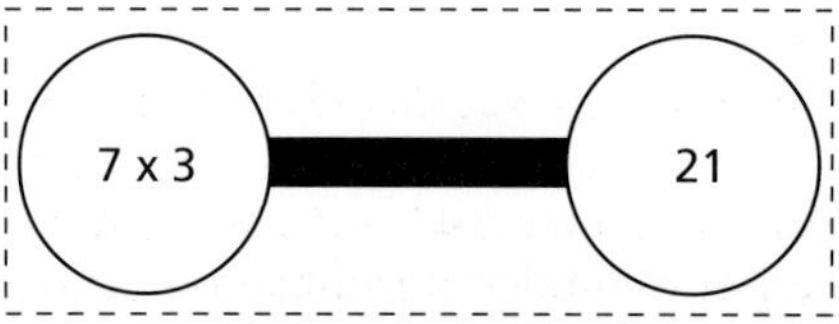

Abbildung 5.6: „7 x 3" – Der direkte neuronale Weg zwischen Aufgabe und Ergebnis

Neben der Entlastung des Arbeitsspeichers sind ebenso stets die positiven emotionalen Auswirkungen einer erfolgreich automatisierten Rechenoperation wie z. B. 9 – 6 oder 7 x 3 zu berücksichtigen. Das Gefühl „das kann ich, die Aufgabe ist einfach, überhaupt nicht anstrengend, das Ergebnis fällt mir sofort ein" steigert die Motivation des Kindes.

Es reicht allerdings nicht aus, dass Kinder bestimmte Kombinationen „nur" auswendig lernen. Sie müssen vielmehr auch verstehen, was die jeweilige Rechenoperation bedeutet. Wie kann man den Bedeutungsgehalt des einzuprägenden numerischen Faktenwissens im Abspeicherprozess mit einbeziehen und gleichzeitig die einbezogene Informationsmenge dabei möglichst gering halten?

Einen vielversprechenden Lösungsansatz stellen die Ausführungen von Lorenz (2005) zu den vagen Vorstellungsbildern jenseits von konkreten Anschauungsbildern oder Handlungen dar: „Die vorgestellten Bilder sind die Prototypen des kindlichen Denkens für die arithmetischen Operationen. Diese Vorstellungsbilder sind häufig vage, unscharf, unpräzise und selten numerisch. Diese Unbestimmtheit macht ihre Kraft bei Problemlöseprozessen aus, da sie hierdurch auf ähnliche Situationen und Gegebenheiten übertragen werden können. Für die meisten von uns ist die Addition mit der Vorstellung verbunden, eine Menge wird vergrößert (wobei die Menge amorph und unscharf bleibt), es wird vermehrt, angeklebt, verlängert, angenäht oder ähnlich. Die Subtraktion wird mit Wegnehmen, Verlieren, Absägen, Abhacken, Abschneiden, Weggeben und Ähnlichem mehr gekoppelt ... Alle diese Vorstellungen sind numerisch unpräzise, aber eben deshalb können sie bei beliebigen Zahlen in unserem Kopf hervorgerufen werden, wenn nur die Handlung für sie passend ist" (Lorenz 2005, S. 174). Für den Lernprozess könnte dies bedeuten, dass es vielleicht ausreicht, wenn im Abspeicherprozess die Aufgabe 9 – 6 = 3 mit diesen vagen Vorstellungsbildern und damit mit der Einsicht in die Bedeutung der Rechenoperation gekoppelt wird. Diese Vorstellungsbilder beinhalten deutlich weniger Informationseinheiten als der „Ballast" unterschiedlicher Veranschaulichungsformen.

Zu klären bliebe dann nur die Frage, wie diese „vagen Vorstellungsbilder" auf einfachste Weise erzeugt werden können. Muss die Entwicklung dieser Vorstellungsbilder zwingend mittels Anschauungsmaterial geschehen oder ist es für Kinder hilfreicher, die Bedeutung der jeweiligen Rechenoperationen in konkreten Sachbezügen zu erleben?

c) Förderprogramme und der Arbeitsspeicher

Ein Grundproblem, wenn nicht sogar das Hauptproblem dyskalkulischer Kinder ist ihr defizitäres numerisches Faktenwissen. Trotz des Umstandes, dass das Abspeichern oder der Abruf arithmetischer Fakten zu den häufigsten Problemen dieser Kinder gehören, gibt es kaum empirische Untersuchungen, insbesondere zu Trainingsprogrammen, die genau auf eine Verbesserung dieses Defizits ausgerichtet sind.

Obwohl das Grundproblem dieser Kinder darin besteht, dass Faktenwissen nicht direkt abrufbar ist, wird an dieser Stelle unseres Erachtens nicht überlegt, wie denn dieses adäquat gelernt werden kann, damit es abrufbar wird. Stattdessen werden „alternative Lösungsstrategien“ (Landerl und Kaufmann 2008, S. 204) angeboten. Nach Landerl und Kaufmann (2008) gehört zu diesen alternativen Strategien z. B. die Problemzerlegung. Darunter verstehen die Autorinnen die Ableitung unbekannter Fakten aus bekanntem Faktenwissen. Damit meinen sie die Wege, die wir als Fehlstrategien bezeichnen (siehe Abbildungen 5.4 bzw. 5.7). Des Weiteren wird das zählende Rechnen bei Additions- und Subtraktionsaufgaben oder das wiederholte Addieren bei Multiplikationsaufgaben (4 x 6 = 6 + 6 + 6 + 6) angeboten (siehe Abbildungen 5.1, 5.2 bzw. 5.3).

Förderprogramme mit einem „größerem Repertoire an Lösungsstrategien“ werden als vorteilhaft eingeschätzt. Ein solches Förderprogramm ist nach Landerl und Kaufmann (2008, S. 209f) das MASTER-Programm (Mathematics Strategy Training for Educational Remediation) von van Luit und Naglieri (1999). Es handelt sich um ein „konstruktivistisches Trainingsprogramm“ zum Erlernen von Multiplikations- und Divisionswissen, welches aus 30 Lerneinheiten besteht, die über vier Monate zweimal wöchentlich angeboten werden und in drei Modulen aufbereitet sind. Multiplikationsfakten werden z. B. durch wiederholtes Addieren 3 x 5 = 5 + 5 + 5 erarbeitet.

Das Masterprogramm sieht einen zentralen Förderaspekt darin, den dyskalkulischen Kindern „ein größeres Repertoire an Lösungsstrategien zu vermitteln. Die Aufgabe 7 x 6 kann beispielsweise nicht nur durch additive Komposition gelöst werden (1 x 6 + 1 x 6 + 1 x 6 + 1 x 6 + 1 x 6 + 1 x 6 + 1 x 6): Eine alternative Strategie wäre ‚2 x 6 + 2 x 6 + 2 x 6 + 1 x 6‘; noch effizienter wäre die Problemzerlegung in ‚5 x 6 + 2 x 6‘.“ (Landerl und Kaufmann 2008, S. 210).

Die Effektivität des MASTER-Programmes wurde empirisch untersucht und es zeigten sich „eindrucksvolle Leistungszuwächse“ der trainierten Gruppen. So berichten die Autoren, dass die Rechenleistungen, d. h. die Multiplikations- und Divisionskenntnisse in Form arithmetischen Faktenwissens, bei dyskalkulischen Kindern von 41 % vor dem Training auf 74 % nach dem Training anwuchsen (vgl. Landerl und Kaufmann 2008, S. 210).

Als aufmerksame Leser unserer vorangegangenen Ausführungen können Sie selbst einschätzen, wie angemessen ein solches Förderprogramm ist. Trotz der „eindrucksvollen Leistungszuwächse“ durch dieses Förderprogramm halten wir die angebotenen Lösungen für unpassend, da Wege eingeübt werden, die den Arbeitsspeicher systematisch überlasten. Warum, so fragen wir uns, kann denn nicht der einfachste Weg bzw. die einfachste Lösung gewählt werden (siehe Abbildungen 5.5 und 5.6)?

Förderprogramme, die darauf abzielen, Kindern im Bereich des numerischen Faktenwissens ein größeres Repertoire an Lösungsstrategien zu vermitteln, verstärken unserer Auffassung nach die Problematik, da der Arbeitsspeicher unnötig belastet wird. Aber selbst schon dieses regelmäßige Training von Umwegen scheint eindrucksvolle Leistungszuwächse zu erbringen.

Wir möchten den Kindern stattdessen immer vermitteln: Mathematik soll möglichst einfach sein. Warum sollte denn, um den Arbeitsspeicher zu entlasten, das numerische Faktenwissen nicht einfach auswendig gelernt und beherrscht werden? In unserer täglichen Praxis erleben wir, dass nicht nur, aber auch das numerische Faktenwissen mit unseren Lernstrategien ohne Umwege sehr einfach gelernt werden kann und damit Überlastungen des Arbeitsspeichers vermieden werden. „Mathematik ist mein Lieblingsfach" – so einen Satz hören wir immer wieder von Kindern, die diese einfachen Wege mit ihren Eltern einüben.

d) „Selbst entdeckte" Rechenstrategien und die Kapazität des Arbeitsspeichers

Abbildung 5.7 verdeutlicht, wie selbstentdeckendes Lernen, hier die selbst gefundene Rechenstrategie für die Aufgabe 9 – 6, in die Irre führen kann. Die Verantwortung des Pädagogen liegt unter anderem darin, dem rechenschwachen Kind zu helfen, die kürzeste Verbindung zwischen Aufgabe und Lösung zu automatisieren. Das Einschleifen langer Umwege erscheint aus dieser Perspektive dagegen als pädagogischer Kunstfehler. Unterschiedliche Rechenstrategien, wie häufig von der Fachdidaktik propagiert, sind nicht gleichwertig. Die Strategien erscheinen am Besten, die mit möglichst wenigen Informationseinheiten im Arbeitsspeicher auskommen. Kinder sollten unseres Erachtens ihre Rechenstrategien somit nicht selbstentdecken, da diese dann häufig Umwege beinhalten, die in der Folge verfestigt werden. Besteht keine prägnante und möglichst kurze Verbindung zwischen der Aufgabe 9 – 6 und ihrem Ergebnis 3, kann keine (weiterführende) Automatisierung erfolgen.

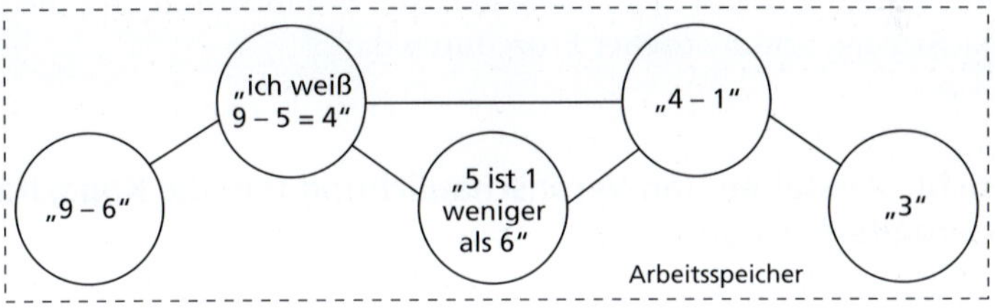

Abbildung 5.7: „9 – 6" – Beispiel für eine selbst entdeckte Rechenstrategie

e) Be- und Entlastung des Arbeitsspeichers im Rechenprozess beim Erlernen arithmetischer Prozeduren

Ist es unbedingt notwendig, dass Schüler bei jeder arithmetischen Prozedur (z. B. 632 – 443, 43268 ÷ 37, 2 3/8 ÷ 5 6/9) stets gleichzeitig wissen müssen, was die einzelnen Rechenschritte bedeuten bzw. welche Begründung sie haben? Reicht es für Schüler vielleicht auch aus, vor allem zu wissen, wozu der jeweilige Rechenvorgang nützlich ist, wozu sie dieses Handwerkszeug einsetzen können?

Dehaene erläutert am Beispiel der Additionsaufgabe 24 + 59, wie geübte Rechner vorgehen:

$$\begin{array}{r} 24 \\ +\,59 \\ \hline \end{array}$$

„Während einer solchen Rechnung denken wir anscheinend niemals über die Bedeutung der durchgeführten Operationen nach. Warum haben Sie sich die 1 gemerkt und zur linken Spalte hinzugezählt? Wenn wir darüber nachdenken, fällt uns ein, dass diese 1 für 10 Einheiten steht und deshalb in der Zehnerspalte stehen muss. Aber daran denken wir nicht, während wir rechnen. Wenn das Gehirn schnell rechnen soll, muss es offenbar darauf verzichten zu wissen, was es tut.“ (Dehaene 1999, S. 155)

Geübte Rechner haben also die reinen Rechenschritte automatisiert, um ihren Arbeitsspeicher möglichst effektiv nutzen zu können. Warum fordern wir also, dass rechenschwache Kinder bei jedem Rechenschritt genau wissen sollen, warum sie diesen Schritt jetzt tun? Dies überlastet besonders im Einprägeprozess eindeutig den Arbeitspeicher und erschwert die Automatisierung. Vielleicht ist es – statt die Frage nach dem Warum des Rechenschrittes beantworten zu können – wichtiger zu fragen, wie ich vorgehe und wann ich so vorgehen muss.

Zwischen Aufgabenstellung und Lösung ist die kürzestmögliche Verbindung, d. h. Verdrahtung zwischen den Nervenzellen im Gehirn anzustreben. „Umwege“ dagegen erschweren die Automatisierung des numerischen Faktenwissens und des darauf aufbauenden Einprägens arithmetischer Prozeduren.

Will man die bei der jeweiligen arithmetischen Prozedur durchzuführenden Rechenschritte vollständig und prägnant im Arbeitsspeicher behalten, muss man die Anzahl der Informationseinheiten reduzieren. Dies gelingt durch eine gute Automatisierung des numerischen Faktenwissens und durch möglichst kurze Rechenwege. Beides stellt die Voraussetzung für die sichere Automatisierung arithmetischer Prozeduren dar.

f) Einsicht, Verstehen und Veranschaulichung und die Kapazität des Arbeitsspeichers

Der Arbeitsspeicher wird nicht nur durch Zähloperationen überlastet, sondern ebenso durch Veranschaulichungsmittel, durch zu bunte, vielgestaltige Schulbücher und auch ein „zu viel“ an Erklärungen und Einsichten, die dem Kind gleichzeitig angeboten und für unerlässlich gehalten werden. Die Abspeicherkapazität wird damit zusätzlich in systematischer Weise überschritten, die Verarbeitungskapazität unnötig überlastet und dadurch verlangsamt.

Damit lässt sich gut nachvollziehen, welche Schwierigkeiten im Arbeitsspeicher entstehen, wenn Kinder mit den oben dargestellten Fehlstrategien eine Aufgabe wie 89 – 36 ausrechnen sollen. Die Kapazität des Arbeitsspeichers wird vollends gesprengt, wenn das Kind neben der zählenden Bearbeitung der Aufgabe auch noch zusätzliche Inhalte wie Veranschaulichungsmittel und Verstehensprozesse – also Reflektion über das Tun – gleichzeitig präsent haben soll.

„Die Erklärungsfalle“

Besonders im Zusammenhang mit der Bearbeitung von Sachaufgaben, aber auch bei der Erläuterung von Veranschaulichungen, tappen Lehrer und Eltern oft in die sog. Erklärungsfalle. Das Kind hat die Aufgabe noch nicht verstanden, der Lehrer oder die Eltern erklären mit vielen Worten den Sachverhalt. Somit findet keine Komprimierung des Stoffes statt, eine Vereinfachung wird verhindert. Das Kind versteht den Sachverhalt weiterhin nicht und vergisst ihn schnell, da zu viele Worte benutzt wurden. Lehrer und Eltern erklären daraufhin erneut mit anderen Worten oder Inhalten. Diese unterschiedlichen Informationseinheiten bewirken, dass alle Inhalte schließlich aus dem Arbeitsspeicher „herausfliegen“. Das, was letztlich hängen bleibt, ist nur fragmentarisch und bruchstückhaft: Zusammenhänge bleiben unklar und undeutlich. Als Ergebnis davon entsteht im Gehirn des Kindes Chaos. Die Folge sind weitere Frustrationen mit selbstwertmindernden Gefühlen, Vermeidung von weiteren Anforderungen oder gar Angst vor dem Lerngegenstand Mathematik.

Einsicht, Verstehen und Veranschaulichung von Rechenoperationen sind grundsätzlich bedeutsam. Ein „zu viel“ an Veranschaulichungen, an Erklärungen und an Einsicht stiftendem Lernen, z. B. bei Rechenoperationen und Sachaufgaben, verhindert jedoch eher den Lernfortschritt als dass es ihn fördert. Vielleicht gilt hier: **„Das wahrhaft Pädagogische ist das Einfache!“**

g) Sprache und die Kapazität des Arbeitsspeichers – für das Gehirn ist es nicht egal, in welcher Sprache gerechnet bzw. gelernt wird

Sogar die Sprache scheint Auswirkungen auf die Schnelligkeit der Automatisierung numerischen Faktenwissens zu haben. So könnte ein schnelleres Automatisieren numerischen Faktenwissens bei chinesischen Schülern mit der Länge der Zahlwörter und damit dem Abspeicherplatz zusammenhängen, den sie im Kurzzeitgedächtnis benötigen: „Je schneller die Zahlen ausgesprochen werden, desto einfacher ist es, viele Zahlwörter im Kurzzeitgedächtnis zu behalten. Und das wiederum ist für das schnelle und fehlerfreie mentale Lösen von Rechnungen ausschlaggebend. Umgekehrt sind die Möglichkeiten, die Zahlen im Gedächtnis zu behalten, umso begrenzter, je mehr Zeit für das Aussprechen benötigt wird.

Obwohl dieser Faktor sicher nicht der einzige Grund für die unterschiedlichen mathematischen Leistungen von asiatischen und westlichen Kindern darstellt, trägt er doch einiges dazu bei. Zahlreiche Studien über die Entwicklung von Grundschülern belegen nämlich, dass asiatische Kinder dieselben Strategien zur Lösung von Rechenproblemen benutzen wie die westlichen – und zwar folgende: Im ersten Entwicklungsschritt nutzen viele Kinder ihre Finger, um einfache Rechnungen wie Addition und Subtraktion zu leisten. So zählen sie etwa drei und zwei zusammen, indem sie erst drei Finger zeigen, dann zwei, und dann die Summe fünf. Schwieriger ist schon die nächste Strategie. Dabei sagen sie die Zahlen laut oder leise vor sich hin: ‚Drei, vier, fünf‘. Das heißt, sie zählen so lange immer eine Zahl weiter, bis sie die Summe erreichen. Erst später in der

Entwicklung sind die meisten in der Lage, aus drei plus zwei direkt auf die Summe fünf zu schließen. Dabei greifen sie direkt auf gespeicherte Gedächtnisinhalte zurück, anstatt sich das Ergebnis herzuleiten.

Auffällig ist nun, dass sich junge Asiaten wesentlich schneller dieser höher entwickelten Strategien zuwenden. Ein möglicher Grund: Sie haben mehr Gedächtnisplatz, um diese einzusetzen, da das Gedächtnis nur wenig von den Zahlen selbst in Anspruch genommen wird. Nehmen wir als Beispiel ein französisches Kind, das folgende Multiplikation lernen soll: ‚7 mal 8 gleich 56'. Auch wenn das Zahlwort für acht, also ‚huit', wie ein kurzes Wort erscheint, ist es doch phonetisch gesehen recht lang – wesentlich länger jedenfalls als eine kurze Silbe wie ‚di', ‚ra' oder ‚la'. Ebenso sind die deutschen Wörter eins, zwei, drei, vier, fünf, sechs, neun und zehn recht lange Silben. Die relative Langsamkeit der Aussprache limitiert die Aufmerksamkeitsressourcen, die den westlichen Kindern zur Verfügung stehen. Die Aussprache des Satzes ‚sieben mal acht ist gleich sechsundfünfzig' ist für sie recht lang und daher schwieriger zu merken als ein entsprechender Ausdruck auf Chinesisch. Daher können sie das eigentliche Ergebnis einer Rechenaufgabe weniger gut speichern als asiatische Kinder – und müssen sich die Rechnung immer wieder vor Augen führen" (Fayol 2006, S. 67 f).

Selbst die Sprache bzw. deren „Belegkapazität" im Kurzzeitgedächtnis kann einen Faktor darstellen, der die Geschwindigkeit des Rechnenlernens bzw. dessen Automatisierungen mit bestimmt.

Bei der Förderung rechenschwacher Kinder, aber auch im Mathematikunterricht ist der Kapazität des Arbeitsspeichers Rechnung zu tragen. Um ein schnelles und sicheres Automatisieren des numerischen Faktenwissens zu erreichen, ist es anzustreben, beim Einprägeprozess mit möglichst wenigen Informationseinheiten zu arbeiten. Beim Einprägen arithmetischer Prozeduren findet eine Entlastung des Arbeitsspeichers durch das Benutzen von automatisiertem numerischem Faktenwissen und durch Vereinfachung der Strategien statt.

Nicht jeder Rechenweg ist gleichberechtigt und gleichermaßen gut. Der einfachste Weg ist der Beste und Verantwortung für dessen Vermittlung trägt die Schule.

Jede Automatisierung führt zu einer Entlastung des Arbeitsspeichers und verändert damit die emotionale Bewertung und erhöht so die Lernmotivation.

Automatisierungen erleichtern Verstehensprozesse durch freigewordene Kapazitäten des Arbeitsspeichers. Überlastung dagegen führt zu Chaos im Gehirn.

Zu berücksichtigen ist weiterhin, dass ein Drittel der Kinder mit Rechenstörungen gleichzeitig Symptome eines ADHS zeigen. Besonders diese Kinder haben Kapazitätsprobleme im Arbeitsspeicher.

2. Emotionale Bewertung des Lerngegenstandes

Beispiel: Eva, vierte Klasse
In der Behandlungsstunde erzählt die Mutter dem Therapeuten in Anwesenheit ihrer Tochter von deren großen Problemen in Mathematik. Eva hört nur das Wort Mathematik, schon wendet sie sich ab. Tränen rollen ihr über das Gesicht. Sie möchte nicht über das Rechnen sprechen, geschweige denn sich mit zusätzlichem Üben auseinandersetzen.

So wie Eva geht es in Bezug auf Mathematik vielen Kindern, vor allem Mädchen. Viele von ihnen entwickeln Ängste. Im angloamerikanischen Sprachraum hat sich hierfür der Begriff der „mathematics anxiety" etabliert (z. B. Hembree 1990). Angst vor Zahlen wirkt sich wiederum negativ auf die Rechenfertigkeiten aus. Zahlreiche Untersuchungen (z. B. Ashcraft, Kirk 2001) zeigen, dass Menschen mit hoher Mathematikangst schlechtere Rechenleistungen zeigen als Probanden mit niedrigerem Angstpegel.

Sind wie bei Eva mit Mathematik starke negative Gefühle verbunden, ist jeder weitere Lernprozess in diesem Bereich blockiert. Aus diesem Grunde erscheint es notwendig, uns noch einmal vertieft mit der Bedeutung auseinanderzusetzen, die der emotionalen Bewertung des Lerngegenstandes Rechnen zukommt. Was passiert hierbei im Einzelnen? Wie entwickelt sich bei einem rechenschwachen Kind die emotionale Bewertung und zu welchen Konsequenzen führt sie?

Viele Kinder werden aufgrund ihrer individuellen Voraussetzungen besonders in den Grundschuljahren mit Misserfolg konfrontiert. Schlimm für das Kind wird es aber erst, wenn institutionalisierte Bewertungssysteme, z. B. über die Notengebung, hinzukommen. Die Konfrontation mit Misserfolgen und äußeren Bewertungen (z. B. durch Zensuren und den Vergleich mit Mitschülern) führt zu Stress und bei zunehmender Häufigkeit zu mehr oder weniger ausprägten Ängsten. Daneben führen Erfahrungen von Misserfolgen durch die mit ihnen verbundenen Frustrationserlebnisse insbesondere bei Kindern, die impulsiv veranlagt sind – wie beispielsweise ADHS-Kinder – zu überschießenden Gefühlsreaktionen wie z. B. Wutausbrüchen und Toben. Alle diese Gefühlskomponenten stellen eine emotionale Bewertung dar. Erneute Misserfolge steigern Angst und Wut und führen, gerade auch bei ADHS-Kindern, zu einer Verweigerung weiterer Anstrengungen.

Bei introvertierteren Kindern wie Eva bilden Misserfolge den Boden für selbstabwertende und depressive Gefühle. Gedanken wie „Ich bin schlecht", „Ich kann das sowieso nicht", „Rechnen ist zu schwer", „Ich bin blöd" können die Folge sein. Extrovertierte, impulsive Kinder hingegen – häufig eher Jungen – zeigen in Konfrontation mit Misserfolgen „Ausraster", die zu einem sofortigen Übungsabbruch führen.

Die genannten Gefühle, vor allem die Angst, reduzieren die Aufmerksamkeit und Wahrnehmungsfähigkeit und wirken sich damit negativ auf das Arbeitsgedächtnis aus. Wir wissen jedoch, dass gute Arbeitsgedächtnisleistungen für den Faktenabruf und für die Anwendung prozeduralen Wissens, d. h. für das Lösen komplexer mehrstelliger Rechnungen sowie für das Lösen von

Sachaufgaben, notwendig sind (vgl. z.B. Kaufmann u.a. 2005; Swanson, Sachse-Lee 2001). Stress und Angst führen zu einer Verlängerung der Bearbeitungszeit und zu einer Erhöhung der Fehlerrate beim Rechnen. Negative gedankliche Muster, die die eigene Person betreffen, verfestigen sich. Gedanken wie „Das lerne ich sowieso nicht, das kann ich nicht" führen zu entsprechenden Attributionsstilen und Kontrollüberzeugungen. Die Kinder erwarten nicht mehr, in Mathematik erfolgreich zu sein, ihre Minderwertigkeitsgefühle wachsen, ihre Anstrengungsbereitschaft sinkt. Tätigkeiten, die mit keiner Aussicht auf Erfolg verbunden sind, werden von ihnen vermieden. Dies erhöht die Wahrscheinlichkeit weiterer Misserfolge. Erfahren die Kinder dauerhaft nicht mehr das motivierende Erfolgserlebnis „Meine Handlung führte zu einem positiven Ergebnis", werden jene neuroplastischen Prozesse (Modularisierungen) geschwächt, die für eine erfolgreiche weitere Lernentwicklung notwendig sind (vgl. von Aster 2005, S. 30). Übungsdefizite sind die Folge. Diese vergrößern die Leistungsrückstände. Weitere Misserfolgserlebnisse verstärken wiederum Angst- und Stresserleben.

Was sind weitere Faktoren, die die emotionale Bewertung des Lerngegenstandes Mathematik mit beeinflussen? Neben der Notengebung spielt insbesondere im Grundschulalter die Beziehung des Kindes zur Lehrkraft eine große Rolle. „Lehrer sind Schicksal" heißt es im Volksmund. Richtig ist, dass eine positive Beziehung zur Lehrkraft bei Kindern auch über die emotionale Bewertung dessen, was die Lehrkraft vermittelt, die emotionale Bewertung des Lerngegenstandes als solchen und damit die Motivation und Anstrengungsbereitschaft des Kindes verstärkt. Entmutigende Kommentare oder gar Abwertungen durch die Lehrkraft dagegen führen Kinder, die ohnehin bereits Schwächen und damit eine emotionale Verunsicherung zeigen, oft in eine emotionale Katastrophe.

Zu misserfolgsgeprägten Bewertungen tragen unserer Meinung nach auch Vorgaben der Fachdidaktik bei. So behauptet Lorenz (2003) in seinem Buch „Lernschwache Rechner fördern", das „Überforderung" nützlich sein könne, soweit sie in der Zone „des nächsten Entwicklungsschrittes" liege (S. 96). Ein verunsichertes, rechenschwaches Kind zusätzlich noch zu überfordern und dies als moderne Lernförderung im Mathematikunterricht zu propagieren, erscheint uns für den weitaus größten Teil der Kinder, mit denen wir täglich arbeiten, wenig hilfreich, kontraproduktiv und damit vielmehr ein pädagogischer Kunstfehler zu sein.

Weiter weist Lorenz darauf hin, dass beim Mathematiklernen Fehler „wichtig" seien: „erklärt ein Schüler seinen fehlerhaften Lösungsweg den Mitschülern, treten plötzlich Aha-Effekte auf, die ihn besser verstehen lassen als sämtliche Lehrerbelehrungen" (Lorenz 2005, S. 187). Ein rechenschwaches Kind wird unseres Erachtens jedoch viel eher beschämt und sich vielleicht „enttarnt" fühlen, wenn Fehler in Gegenwart der Mitschüler offensichtlich werden. Angst, Selbstabwertung und Vermeidungsverhalten werden wiederum die Folge sein. Unserer Ansicht nach kann hierbei von Aha-Effekten in der Praxis nur geträumt werden. Sie stellen eher Wunschvorstellungen und Illusionen dar als konstruktive Schritte im Rechenlernprozess. Es erscheint uns abwegig zu glauben, dass rechenschwache Kinder aus Fehlern lernen und über Fehler zu grundlegenden Erkenntnissen und einer umfassenden Einsicht gelangen können. Automatisierungen können sich hier sicherlich nicht ergeben. Fehler führen stattdessen zu negativen emotionalen Bewertungsprozessen und Vermeidungsverhalten: Kinder werden versuchen, dem zusätzlichen Üben auszuweichen. Die negativen Gefühle, Fehler gemacht zu haben, verhindern somit die notwendigen Abspeicherprozesse.

Auch die häufig verbreitete Idee im Förderbereich des „selbstentdeckenden Lernens“ erscheint uns als Sackgasse. Selbstentdeckendes Lernen führt in der Regel nicht zum einfachsten und erfolgreichsten Weg, insbesondere nicht bei schwachen Rechnern. Es führt eher zu Umwegen im Gehirn und damit zu einer Überlastung des Arbeitsspeichers und der Abspeicherkapazität. Der umständliche Rechenweg wird vom Kind als anstrengend und mühsam erlebt. Insbesondere bei größeren Zahlen und komplexeren Rechnungen wird er dann zunehmend mit Misserfolgserlebnissen verbunden sein.

Bericht einer befreundeten Lerntherapeutin

„Vor einigen Wochen kam der 11-jährige Sven, der in der 5. Klasse in der Hauptschule in allen Fächern, vor allem jedoch in Mathematik große Probleme hat, zur Lernberatung zu mir. In der ersten Sitzung ließ Svens Mutter ihrer geballten Enttäuschung und Wut über sein Schulversagen freien Lauf und konnte durch mich nur wenig beschwichtigt werden. Sven, der schon zu Beginn der Sitzung niedergeschlagen gewirkt hatte, sank während dessen immer mehr auf seinem Stuhl zusammen, blickte kaum mehr hoch. Beim ersten Ausprobieren der Kärtchenmethode war er so verkrampft und aufgeregt, dass es lange dauerte, bis er sich die ersten drei Einmaleins-Aufgaben merken konnte. Einige Wochen später erschienen die beiden, wie jeden zweiten Montag, zum Gespräch bei mir. Svens Mutter machte sich nach wie vor viele Sorgen um ihn, berichtete jedoch zugleich, dass jetzt immerhin das Einmaleins sitzen würde.

Ich machte Sven darauf aufmerksam, dass seine Mutter ganz offensichtlich aus diesem Grund sehr stolz auf ihn sei. Die Mutter lächelte und griff nach Svens Hand und drückte sie und die beiden lächelten sich an. Ein solches Verhalten hatte ich zuvor weder bei der Mutter noch bei dem Sohn beobachten können, und Sven sagte: ‚Da war es wohl gut, dass wir hier zur Lernberatung gekommen sind.‘

Wie ging es mit Sven weiter? Als ich ihm den 10-er Übergang mit Kärtchen erklärte (Sven zählte immer noch bei jeder Aufgabe im Kopf hoch), sah er mich erstaunt an und sagte: ‚Das ist ja ganz einfach‘. Kontinuierlich verbesserte er dann seine Grundrechenfertigkeiten.“

Die Geschichte von Sven drückt die Zuversicht und Hoffnung aus, sich mithilfe wirksamer Lernmethoden in seinen Leistungen verbessern zu können. Sven erfährt mit seinen Lernfortschritten zugleich, dass Mathematik auch einfach sein kann und nicht zuletzt den Stolz seiner Mutter. Die durch die Lernerfolge ausgelösten emotionalen Prozesse werden, so dürfen wir annehmen, neben der Selbsteinschätzung und der Lernmotivation auch die Beziehung zwischen Mutter und Sohn positiv verändern, was sich wiederum förderlich auf das Lernen im häuslichen Kontext auswirken wird.

Modell der Emotionalen Bewertung im Fach Mathematik

Vorgaben der Fachdidaktik
a) Überforderung
b) Lernen aus Fehlern
c) Selbst entdeckendes Lernen
d) Überlastung des Arbeitsspeichers durch Methodenvielfalt …

institutionalisierte
öffentliche Bewertungssysteme
Notengebung

↓

Konfrontation
mit Misserfolg

↓

Negative Beziehung zur Lehrerin/zum Lehrer
„Lehrer sind Schicksal"

Stress
Ängste

Frustration/„Ausrasten"

↓

reduzieren
Aufmerksamkeits- und Wahrnehmungsfähigkeit und die Kapazität des Arbeitsgedächtnisses
(erschweren Faktenabruf aus Langzeitspeicher,
Anwendung von prozeduralem Wissen)

↓

Bearbeitungszeit verlängert sich
Fehlerrate beim Lösen von Aufgaben steigt

↓

ungünstige Attributionsstile und Kontrollüberzeugungen
(„das kann ich nicht", „das lerne ich nie")
Minderwertigkeitsgefühle wachsen

↓

Verlust von Motivation und Anstrengungsbereitschaft
Vermeidungsverhalten und Blockaden

↓

Übungsdefizite,
die die Leistungsschwächen noch weiter verstärken

↓

fortgesetzte Konfrontation mit Misserfolg

↓

weiter zunehmende Ängste
weiter zunehmendes
Vermeidungsverhalten und Blockaden

Hinsichtlich der emotionalen Bewertung des Lerngegenstandes Mathematik muss ein Hauptziel im Rechenlernprozess darin bestehen, die emotionale Bewertung in eine positive Richtung zu steuern bzw. ggf. „umzupolen". Entmutigte und vermeidende Kinder brauchen Hoffnung. Nur das Erleben „Ich kann das schaffen, ich werde immer besser" führt zu einer emotionalen Veränderung und damit zu einem häufig beobachtbaren Strahlen in den Augen des Kindes. Über ein positiveres Begabungsselbstbild und damit auch eine steigende Motivation (Grünke 2006) wird am Nachhaltigsten ein Besserwerden im jeweiligen Kompetenzbereich, hier also im Fach Mathematik, erreicht. „Nichts macht erfolgreicher als der erlebte Erfolg" sollte also die Devise sein.

Unsere Aufgabe als Therapeuten, Pädagogen, Lehrer und ebenso als Eltern ist es, genau hierfür zu sorgen. Übungs- und Fördermethoden müssen Erfolge schnellstmöglich erlebbar machen, damit auf der Grundlage einer positiven Bewertung des Lerngegenstands Mathematik und der eigenen Lernmöglichkeiten der dargestellte Teufelskreis umgekehrt werden kann.

Eine kleine Parabel zum Mathematikunterricht

Ein Junge möchte Teile zusammenschrauben. Er geht zu einem Professor der Bautechnik. Dieser meint: „Bevor Du anfangen kannst, muss Du verstehen, was Du tust", und er fängt an, dem Jungen zu erklären: das Prinzip und die Wirkweise des Gewindes bei einer Schraube, die Hebelwirkung, die unterschiedlichen Eigenschaften der Materialien usw. Der Professor gibt sich viel Mühe, er erklärt es dem Jungen nicht nur, sondern zeigt ihm unterschiedliche Modelle zur Erklärung. Der Junge weiß zum Schluss, dass das Zusammenschrauben ein sehr schwieriges Vorhaben ist, aber nicht so recht, wie er es bewerkstelligen kann.

Der Junge geht sodann zu einem einfachen Handwerker. Dieser meint: „Ich zeige Dir, wie Du den passenden Schraubenschlüssel auswählen kannst, wie Du ansetzt und in welche Richtung Du den Schlüssel drehen musst." Und der Junge fängt an zu schrauben. Nachdem er erlebt hat, wie einfach das Zusammenschrauben ist, beginnt er die unterschiedlichsten Werkstücke herzustellen. Der Junge freut sich, was er alles schaffen kann und auch darüber, wie leicht das Zusammenschrauben ist.

Teil II: Praktizierte Fördermaßnahmen bei Rechenschwäche und Rechenstörung – Mythen oder gesicherte Erkenntnis?

Im Folgenden möchten wir uns kritisch, zum Teil sehr kritisch, mit bisherigen Zugangsweisen und Fördermaßnahmen bei Rechenschwächen und -störungen auseinander setzen.

Dies ist sicherlich ein „Drahtseilakt". Wir sind uns bewusst, dass wir hier Tradiertes, das in diesem Bereich zur Selbstverständlichkeit in der Förderung geworden ist, in Frage stellen. Wir möchten mit unserer kritischen Reflexion jedoch niemanden vor den Kopf stoßen, sondern vielmehr dazu anregen, Selbstverständliches auf seine Tauglichkeit in der praktischen Umsetzung hin zu hinterfragen.

Werden Lehrer und Therapeuten mit unseren Gedanken konfrontiert, so erleben wir Nachdenklichkeit, zum Teil aber auch Zustimmung. So äußerte z. B. eine Sonderschullehrerin zum Thema „Kritischer Umgang mit Veranschaulichungsmethoden in der Mathematik": „Bei den Veranschaulichungen erlebe ich das auch so." Lehrkräfte und auch Eltern fühlen sich zum Teil entlastet, weil sie nun ihren realen täglichen Erfahrungen trauen dürfen.

Kapitel 6: Verbesserungen in den mathematischen Kompetenzen sind nur bei Kenntnis der Ursachen möglich (Mythos 1) – Ursachen- bzw. defizitorientiertes Denken versus lösungsorientiertes Denken –

Das Ursachendenken ist möglicherweise der Einstieg in einen langen und wenig effektiven Umweg zur Lösung unserer Rechenprobleme. Die durchaus weit verbreitete und dennoch fehlerhafte Grundannahme in diesem Zusammenhang besteht in der Annahme: „Wenn ich erst die Ursachen für mein Problem kenne, dann kann der schnellste und effektivste Weg zu dessen Lösung über eine Veränderung dieser Ursachen laufen." Unseres Erachtens sind mit diesem Kausalitätsdenken jedoch mehrere Denkfehler verknüpft:

Treten zwei Problembereiche häufiger gleichzeitig auf, wie zum Beispiel visuelle Wahrnehmungsprobleme oder eine motorische Ungeschicklichkeit gekoppelt mit einer Rechenschwäche, ist es unzulässig, daraus zu schließen, das eine wäre die Ursache für das andere. Hinzu kommt, dass man selbst bei diesem gleichzeitigen Auftreten von Teilleistungsschwächen und einer Rechenschwäche keine eindeutigen Beziehungen zwischen diesen feststellen kann. Versucht man aktuelle Erkenntnisse im Zusammenhang mit einer Rechenschwäche oder -störung zu würdigen, so ist festzustellen, dass Modelle, wie von Frostig, der Vergangenheit angehören sollten. In den 1980er-Jahren war es äußerst populär, gestörte Teilleistungen, wie Störungen im taktil-kinästhetischen Bereich, im Bereich der visuellen und auditiven Wahrnehmung oder gar der Intermodalität als grundlegend und beeinträchtigend für das Erlernen mathematischer Inhalte anzunehmen. Heute wenden jedoch z. B. Fritz, Ricken und Schmidt (2003, S. 455 f.) kritisch ein, dass diese angenommenen „Funktionsstörungen" nicht typisch für das Auftreten von Rechenstörungen sind. So finden wir ähnliche Probleme auch bei Kindern, die Schwierigkeiten beim Lesen und der Rechtschreibung haben. Ebenso wenig können wir heute feststellen, wie hoch denn der Anteil dieser Basiskomponenten in der Informationsverarbeitung wirklich für das Rechnen ist. Auch werden Modelle, „die von vereinfachten Ursache-Wirkungs-Beziehungen zwischen basalen Komponenten und dem Rechnen" (Fritz et al., S. 455 f.) ausgehen, der Komplexität neuropsychologischer und neurophysiologischer Prozesse in unserem Gehirn nicht gerecht. Diese Ansätze müssen dann aber davon ausgehen, „dass bei einer Beeinträchtigung einzelner Funktionen (zum Beispiel der Raum-Lage-Orientierung) die Intervention an der Behebung der funktionellen Störung ansetzen müsste, um Voraussetzungen für den Fertigkeitserwerb zu schaffen. Interventionsansätze zielen so auf die Förderung gestörter Teilleistungen und weniger auf eine Unterstützung des Fertigkeitserwerbs" (Fritz et al., S. 456) ab. Vereinfacht ausgedrückt: *Man trainiert die jeweiligen defizitären Teilleistungen, aber nicht die Rechenfertigkeit.*

Noch problematischer erscheint es, wenn unzulässige Schlussfolgerungen aus Einzelfallbeobachtungen gezogen werden. Dies führt dann zu der Entwicklung einer bunten Palette von undifferenzierten Fördermaßnahmen. So fand Ebhart z. B., die als Gymnastik- und Sportlehrerin tätig war und Mathematik-Nachhilfestunden für Kinder gab, „einen Zusammenhang zwischen gewissen Bewegungseinschränkungen und dem Vermögen mathematischen Denkens" (Ebhart 2003, S. 12). Ihre Schlussfolgerung: Sie entwickelte Bewegungsspiele um Gleichgewichtssinn, Konzentrationsvermögen, Raumwahrnehmung, Raumvorstellung, etc. zu schulen. Sollte dieses fröhliche, unreflektierte Allerlei nicht allmählich der Vergangenheit angehören?

Eine noch schwierigere Sichtweise ist die Vorstellung, dass die Lösung eines Problems, d. h. das der Rechenschwäche, über die Ursachen, d. h. die „Defizite" zu erreichen sei. Noch heute finden sich in den Köpfen von Lehrern und Therapeuten Mythen im Hinblick auf die Notwendigkeit der Kenntnis von Ursachen. Die Kenntnis der Ursachen und damit auch die Kenntnis der zugrunde liegenden Basisschwächen sei die Voraussetzung zur adäquaten Förderung. Ist dieses Denken nicht eher defizitorientiert? Die Feststellung von Schwächen und deren Training setzt möglicherweise genau an der falschen Stelle an.

Vielleicht sollten wir uns hier Hilfe im psychotherapeutischen Bereich suchen, denn möglicherweise gibt es hier im Gegensatz zum pädagogischen Bereich neuere Ideen: Eine Reihe führender Psychotherapeuten, so de Shazer, Berg oder Watzlawick haben alternative Denkmodelle entwickelt. Der Psychotherapeut, so die Autoren, kann in seiner Arbeit auch erfolgreich sein, ohne eine Ursache für die Störung anzunehmen. De Shazer führt beispielsweise an, dass die ständige Beschäftigung mit den Ursachen einer Problematik Gefühle von Ohnmacht, Schuld, Ausweglosigkeit etc. eher verstärke. Die subjektiv erlebte Sackgasse bestätigt den Betroffenen in seiner Überzeugung, seine Lage sei wirklich aussichtslos. De Shazer arbeitet hier an Lösungen. Er möchte seine Patienten darin unterstützen, sich auf die Suche nach „Veränderungswissen" zu machen, welches auf die Zukunft ausgerichtet und lösungsorientiert ist. Die individuelle Kompetenz des Patienten wird in den Mittelpunkt gestellt, Stärken und Leistungen sollen erlebt und berücksichtigt werden. Übertragen wir diesen Ansatz noch einmal auf unsere Überlegungen zum Umgang mit einer Rechenproblematik: Unabhängig von den Ursachen der Rechenschwäche gilt es zu überlegen, was das Ziel ist, und wie es am besten zu erreichen ist, um Verbesserungen im rechnerischen Denken des betroffenen Kindes zu erzielen.

Wie kann dies am schnellsten, am wenigsten aufwendig sowie am erfolgversprechendsten gelingen? Es erscheint wesentlich angemessener, bei der Suche nach dem schnellsten und effektivsten Weg nicht auf die Schwächen des Kindes zurückzugreifen, sondern auf dessen Stärken und Ressourcen. Unspezifische Basisfunktionen und deren Training helfen in diesem Zusammenhang nicht weiter. Erfolg an der gewünschten Stelle, d. h. die Annäherung an ein definiertes Ziel, erhöht selbstverständlich auch die Motivation. Üben im Bereich der Schwäche ist mühsam und bringt nur geringe Erfolge. Wird hingegen ein zielorientierter Weg beschritten, dann steht die ganze Bandbreite der Fähigkeiten des Kindes zur Verfügung. *Fertigkeiten sind auf unterschiedlichen Wegen zu erwerben – es gibt leichtere und schwerere.*

Beispiel Kopfrechnen

Peter tut sich schwer mit dem Kopfrechnen. In einem Intelligenztest wurde festgestellt, dass Peter Schwierigkeiten im auditiven Kurzzeitgedächtnis hat. Würde ich mich jetzt Peters Defiziten zuwenden, dann könnte ich versuchen ein Merktraining im auditiven Bereich zu initiieren. Es geht jedoch schneller: Über den Weg der Visualisierung (siehe S. 145 ff) ist Peter viel besser, erreicht Peter in deutlich kürzerer Zeit Erfolge.

Zum aktuellen Forschungsstand

Von Aster (2003) weist darauf hin, dass die Annahme von Reifungsdefiziten im Bereich neuropsychologischer Basisfunktionen nicht zur Erklärung von Teilleistungsstörungen im Rechnen alleine ausreicht. Er postuliert, dass gute visuell-räumliche Fähigkeiten alleine ebenso wenig eine hinreichende Bedingung für erfolgreiches Lernen darstellen, wie gute sprachliche oder motorische Funktionen. Von Aster stellt noch einmal klar, dass ja längst nicht alle Kinder, die visuell-räumliche Verarbeitungsdefizite, grapho-motorische oder Sprachentwicklungsstörungen haben, gleichzeitig auch Schwierigkeiten im Bereich des Rechnens entwickeln. Umgekehrt hätten auch nicht alle Kinder mit Rechenproblemen visuell-räumliche Teilleistungsdefizite oder Sprachverarbeitungsstörungen.

Beispiel aus einer Arbeitsgemeinschaft mit Lehrern

Lehrerinnen und Lehrer, die an einer Arbeitsgruppe zum Thema „Förderung von rechenschwachen Kindern" teilnahmen, waren der Überzeugung, dass eine der Ursachen für eine Rechenschwäche die Raumwahrnehmung sei, und somit auch die Rechts-Links-Unterscheidung, als eine grundlegende Voraussetzung zum Erwerb der Rechenkompetenz, der Förderung bedürfe. Nach ihren eigenen Schwierigkeiten zum Umgang mit der Raumlage befragt, gab die Hälfte der Teilnehmer an, bis zum Führerschein mit der Raumlage, d.h. auch der räumlichen Orientierung und Rechts-Links-Unterscheidung Schwierigkeiten gehabt zu haben. Auf dem Gymnasium, bis hin zum Abitur hatten sie dennoch alle gute Mathematiknoten. Der bei ihnen selbst nicht gefundene Zusammenhang zwischen Raumwahrnehmungsfähigkeit und Mathematikleistungen verdutzte die Lehrer.

Diese individuelle Erfahrung wird durch den aktuellen Forschungsstand bestätigt. Krajewski und Schneider betonen, dass bisher unterstellte Zusammenhänge zwischen Einzeleigenschaften und Rechenfertigkeiten empirisch widerlegt sind. In diesem Kontext sprechen sie von „Gerüchten". Faktoren wie Händigkeit oder die Unterscheidung zwischen Rechts und Links erwiesen sich in ihren

Untersuchungen „statistisch als nicht bedeutsam". Selbst das räumliche Vorstellungsvermögen scheint keinen großen Einfluss auf die Rechenleistung zu haben. Krajewski und Schneider fanden „zwar Zusammenhänge mit den Mathematikleistungen bis zum Ende der 4. Klasse, diese waren aber nur gering ausgeprägt und lagen deutlich unter dem Erklärungswert, denen das Mengen- und Zahlenvorwissen für die schulischen Mathematikleistungen liefern konnte. Selbst die Gedächtnisfähigkeiten der Kinder zeigten eine stärkere Vorhersagekraft als die räumliche Vorstellungsfähigkeit" (Krajewski, Schneider 2005, S. 241 f).

Die in der Förderpraxis bisher häufig unterstellten Zusammenhänge scheinen also nicht zu bestehen. Welches gesicherte Wissen besteht jedoch über die Faktoren, die die Mathematikleistung beeinflussen? Zum einen scheint das Mengen- und Zahlvorwissen, schon aus dem Vorschulalter, für die spätere Mathematikleistung äußerst bedeutsam zu sein. Der „Löwenanteil der Varianz in den schulischen Mathematikleistungen [konnte] dadurch erklärt werden, dass man wusste, wie gut die Kinder schon als Vorschüler in Zahlenkenntnis, Zählfertigkeiten und frühen Rechenfertigkeiten abgeschnitten hatten" (ebd., S. 236).

Weiterhin besitzt ein gut beherrschter Lehrplanstoff der vorangegangenen Schuljahre im Laufe der Schulzeit einen weitaus größeren Erklärungswert für die aktuelle Mathematikleistung als bisher unterstellte Ursachen oder selbst als die jeweilige Ausprägung der Intelligenz. „Mit fortschreitender Schulzeit nimmt so der direkte Einfluss der allgemeinen intellektuellen Fähigkeiten immer mehr zugunsten des Vorwissens (früherer mathematischer Leistungen) ab. Gute Leistungen in Mathematik kommen demnach in höheren Klassenstufen immer weniger durch die Intelligenz und zunehmend mehr, durch das in früheren Klassen aufgebaute Vorwissensfundament zustande. Demnach haben Schüler dann gute Voraussetzungen für Mathematikleistungen, wenn sie den Lehrplanstoff der vorangegangenen Schuljahre beherrschen und auf dieses Wissen aufbauen können. Wissenslücken aus früheren Schuljahren hingegen ziehen weitere Lücken nach sich, wenn für Neues auf früheres Wissen zurückgegriffen werden muss" (ebd.).

Basisfunktionen, wie räumliches Vorstellungsvermögen, Händigkeit oder ähnliches finden Sie in nachfolgender Abbildung 6.1 also nicht. Vielmehr spie-

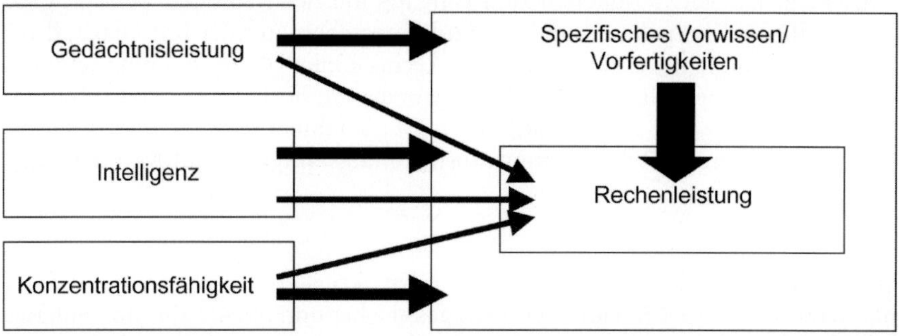

Abbildung 6.1: Basisfunktion für die Rechenleistungen (in Anlehnung an Petermann 2003; Krajewski, Schneider 2005)

len die Gedächtnisleistung, die Begabung und die Konzentrationsfähigkeit als Vorläuferfunktionen eine Rolle. Diese wiederum tragen zu der Möglichkeit des Lernenden bei, sich ein automatisiertes spezifisches Vorwissen mehr oder weniger schnell und solide anzueignen, was wiederum die aktuelle Rechenleistung positiv beeinflusst.

Wie sich bei der empirischen Überprüfung von Konzentrationstrainings (z.B. Dreisörner 2006) gezeigt hat, sind unspezifische inhaltsneutrale Fördermaßnahmen wenig wirksam. Ebenso dürften allgemeine „Intelligenz-" oder „Gedächtnistrainings" nur wenig effektiv im Hinblick auf Mathematikleistungen sein. Vielmehr scheint es so zu sein, dass ein gezieltes, inhaltsspezifisches und systematisches „Mathematiktraining" die spätere Mathematikleistung am wirkungsvollsten verbessert.

Zusammenfassung

Im Hinblick auf den Mythos, eine Verbesserung der Rechenfähigkeit lasse sich nur über die Kenntnis der Ursachen und das Training der Defizite erreichen, gilt es festzustellen, dass man bisher keine einzige spezifische Ursache bei rechenschwachen Kindern feststellen konnte. Allgemeine, für die Mathematikleistung bedeutsame Vorläuferfertigkeiten scheinen Gedächtnisfaktoren, Intelligenz und Konzentrationsfähigkeit zu sein. Aber selbst die Förderung dieser Faktoren scheint deutlich weniger effektiv als das Training mathematikspezifischer Fertigkeiten zu sein.

Erfolgreiche Mathematikförderung muss mit einer spezifischen Fehler- und Defizitanalyse der mathematischen Kompetenzen beginnen. Darauf aufbauend sollten Ziele definiert sowie der einfachste und kürzeste Weg zu deren Erreichung gesucht werden.

Bei der Erstellung eines individuellen Lernprogramms sind in besonderem Maße stets die Stärken des rechenschwachen Kindes und nicht seine Schwächen zu berücksichtigen. *Denn Erfolge sind schneller zu erreichen, wenn auf den Stärken – nicht den Schwächen und Defiziten – der Betroffenen aufgebaut wird.*

Kapitel 7: Es gilt, die noch nicht entwickelten Basisfunktionen zu suchen und dann zu trainieren (Mythos 2)

Eine häufige Grundvorstellung bei Therapeuten, Lehrern und anderen Förderern ist die Idee, dass für das mathematische Denken bestimmte Basisfunktionen vorhanden sein müssen, deren Entwicklung sehr frühzeitig beginnt. Würden in einer bestimmten Lebensphase, so die Theorie, beginnend mit der so genannten senso-motorischen Phase, nicht alle Entwicklungsschritte durchlaufen, könnten sich daraus später Lern- und Leistungsprobleme ableiten lassen. Höhere Leistungen, wie Lesen und Schreiben, aber auch mathematisches Denken, sind nach diesen Vorstellungen *erst möglich*, wenn „grundlegende" Funktionen ausgebildert sind, welche auf „elementare Bausteine der kindlichen Entwicklung" (Ayres zit. nach Milz 1999, S. 16) aufbauen. Grundlegenden Einfluss auf diesen Denkansatz übt meist das in den 1970er-Jahren entwickelte Konzept von Jean Ayres aus (vgl. z. B. Milz 1999, S. 14 ff.; Akademie für Lehrerfortbildung Dillingen 2001, S. 40, 203; Akademie für Lehrerfortbildung und Personalführung 2002, S. 5 f.; Metzler 2001, S. 49 ff.), das auch ein zentrales Element in der Förderarbeit der Ergotherapie darstellt, in die man häufig rechenschwache Kinder schickt. Beispielhaft und stellvertretend für weitere Förderansätze im Bereich der Basisfunktionen soll daher nun das Konzept der „Sensorischen Integration" von Jean Ayres analysiert und die Ergebnisse seiner empirischen Überprüfung dargestellt werden.

Ayres hat ein Schema zur Entwicklung integrativer Prozesse entworfen, welches als Voraussetzung höherer psychischer Funktionen gilt. In diesem Entwicklungsmodell werden basale Wahrnehmungsbereiche, wie die der auditiven Wahrnehmung, der vestibulären Wahrnehmung (Gleichgewicht und Bewegung), der propriozeptiven Wahrnehmung (Muskeln und Gelenke), der taktilen und der visuellen Wahrnehmung dargestellt sowie die sich daraus auf den verschiedenen Ebenen ableitenden Leistungsmöglichkeiten und Fähigkeiten des Kindes.

Einsichtig erscheint zunächst, dass als bedeutungsvolle Voraussetzungen für den Erwerb der Kulturtechniken Fertigkeiten in der Sprachbenutzung, der motorischen Geschicklichkeit, des Gedächtnisses, der Raumwahrnehmung und der visuellen Wahrnehmung angesehen werden. Für die genannten Fähigkeiten postuliert Ayres nun Vorstufen, wie das Sprachverständnis, die Körperwahrnehmung, die Koordination beider Körperseiten, die Bewegungsplanung und die Aktivitäts- und Aufmerksamkeitsdauer. Als Grundkonzept entsteht bei Jean Ayres ein Modell, bei dem grundlegende Funktionen, genauer gesagt deren Funktionsfähigkeit, wechselseitige Verknüpfung und Integration, die Voraussetzung für die Entwicklung der nachfolgenden „höheren" Funktionen sind. Hieraus wird dann ein Konzept zur Förderung entwickelt – das der „Sensorischen Integration". Ihm zufolge gilt es, zunächst sukzessive jeweils Vorläuferfunktionen zu trainieren, um letztlich die Basis zum Erwerb der höheren Fertigkeiten zu legen, so auch der Rechenfertigkeit.

Ayres hat dies wie folgt beschrieben: „Lesen, Schreiben und Rechnen sind keine Grundkenntnisse. Sie bedürfen eines Gehirns, welches sehr unterschiedliche Empfindungen verarbeiten kann und sich an präzisen motorischen und geistigen Reaktionen beteiligt" (Ayres 1984, zit. nach Akademie für Lehrerfortbildung und Personalführung 2002, S. 5).

Betrachten wir nun die Entwicklung des mathematischen Denkens genauer, so werden in diesem entwicklungspsychologischen Modell eine Reihe so genannter pränumerischer Leistungen postuliert, die dafür die Grundlage bilden sollen. Die Grundlagen der Mathematik werden in dem Entwicklungsmodell von Ayres sehr stark an Bewegungserfahrungen gekoppelt. So ermöglichten z. B. frühe körperliche Erfahrungen wie das Krabbeln Raumerfahrungen, auf die dann mathematische Fertigkeiten aufbauen könnten. Bei rechenschwachen Kindern bestünden zu Beginn der Schulzeit häufig Defizite im Bereich der Wahrnehmung, der Bewegung und der Sprache. Hinsichtlich Bewegung und Wahrnehmung – als Grundlage für die Entwicklung des mathematischen Denkens – wird die taktile Körperwahrnehmung, Gleichgewichtswahrnehmungen, Körperbewusstsein und Körperschema, Lateralität sowie Orientierung des Körpers im Raum genannt. Motorische Leistungen und Wahrnehmungsleistungen werden somit als unabdingbare Grundvoraussetzungen für den Prozess des Rechnenlernens und somit auch als Ansatzpunkte für die Förderung im Sinne einer Ganzheitlichkeit angesehen. Aufbauend auf dem Modell von Ayres postuliert Laschkowski im Rahmen der Lehrerfortbildung: „Rechnenlernen bedingt eine große Zahl von Anforderungen, darunter motorische Leistungen, die aber in Zusammenhang mit anderen Leistungen gefordert werden, vor allem visuelle, taktil-kinästhetische Anforderungen, auditiv-sprachliche Anforderungen und Denkleistungen" (Laschkowski, in: Akademie für Lehrerfortbildung und Personalführung 2002, S. 9).

In vielen schulischen Stütz- und Förderkursen, in der Ergotherapie, der Krankengymnastik oder der Psychomotorik, wird in teilweise eklektischer Art Bezug auf das Modell von Jean Ayres genommen. Auch in zahlreichen aktuellen Büchern zu Rechenstörungen finden wir dieses Modell.

Bei *Milz* (1999) werden bestimmten Schwächen in der Rechenfertigkeit bestimmte heilpädagogische Fördermaßnahmen im Bereich der Basisfunktionen zugeordnet (vgl. z. B. Milz 1999, S. 93 ff.). Sind bei einem Kind beispielsweise Schwierigkeiten beim Kopfrechnen zu beobachten, so werden Körperarbeit und psychomotorische Übungen empfohlen. Finden sich Schwierigkeiten, die richtige Reihenfolge beim Durchführen einer mathematischen Operation einzuhalten, sollen „vielfältige Übungen zur Unterscheidung von Richtung und Lage am eigenen Körper und im äußeren Raum" (S. 94) durchgeführt werden. Beobachtet man Schwierigkeiten in der Übertragung erlernter Aufgabenformen auf andere Operationsformen, werden wiederum psychomotorische Übungen empfohlen sowie Bewegungsförderung nach Frostig, Kiphard oder Kephart.

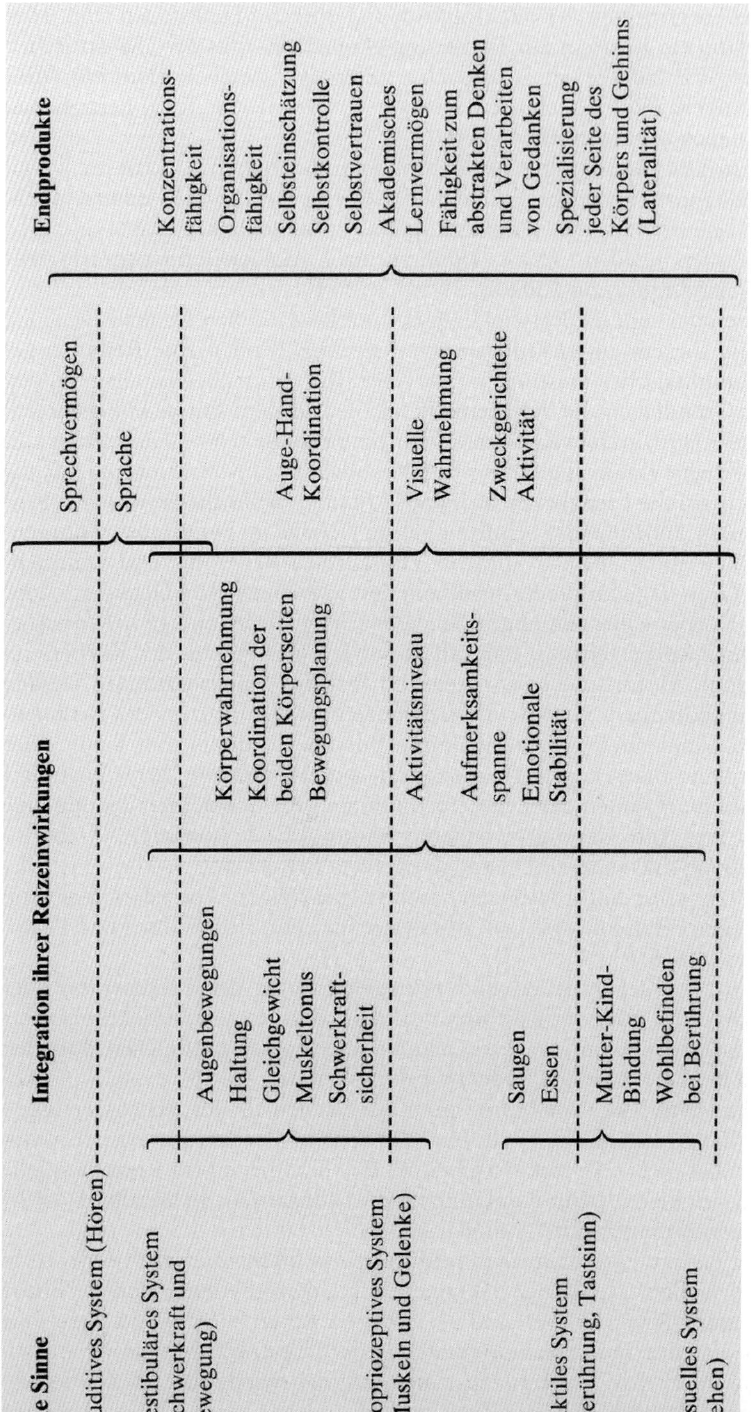

Abbildung 7.1: Konzept der „Sensorischen Integration" von Ayres (aus: Akademie für Lehrerfortbildung und Personalführung [Hrsg.]: Rechenstörungen – Unterrichtspraktische Förderung. 2. Auflage Donauwörth 2002, S. 5)

Metzler (2001) fordert für Kinder mit Diagnose Dyskalkulie, beispielhaft im Bereich der Ergotherapie, eine ganzheitliche Förderung. Nicht nur mathematische Zahlenspiele sollten diesen Kindern angeboten werden, sondern vor allem auch Spiele, „die Einfluss auf die einzelnen Sinne- und somit auch auf die basalen Voraussetzungen für das mathematische und kognitive Denken – nehmen ..." Metzler empfiehlt zur Förderung dieser Kinder unter anderem die so genannte Tastschaukel aus ihrer ergotherapeutischen Spielesammlung. „Die basalen Erfahrungen, die wir zum Leben benötigen, machen wir mit unserem eigenen Körper. Darum darf und soll der Körper die Basis für das mathematische Denken bilden dürfen ..." (S. 57). Bei der Tastschaukel werden einem Kind, das mit verbundenen Augen in einer Hängematte schaukelt, Gegenstände zum Ertasten angeboten. So soll es Erfahrungen machen, die als Vorläuferfunktionen für den Erwerb mathematischer Kompetenzen gelten, Vergleichen, Differenzieren sowie das Wiedererkennen trainieren.

Auch die *Akademie für Lehrerfortbildung Dillingen* greift in aktuellen Büchern zum Thema Rechenstörungen auf die Förderung im basalen Bereich zurück (vgl. z. B. Harth, Schüller, in: Akademie für Lehrerfortbildung und Personalführung 2002). Für die vielfältigsten „Störungen" des beobachtbaren Schülerverhaltens, wie z. B. für das Verwechseln von Rechenzeichen, das Verdrehen von Zahlen (13 statt 31) oder Probleme mit Platzhalteraufgaben, aber auch für die allgemeine Unordnung am Arbeitsplatz oder in der Schultasche, werden u.a. Schwierigkeiten in der Raumlagebeziehung verantwortlich gemacht. Durch „vielfältige Bewegungsübungen, Erkundung des Raumes nach Anweisung, Labyrinthlauf, etc." (S. 60) sollen die beobachteten Probleme behoben werden.

Basisfunktionen wie das Erfassen räumlicher Beziehungen, die Wahrnehmungskonstanz, die Figurgrundwahrnehmung und die Visumotorik im Bereich der visuellen Wahrnehmung, werden somit also für die unterschiedlichsten, recht ungeordnet nebeneinander stehenden Schülerprobleme als ursächlich angenommen und wiederum mithilfe der unterschiedlichsten Fördermöglichkeiten behandelt.

Fallbeispiel

In der Falldarstellung von Peter (entnommen aus einem als Handreichung für Lehrer gedachten Buch; Stautner, in: Akademie für Lehrerfortbildung Dillingen 2001, S. 105 ff.), der unserer Ansicht nach an einer (nicht erkannten) Aktivitäts- und Aufmerksamkeitsstörung leiden dürfte, wurde eine „ganzheitliche Förderung" im basalen, pränumerischen und numerischen Bereich durchgeführt.

Peter fiel durch Aggressivität, somit durch Verhaltensprobleme einerseits und durch Leistungsprobleme im Bereich des Lesens, Schreibens und Rechnens andererseits auf. Besondere Schwierigkeiten fanden sich beim Erfassen und Unterscheiden von Mengen und Zahlen sowie beim Verstehen der Rechenoperationen. Hinzu kamen Konzentrationsprobleme. Ferner zeigten sich unkoordinierte Bewegungen. Die Autorin stellt eine ausführliche Diagnostik im „basalen Bereich" und im „pränumerischen Bereich" voran. So werden die taktil-kinästhetische Wahrnehmung, das Körperschema, die Grobmotorik, Feinmotorik, die visuelle Wahrnehmung, Raumlage, etc. untersucht. Auf dieser ausführlichen Diagnostik aufbauend, bei der in allen basalen und pränumerischen Bereichen Förderbedarf festgestellt wurde, finden wir anschließend die „Förderziele" für Peter beschrieben, denen einen Unmenge an Methoden und Medien zugeordnet werden. Beispielhaft seien die vorgeschlagenen Fördermaßnahmen im Bereich „Arbeit an basalen Bereichen" angeführt, mit der die Auflistung beginnt:

„taktil-kinästhetische Wahrnehmung	Mengen, Gegenstände ertasten, erraten Zahlen, Buchstaben fühlen auf den Rücken schreiben, Handrücken schreiben Blinde Kuh mit Führen: der Sehende führt den Blinden
Körperschema/Lateralität	Bewegungsspiele mit Richtungsänderung, Nachahmen von Posen, Fingerspiele, Koordinationsübungen: z. B. Heben rechtes Bein, rechter Arm, linkes Bein, linker Arm; Markieren wo ich im Heft, im Kästchen, in der Zeile anfange Bälle fangen, dabei Entfernung verändern
Grobmotorik	Balancierübungen im Sport: auf der Langbank, auf dem Seil am Boden, auf Markierungen gehen, Tiere in ihrer Bewegung nachahmen, Kästchenhüpfen, Seilhüpfen
Feinmotorik	Fingerspiele, falten, basteln, kneten, mit Handpuppen spielen, bauen mit Würfeln, Plättchen, nachfahren von Zahlen an der Tafel und im Heft, mit Tüchern jonglieren, trainieren von Abschreibetechnik" (S. 109)

Im Folgenden wollen wir uns nun kritisch mit der nach wie vor bestehenden Forderung nach dem Training von „Basisfunktionen" auseinander setzen. Exemplarisch ziehen wir hierzu den Förderansatz von Jean Ayres (Sensorische Integration) heran, um die Bedeutung dieses Denkansatzes – des Trainings von Basisfunktionen – angemessen einschätzen und bewerten zu können.

1. Kritik am Förderansatz von Jean Ayres (Sensorische Integration)

a) Gibt es einen Zusammenhang zwischen gestörten Basisfunktionen und einer Rechenschwäche?

In einer kritischen Reflexion zur Anwendung der sensorischen Integrationstherapie bei Kindern mit Lernstörungen von Höhn und Baumeister (1994) zeigen die Autoren auf, dass die von Ayres beschriebene Entwicklungstypologie nicht angemessen zwischen Kindern mit und ohne Lernstörungen unterscheidet.

Cummins (1991) untersucht in seiner Arbeit ebenfalls das Konzept der sensorischen Integration von Ayres, die 8 Arbeiten zwischen 1965 und 1987 publizierte, um mittels spezifischer statistischer Verfahren ihr Konzept zu belegen. Cummins kommt in seiner Analyse zu der Schlussfolgerung, dass die Daten von Ayres weder ihr diagnostisches Gebäude noch die therapeutischen Implikationen für Kinder mit Lernschwierigkeiten stützen. Keiner der von Ayres angenommenen Faktoren unterschied verlässlich zwischen Kindern mit Lernschwierigkeiten und Kindern ohne Lernschwierigkeiten.

b) Effektivität der sensorischen Integrationstherapie im Wandel der Zeit

In einer Metaanalyse verschiedener Studien zur sensorischen Integrationsbehandlung von Vargas und Kamili (1999), die das Ziel hatte, die Effektivität dieser Fördermaßnahme zu überprüfen, kamen die Autoren zu einem überraschenden Ergebnis: Der Veröffentlichungszeitraum bisheriger Studien zur sensorischen Integration hat erheblichen Einfluss auf die Aussage über den Behandlungserfolg. So ergab sich in der Höhe der berichteten Effektstärken eine signifikante Differenz. Die durchschnittlichen Effektstärken der Studien aus den Jahren 1972 bis 1982 lagen bei 0,6, während die der aktuelleren Studien aus den Jahren 1982 bis 1994 nur noch bei 0,3 lagen (vgl. S. 194 f.).

Versucht man die Ergebnisse der Metaanalyse zu interpretieren, so ergibt sich die Schlussfolgerung, dass eine anfängliche Euphorie bezüglich der SI (= Sensorische Integrationstherapie) einer späteren Ernüchterung oder zumindest realistischeren Bewertung dieser Behandlungsform gewichen ist.

c) Kein Effekt bei Lernschwächen

In der gleichen Metaanalyse kommen Vargas et al. (1999) zu dem Ergebnis, dass Kinder mit Lernschwächen insgesamt nicht erkennbar von der Therapie der sensorischen Integration profitieren konnten. Selbst durch eine höhere Frequenz der Behandlungsstunden oder gar eine längere Behandlungsdauer konnte kein besseres Ergebnis erzielt werden.

Nach kritischer Durchsicht verschiedener Studien kommen auch Höhn und Baumeister (1994) zu dem Schluss, es gäbe keinen Beleg für die Effektivität der sensorischen Integrationstherapie bei Kindern mit Lernstörungen. Die Autoren stellen sogar fest, dass die Ergebnisse verschiedener Studien zur sensorischen Integrationstherapie dahingehend zu bewerten seien, dass es sich bei der SI-Therapie um eine höchst ineffektive Behandlungsform für Lernstörungen und auch andere Störungen handle.

d) Einschätzung amerikanischer Schulpsychologen

Die nationale Vereinigung der amerikanischen Schulpsychologen (NASP – National Association of School Psychologists) kommt in einem Kommunikee vom Oktober 2002 zu folgender Schlussfolgerung in Bezug auf die Bewertung der sensorischen Integrationstherapie:

„… There is one small problem. The problem is that it does not work. There is no evidence that SI therapy is or has ever been an effective treatment for children with learning disabilities, autism, or any other developmental disability …“ (http://www.nasponline.org/publicatios/cq312si.html)

Übersetzung: … Es gibt ein kleines Problem. Das Problem besteht darin, dass sie (sensorische Integrationstherapie) nicht funktioniert. Es gibt keinen wissenschaftlichen Beleg, dass die sensorische Integrationstherapie eine effektive Behandlung für Kinder mit Lernschwierigkeiten, Autismus oder anderen Entwicklungsproblemen ist oder jemals war …

e) Aktuelle Forschungsergebnisse

Zu einem ähnlichen Ergebnis wie die amerikanischen Schulpsychologen kommt eine umfassende aktuelle deutsche Metaanalyse zu Lernförderstudien (Grünke 2006). Eine „Förderung der Psychomotorik oder der Wahrnehmung“, die auf „Konzepte der Motoriktherapie“ oder „des Wahrnehmungstrainings (sensorische Integration)“ aufbaut, „bewirken im günstigsten Fall relativ geringe Verbesserungen, im ungünstigsten schaden sie“ (Grünke 2006, S. 251).

2. Basisfunktionen trainieren – Lernen aus den Erfahrungen der Legasthenieforschung

Der Forschungsgegenstand Dyskalkulie steckt noch in den Kinderschuhen. Es erscheint uns daher an dieser Stelle hilfreich, einen Blick auf die Lese-Recht-schreib-Forschung und -Förderung zu werfen, die ja bereits viel weiter fortgeschritten ist. So fasst Mannhaupt (2003) die vorliegenden Interventionsstudien zur Lese-Rechtschreib-Förderung dahingehend zusammen, dass es wenig Erfolg versprechend ist, in diesem Bereich allgemeine Funktionen, also Basisfunktionen zu trainieren:

„Aus den Befunden der vorliegenden Interventionsstudien lässt sich auf allgemeinem Niveau die Empfehlung ziehen, die Förderung von lese-rechtschreibschwachen Kindern klar auf die kognitiven Anforderungen des Lerngegenstands Schriftsprache zu richten. *Es erscheint wenig hilfreich, gegenstandsferne, allgemeine kognitive oder neurologische Ansatzpunkte für die LRS-Förderung zu wählen. Keine der vorliegenden Studien, in denen diese allgemeinen Funktionen, aber auch unspezifische emotionale Unterstützung das Zentrum der Förderung waren, konnte positive Effekte feststellen.* Selbst dann, wenn z. B. die allgemeine emotionale Unterstützung hinzukam, führte dies meist nicht zur Verstärkung der Effekte, sondern eher zum Gegenteil. *Insofern ist LRS-Förderung, die sich klar auf schriftsprach-spezifische Lerninhalte und Lernstrategien ausrichtet, die Erfolg versprechendste Vorgehensweise*" (Gerd Mannhaupt, in: Suchodoletz: „Therapie der Lese-Rechtschreibstörung (LRS)" 2003, S. 102 f.).

Zur Förderung von lese- und rechtschreibschwachen Kindern, so der Autor, sei die Ausrichtung auf schriftsprachspezifische Inhalte und Lernstrategien angesagt. Wissenschaftlich nicht fundierte Konzepte wie die Förderung von allgemeinen Basisfunktionen im Bereich der Lese-Rechtschreib-Förderung würden wertvolle Zeit und die Ressourcen aller Beteiligten unnütz in Anspruch nehmen.

Auch Schulte-Körne und Martwig (2001) kommen in ihrer Übersicht zu den Therapieformen der Lese-Rechtschreibstörungen zu der Schlussfolgerung, dass den so genannten *Trainings basaler Grundfunktionen, wie z. B. der visuell-räumlichen Wahrnehmung oder der auditiven Wahrnehmung jeglicher empirischer Nachweis im Hinblick auf die Effektivität der Förderung der Lese-Rechtschreibproblematik fehle* (vgl. S. E 6 f.). Unspezifische Wahrnehmungs- und Hörtrainings (vgl. auch Born, Oehler 2010) bedeuten somit einen großen Aufwand für Eltern und Kinder, verursachen hohe Kosten und bewirken oft keinerlei Fortschritte.

3. Aktueller Trend in der Mathematik

Zwischenzeitlich scheint sich in der mathematikdidaktischen Literatur, jedoch noch nicht in der Förderpraxis, *langsam* die Erkenntnis durchzusetzen, dass das Training unspezifischer Basisqualifikationen nicht wirksam ist. Basale Trainings im taktil-kinästhetischen Bereich, in der auditiven und visuellen Wahrnehmung und im Bereich der „Intermodalität", die defizitäre Fähigkeiten und damit auch implizit die Schulleistungen verbessern sollen, werden z. B. von Lorenz abgelehnt. Diese „allgemeinen Förderprogramme zur modalen, intermodalen und serialen Wahrnehmung", so Lorenz, stellen sich als „wenig effizient" und somit als „Irrtum" heraus (2005, S. 171). In Analogie zur LRS-Förderung erscheint es somit erfolgversprechender, Förderprogramme an die zu erlernenden Inhalte anzupassen und mit diesen zu verbinden (vgl. ebd.).

Auch Krajewski und Schneider (2007, S. 103) bestätigen unsere eigene Einschätzung. Sie fordern für den mathematischen Bereich, dass auf Förderansätze zu verzichten ist, die unspezifische Fähigkeiten trainieren. Mathematikförderung, wie auch LRS-Förderung, sollte stattdessen inhaltsspezifisch sein, d.h. sich direkt mit den mathematischen Inhalten auseinandersetzen. „Wer mathematische Einsichten fördern will, wird dies kaum über Bewegungsübungen erreichen“ (ebd., S. 112).

4. Konsequenzen und Schlussfolgerungen

In diesem Kapitel haben wir uns mit dem Mythos der nicht entwickelten Basisfunktionen als möglicher Ursache einer Rechenschwäche und den daraus abgeleiteten Trainingsmöglichkeiten beschäftigt. Wir hoffen, wir konnten Ihnen zeigen, dass die von Ayres oder Frostig postulierten gestörten Basisfunktionen und deren Training keinerlei spezifischen Zusammenhang zu Rechenstörungen und deren angemessener Förderung aufweisen. Aus dieser Ideologie hat sich auch die Forderung nach einer ganzheitlichen Förderung abgeleitet, die bis heute einen ganzen Förderbereich, nämlich den der Ergotherapie, beeinflusst.

Tatsache oder Mythos? Wenn ein Kind eine Rechenschwäche hat, ist eine ganzheitliche Förderung am erfolgreichsten. Unserem heutigen Erkenntnisstand nach handelt es sich hierbei um einen Mythos. Bereits seit Thorndike (vgl. Stern 2003), also seit 100 Jahren, gibt es berechtigte Zweifel an der Annahme eines unspezifischen Transfers. So wenig wie das Lateinlernen Auswirkungen auf das logische Denken oder gar die Mathematikfertigkeiten hat, hat beispielsweise ein Training der Raumlagefähigkeiten Auswirkungen auf eine verbesserte mathematische Kompetenz. Dennoch – Mythen halten sich sehr lange. Auch an unseren Schulen wird nach wie vor das Prinzip der ganzheitlichen Förderung favorisiert, ganz entsprechend dem „Gießkannenprinzip“: Viel tut gut – irgendetwas wird schon helfen.

Sollten wir denn nicht von den deutlich fortgeschritteneren Erkenntnissen aus dem Bereich der Lese-Rechtschreib-Förderung auch für den Bereich der Rechenförderung lernen? Alle Verfahren, die sich ganz klar an den kognitiven Anforderungen des spezifischen Lerngegenstandes ausrichten, zählen zu den erfolgreichen. Dies dürfte sicherlich auch für die Förderung der Rechenschwäche gelten. Wir sollten daher zielgerichtet am Notwendigen ansetzen und dieses eng und konkret operationalisieren. Auch hier gilt:

„Man trainiert das, was man trainiert.

Je direkter man das trainiert, was man verbessern möchte, umso effektiver ist der Übungsvorgang“ (Born, Oehler 2010, S. 130).

Vereinfacht und provokativ ausgedrückt bedeutet dies: „Wenn man Bewegungsübungen macht, trainiert man Bewegungsübungen.“ Dies hat durchaus seine Berechtigung, jedoch nicht dann, wenn die Bewegungsübungen mit der Zielsetzung durchgeführt werden, das Rechnen zu verbessern.

Kapitel 8: Bei einer Rechenschwäche braucht es noch mehr Veranschaulichungen! (Mythos 3) – Vielgestaltige Veranschaulichungen, der lange und wenig erfolgreiche Umweg zur Rechenfertigkeit –

Betrachten wir heute den Mathematikunterricht, so werden nicht selten die vielfältigsten Veranschaulichungsmittel eingesetzt. Teilweise wird sogar der Unterricht danach bewertet, wie vielgestaltig ein Rechenproblem veranschaulicht wird.

Viele Lerntherapeuten und Pädagogen sind heute noch der Grundidee verhaftet, dass gerade rechenschwache Kinder sehr viele Veranschaulichungsmittel benötigen, aus denen sie dann das entsprechende oder ansprechendste Material auswählen können, um ihre Kompetenzen zu verbessern.

Diese Grundidee finden wir auch in zahlreichen Büchern, so zum Beispiel bei Schwarz (2002): „Es ist also von vorrangiger Bedeutung, in der Grundschule im Mathematikunterricht mit Materialien zu arbeiten, anhand derer das Kind sieht und ‚be-greift', welche konkreten Handlungen und ‚Tatsachen' hinter dem Operieren mit Zahlen und Zeichen stehen"(Schwarz 2002, S. 52). Die Autorin postuliert, zur Vorbeugung von Rechenschwächen oder bei bereits vorhandenen Rechenschwierigkeiten sei geeignetes Anschauungsmittel äußerst wichtig für das betroffene Kind. Entsprechend vielgestaltig sind die Arbeitsmaterialien, die sie in ihrem Buch vorstellt – wir begegnen hier Stäben, Steckwürfeln, Meterstäben, Punktebildern, Handkarten, Steckbrettern, Würfelbildern, etc. (vgl. Schwarz 2002, S. 53–77). Ähnliches finden wir zum Beispiel in Büchern, die von der Akademie für Lehrerfortbildung Dillingen herausgegeben wurden (vgl. Akademie für Lehrerfortbildung 2001, S. 215–309; Akademie für Lehrerfortbildung und Personalführung 2002, u.a. S. 11–50).

Im Hinterkopf von Pädagogen finden sich oft die „Montessori-Ideologie" oder andere reformpädagogische Ansätze, die aber möglicherweise in ihrer Einseitigkeit kritisch zu hinterfragen sind. So lautet das Grundmotto bei Maria Montessori: „Hilf mir, es selbst zu tun." Das Kind soll sich in seiner „Weisheit" und aus „Eigenmotivation" das Arbeitsmaterial aussuchen, das es zu diesem Zeitpunkt benötigt, und übt dann von sich aus in vielen Wiederholungsdurchgängen, damit es die anstehenden Lernschritte bewältigen kann. Im Rahmen eines von Montessori beeinflussten Unterrichts werden hierzu ihre vielfältigen Materialien angeboten.

Neben den vielen schon vorhandenen Materialien, entwickeln Lehrer teilweise zusätzlich den Ehrgeiz, neue Veranschaulichungsmittel in kreativer Weise zu erfinden. Was kann damit aber erreicht werden? Wir waren selbst sehr erstaunt, folgendes Zitat zu lesen, das unsere eigene Erfahrung realistisch abbildet.

> „In Untersuchungen zeigt sich immer wieder, dass die leistungsstarken Kinder die Veranschaulichungsmittel nicht mehr benötigen und die Übersetzung ihrer Lösungswege an diese Materialien eher als lästig und als zusätzliche Aufgabe ansehen, und dass leistungsschwache Schüler vom Umgang mit den Materialien auch nach häufigem Gebrauch nicht profitieren“ (Jens Holger Lorenz, Professor für Mathematik und ihre Didaktik, PH Heidelberg; 2003a, S. 94).

Die Verwendung unterschiedlicher Materialien und möglichst vielgestaltiger Veranschaulichungsmittel sieht Lorenz sehr kritisch:

> „Die vermeintlich kindgerechte Ausgestaltung des Klassenzimmers mit vielen Materialien lässt in einigen Fällen den Raum einer Ausstellungsetage eines Schulmittelverlages gleichen. Das Argument, den Kindern einer Klasse möglichst viele Veranschaulichungsmittel anzubieten, aus denen sie das für sie Entsprechende oder Ansprechendste auswählen könnten, übersieht aber ein wesentliches Moment.
>
> Zum einen stellt die eigenständige Auswahl eines Veranschaulichungsmittels eine kognitive Überforderung dar: Es wird das Ziel mit den Voraussetzungen verwechselt. Erst wenn das Kind viele Materialien in ihrer Handhabung kennen würde, wäre eine Entscheidung für oder gegen eines möglich. In Unkenntnis ihrer Vor- und Nachteile bleibt ihm lediglich die Sympathie für Farbe und Form als Entscheidungsinstanz.
>
> Zum anderen ist aber die gleichzeitige Verwendung mehrerer Materialien insbesondere bei leistungsschwächeren Schülern problematisch. Die Handlungen, die für eine Rechenoperation an einem Veranschaulichungsmittel durchgeführt werden, fallen bei dem nächsten anders aus. Man vergleiche die Handlung für 28 + 30 am Rechenrahmen, am Zahlenstrahl, an der Hundertertafel und den Mehr-System-Blöcken. Die Handlungen sind nicht übertragbar, sie sind grundverschieden.
>
> Überspitzt formuliert lässt sich sagen, dass ein Veranschaulichungsmittel eine Sprache darstellt, mit Hilfe derer arithmetische Beziehungen im Unterricht repräsentiert werden, sie sind ein Kommunikationsmedium. In diesem Sinne muss jedes Veranschaulichungsmittel neu gelernt werden. Handlungen von einem auf andere Materialien zu übertragen beinhaltet Übersetzungsprozesse, die bekanntlich äußerst schwierig sind“ (Lorenz 2003a, S. 35 f.).

Jedes Veranschaulichungsmittel, so Lorenz, kann nicht einfach kurz angeboten werden, wie nicht selten in einem „abwechslungsreichen“ Unterricht praktiziert, sondern muss jeweils neu gelernt, d.h. seine Anwendung häufig wiederholt werden. Auch ist nicht von einem einfachen Transfer einer mit einem Material dargestellten Rechenoperation auf ein anderes Material auszugehen, d.h. mit jedem neuen Material lernt das Kind etwas spezifisch anderes. Handlungen, die der Schüler mit dem einen Material lernt, muss er erst auf ein anderes Material übersetzen, was, so der Autor, äußerst schwierig sei. Lorenz folgert gar, dass „leistungsschwächere Schüler sogar Lernprobleme entwickeln, wenn sie von einem auf ein anderes Veranschaulichungsmittel umlernen müssen“ (S. 36). Er stellt deswegen die Auswahl des Veranschaulichungsmittels in die Verantwortung der Lehrperson, die sich Rechenschaft über die Stärken und Schwächen des verwendeten Mittels im Hinblick auf das jeweilige Kind abzulegen habe. Lorenz kritisiert auch die Montessori-Ideologie. Es stelle für die Kinder eine Überforderung dar, aus den verschiedensten angebotenen Materialien eigenständig das für sie Geeignete auszuwählen. Da das Kind die Vor- und Nachteile des einzelnen Veranschaulichungsmittels nicht kennt, könnten hier Orientierungen und letztendlich Entscheidungen lediglich auf der Grundlage äußerer „sachfremder“ Merkmale, wie z. B. der Sympathie für bestimmte Farben oder Formen, stattfinden.

Die Kritik von Lorenz gipfelt in der Feststellung – dass leistungsschwache Schüler vom Umgang mit den Materialien auch nach häufigem Gebrauch nicht profitierten, wie Untersuchungen belegen. Neben dem Problem des fehlenden Transfers von einer Veranschaulichungsmethode auf die andere und des Neuerlernens jedes einzelnen Veranschaulichungsmittels, stellt er fest, ein Lernfortschritt im Hinblick auf die Automatisierung der Grundrechenfertigkeiten trete nicht ein, auch wenn Schüler die Handlungen an einem Veranschaulichungsmittel oft wiederholen. Dies steht in Übereinstimmung mit dem Modell von Dehaene, der aufbauend auf Ergebnissen der Gehirnforschung feststellt, dass Veranschaulichung einerseits und das Verfügen über numerisches Faktenwissen andererseits als zunächst voneinander getrennte Prozesse zu betrachten sind – sie werden an unterschiedlichen Stellen im Gehirn und damit auch in unterschiedlichen neuronalen Netzwerken abgespeichert.

Neuere Forschungsergebnisse weisen zudem daraufhin, dass Kinder mit einer Dyskalkulie spezifische Defizite insbesondere in Form einer verminderten Kapazität im visuell-räumlichen Bereich ihres Arbeitsspeichers aufweisen (Schuchardt, Maehler und Hasselhorn 2008). Dyskalkulische Kinder unterschieden sich hier von Kindern mit einer Lese-Rechtschreibstörung, die Defizite besonders im phonologischen Bereich (z. B. hinsichtlich ihrer phonologischen Schleife im Arbeitsspeicher) sowie in den zentralexekutiven Funktionen zeigen. Vor diesem Hintergrund ist unseres Erachtens zu schlussfolgern, dass es Kindern mit einer Rechenschwäche schwer fallen wird, im Rechenunterricht eingesetzte Veranschaulichungsmittel unterschiedlicher Art zu erfassen und zu erlernen. Der Einsatz gleich mehrerer Veranschaulichungsmittel – die für das Erlernen des Rechnens nach Lorenz gar nicht nötig sind – dürfte bei Kindern mit einer Rechenschwäche oder -störung den ohnehin schon begrenzten Arbeitsspeicher überfrachten. Erst recht wird ein solches Vorgehen die notwendige Automatisierung des numerischen Faktenwissens verhindern, mit der Folge, dass dann die unterste Ebene des Rechenlernprozesses lückenhaft bleibt.

Aktuelle Forschungsergebnisse legen nahe, dass Lehrer und Eltern ihren rechenschwachen Kindern aufgrund der verminderten Kapazität ihres visuell-räumlichen Arbeitsspeichers nur wenige und gezielt ausgewählte Veranschaulichungsmittel anbieten sollten.

Die im Folgenden aus einem Zeugnis auszugsweise zitierte Empfehlung einer Grundschullehrerin für Lea, einem Mädchen aus der zweiten Klasse, zeigt beispielhaft, dass Lehrer bei Schwierigkeiten ihrer Schüler im Rechnen diesen in bester Absicht gerne (weitere) Veranschaulichungsmittel anbieten: „Da die Grundrechenarbeiten im 100-er Raum noch nicht ganz gesichert sind, hat Lea Schwierigkeiten – besonders in schriftlichen Phasen – mit größeren Zahlen zu rechnen. Sie sollte deshalb an der Hundertertafel rechnen und ganz konkret mit Plättchen und Streifen, damit sie einen besseren Überblick bekommt."

Die Erfahrung zeigt jedoch, dass die Kinder nicht über ein „Mehr" an Veranschaulichungsmitteln und erst recht nicht über die Hundertertafel das „richtige" Rechnen lernen. Im Falle Leas müsste der Einsatz der 100er-Tafel sogar als pädagogischer Kunstfehler bewertet werden, da dadurch verhindert wird, dass sich das Mädchen die einfachsten und passenden Rechenstrategien aneignen kann und stattdessen in „unreifen" Zählstrategien verhaftet bleibt.

Zusammenfassend betrachtet scheint sich im Hinblick auf den Einsatz der Veranschaulichungsmittel in aktuellen Fachpublikationen langsam eine zunehmend reflektierte und kritischere Einstellung durchzusetzen. Landerl und Kaufmann (2008) zum Beispiel empfehlen für den Einführungsunterricht in Mathematik nur wenige und einheitliche Materialien zu verwenden, die zudem nicht zu schnell gewechselt werden sollten. Sie verweisen darauf, „dass besonders rechenschwache Kinder ... durch ein zu reichhaltiges Angebot an Anschauungshilfen eher verwirrt werden." (ebenda, S. 185). Lorenz (2005) geht sogar so weit zu fordern, dem Kind rechtzeitig die Anschauungshilfen zu entziehen, da sich bei deren zu langer Verwendung ansonsten der Übergang von konkreten zu abstrakten Zahlenrepräsentationen verzögern kann. „Zudem kann die Konstruktion im Kopf, diese notwendige Phase bei der Entwicklung der Zahl- und Zahloperationsbeziehungen, durch rechtzeitige Entfernung [!!] von Veranschaulichungsmaterial angeregt werden." (ebenda, S. 168)

Wie die Empfehlung der Lehrerin von Lea im obigen Beispiel zeigt, wird den Anschauungsmaterialien in der alltäglichen schulischen Praxis jedoch noch viel zu viel Bedeutung beigemessen. Unserer Auffassung nach werden Rechenschwierigkeiten durch diese Vorgehensweise nicht aufgelöst, sondern weiter verfestigt: Der Arbeitsspeicher der betroffenen Kinder wird durch ein solches methodisches Vorgehen überfrachtet und ihr effektives Erlernen und Automatisieren von numerischem Faktenwissen und arithmetischen Prozeduren verhindert.

Wenn ein Kind eine Rechenschwäche hat, braucht es noch mehr Veranschaulichungen! Auch diese Idee, die heute noch in vielen Klassenzimmern praktiziert wird und in der Förderung ihren Niederschlag findet, sollte besser in den Bereich der Mythen verbannt als zur Tatsache erhoben werden.

Auch Veranschaulichungswege müssen gelernt werden und sind im Automatisierungsprozess der Grundrechenfertigkeiten nur *dosiert* einzusetzen.

Je größer die Anzahl meiner Veranschaulichungsmittel ist, umso geringer wird die Anzahl der Wiederholungen meiner Rechenoperation über diesen Weg ausfallen. Zurück bleibt oberflächliches, bruchstückhaftes Wissen, das letztlich zu Desorientierung und Chaos im Gehirn des Kindes führt.

Beschreite ich nur einen oder zwei Wege, werde ich meine Rechenoperation über diesen Weg deutlich häufiger wiederholen und damit die mit diesem Veranschaulichungsmittel verknüpften Vorstellungen und Einsichten automatisieren.

Es ist nicht zu erwarten, dass über unterschiedliche Veranschaulichungsmittel die Grundrechenfertigkeiten automatisiert werden.

Kapitel 9: Rechnenlernen bedarf in Wirklichkeit nur des Verstehens, der Einsicht (Mythos 4)

Mit Sinn und Unsinn vielfältiger Veranschaulichungsmittel in der Mathematik haben wir uns bereits im letzten Kapitel auseinander gesetzt. Ihr Ziel ist die Vermittlung von Einsicht in mathematische Zusammenhänge. Wir haben jedoch schon gesehen, dass mit der Vielzahl der Veranschaulichungsmittel auch Probleme verbunden sind:

- Jedes Veranschaulichungsmittel muss einzeln gelernt werden.
- Jedes Veranschaulichungsmittel stellt den zu veranschaulichenden Gegenstandsbereich anders dar und vermittelt somit jeweils andere Einsichten.
- Auch der häufige Gebrauch von vielen Veranschaulichungsmitteln führt zu keinen Fortschritten auf der Ebene der Rechenfertigkeiten.

Schwarz (2002) hat mit ihrer Überlegung sicherlich Recht, es sei nicht ausreichend, Rechenoperationen einfach auswendig zu lernen, wenn die Bedeutung der Rechenhandlung verborgen bleibe. Unverstandenes abzuspeichern führe auf Dauer nicht zum angestrebten Lernerfolg (S. 12 ff.). Doch dies kann in der umgekehrten Einseitigkeit genauso falsch sein.

Lorenz (2003a, S. 95) stellt beispielhaft fest: „Mathematik lernen heißt, Zahlenbeziehungen und arithmetische Operationen zu verstehen, denn Einsichten sind auch für rechenschwache Schüler wichtiger als Automatismen". Diese Äußerung von Holger Lorenz steht quasi stellvertretend für aktuelle Förderkonzepte im Bereich der Mathematik. Diesen Ansätzen ist die Überzeugung gemeinsam, dass die „Einsicht" absolute Priorität vor dem Prozess der Automatisierung habe. Betrachtet man jedoch den Rechenprozess in differenzierter Weise, so ist festzustellen, dass „Einsicht" während der eigentlichen Rechenprozedur sogar eher hinderlich sein kann. Natürlich muss das Kind grundsätzlich wissen, was eine Rechenprozedur bedeutet und vor allem, wo sie eingesetzt werden kann, um spezielle Problemstellungen zu lösen. Während des Rechenprozesses selbst kann die „Einsicht" jedoch den Arbeitsspeicher unnötig belasten. Dessen sehr begrenzte Kapazität wird durch ein Übermaß an zusätzlichen Informationen, also „Einsichten", überfordert und dadurch die Automatisierung erschwert. Als Konsequenz folgt, dass das Rechnen langsamer und fehlerhafter wird.

Erinnern Sie sich an Dehaene und seine Aussagen zum automatisierten Rechnen bei der Aufgabe 24 + 59: „Während einer solchen Rechnung denken wir anscheinend niemals über die Bedeutung der durchgeführten Operationen nach. Warum haben Sie sich die 1 gemerkt und zur linken Spalte hinzugezählt? Wenn wir darüber nachdenken, fällt uns ein, dass diese 1 für 10 Einheiten steht und deshalb in der 10er-Spalte stehen muss. Aber daran denken wir nicht, während wir rechnen. Wenn das Gehirn schnell rechnen soll, muss es offenbar darauf verzichten zu wissen, was es tut" (Dehaene 1999, Seite 154).

Nicht nur beim Befolgen einer Abfolge von richtigen Denk- und Rechenschritten, sondern auch bei Rechenfehlern wird nach Dehaene deutlich, dass nicht nur geübte Rechner, sondern auch Kinder beim Rechenprozess „zwischen der mechanischen Ausführung einer Rechnung und ihrer Bedeutung" trennen, ja, dass dies für Kinder sogar „typisch" ist (ebd., S. 155). Besonders auch das Vorkommen absurder Fehler lässt nach Dehaene vermuten, „dass das Gehirn die Rechenvorschriften speichert und befolgt, ohne sich um ihre Bedeutung zu kümmern" (ebd., S. 156). Am Beispiel von Rechenfehlern, die bei Subtraktionsaufgaben begangen werden, zeigt er weiter auf, dass das Kind nicht rät, sondern sehr häufig Subtraktionsregeln anwendet, die für diesen speziellen Fall jedoch nicht gelten. Er schließt daraus, dass Subtraktionsregeln von Kindern „Programmierungsfehlern" unterworfen sind. „Wie kommt es zu diesen Fehlern im Programm? Es klingt unglaublich, aber man findet kein Schulbuch, das die richtige Subtraktionsvorschrift in voller Allgemeinheit beschreibt. Ein Informatiker würde das Mathematikbuch seines Kindes vergeblich nach Anweisungen durchforsten, die genau genug sind, um eine allgemeine Subtraktionsvorschrift zu programmieren. Alle Schulbücher geben sich damit zufrieden, pauschale Anweisungen zu erteilen und durch Beispiele zu ergänzen" (ebd.).

Neben dieser Problematik kommt es sehr häufig vor, dass das Kind die Rechenvorschriften nicht automatisiert hat. Es muss dann die Rechenschritte erfinden, in dem es noch erinnerte Rechenregeln, unabhängig von deren Richtigkeit, miteinander kombiniert.

Neben dem sicher automatisierten numerischen Faktenwissen erleichtern automatisierte Rechenschritte den eigentlichen Rechenprozess, in dem sie den Arbeitspeicher entlasten. Entscheidend dabei ist, dass das Kind die richtige, einfachste und kürzeste Abfolge von Denkschritten automatisiert. Durch die Überbetonung der Einsicht wird hier möglicherweise den Rechenvorschriften zu wenig Bedeutung geschenkt. Dehaene hält so in Bezug auf die Subtraktion fest, dass das Gehirn des Kindes typischerweise Rechenvorschriften speichert und befolgt, ohne sich um deren Bedeutung zu kümmern.

Ohne eine solch differenzierte Sichtweise werden möglicherweise künstliche Gegensätze mit erheblichen Folgen aufgebaut. Im Folgenden sei Prof. Dr. Elzbeth Stern (2003), Forschungsgruppenleiterin am Max-Planck-Institut für Bildungsforschung zitiert:

„Wir müssen eine anspruchsvollere Vor- und Grundschulerziehung etablieren, weil in dieser Zeit mit dem Aufbau von Wissen begonnen werden muss. Der Aufbau einer intelligenten Wissensbasis benötigt Zeit, weil eben intelligentes Wissen nicht einfach aufgesogen werden kann, sondern in einem mühsamen Prozess der inneren Umstrukturierung entsteht.

Ein Grund, früh damit anzufangen, besteht darin die mit dem Lernen einhergehende ‚*Automatisierung*' von Wissen besser und sinnvoller auszuschöpfen. Dass wir in Sekundenschnelle das Wort ‚Mississippidampfschifffahrtsgesellschaftskapitän' lesen können, verdanken wir der hochgradigen

Automatisierung des Erkennens von Buchstaben sowie dem Wissen darüber, welche Buchstabengruppen welchen Silben zugeordnet sind. Ein im Lesen ungeübter Mensch hingegen muss jeden Buchstaben in einen Laut übertragen und daraus mühsam ein Wort konstruieren. Es wird Arbeitsspeicherkapazität gebunden, die für das Sinnverständnis verloren geht. Die PISA-Studie zeigte, dass hier das Problem für viele Hauptschüler liegt: Der Leseprozess ist so wenig automatisiert, dass die gesamte Aufmerksamkeit absorbiert wird und für das Stiften von Sinnzusammenhängen nichts übrig bleibt.

Automatisierung wird in allen Bereichen gefordert. Das Beherrschen des Einmaleins gehört ebenso dazu wie das Erkennen von Schaubildern oder das Vokabellernen in der Fremdsprache.

Automatisierung ist die Folge von Übung in Teilschritten. Ein kapitaler Fehler der Bildungsreform der 1960er- und 1970er-Jahre bestand in der geringen Bedeutung, die dem Üben beigemessen wurde. Man solle Dinge verstehen und nicht auswendig lernen, hieß es. Damit wurden künstliche Widersprüche aufgebaut. Tatsächlich ist automatisiertes Wissen die Voraussetzung für Verstehensprozesse, eben weil man für Verstehensprozesse freie Kapazitäten braucht. *Das teilweise durchaus stupide Üben in Teilschritten mit dem Ziel der Automatisierung hat seine Berechtigung, wenn es nicht dabei bleibt. Automatisiertes Wissen muss immer wieder in sinnstiftendes Lernen eingebettet werden. Aber Automatisierung braucht Zeit. Je früher bestimmte Teilschritte automatisiert werden, umso eher kann man sich auf Sinnstiftung konzentrieren*“ (Stern 2003, S. 35).

Die Autorin postuliert die Notwendigkeit der Automatisierung als solides Fundament für sinnstiftendes Lernen. Automatisierung ist ihrer Ansicht nach Voraussetzung für das Verstehen. Orientiert man sich jedoch, wie die zuvor zitierten Autoren, sehr einseitig am Postulat der Einsicht und des Verstehens, braucht man sich zwangsläufig auch keine Gedanken darüber zu machen, wie denn Automatisierungsprozesse einfach und effektiv erzielt werden können. Aus diesem Grund finden wir in unzähligen Büchern zur Förderung rechenschwacher Schüler neben dem bereits dargelegten (unsinnigen) Training von Basisfunktionen, immense Anleitungen zur Veranschaulichung mathematischer Grundoperationen. Damit würde die Grundlage zur besseren Einsicht in die Grundoperationen geschaffen. Nur ein winziger Bruchteil der Publikationen hingegen beschäftigt sich mit dem Prozess der Automatisierung von Rechenoperationen.

Wie kommt es in der Pädagogik in bestimmten Zeitabständen immer wieder zur regelrechten Verpönung von Übung und Auswendiglernen und zur Idealisierung des Verstehens und der Einsicht? In den 1970er-Jahren und auch aktuell wieder wurde und wird im Kontext der Rezeption der Reformpädagogik das Auswendiglernen gleichgesetzt mit der alten „Buchschule“, mit mechanistischem vielleicht sogar „hirnlosem“ Lernen. Auswendiglernen ist deswegen möglicherweise so verpönt, weil ihm der Geruch des Drills, der Seelenlosigkeit, der Stumpfsinnigkeit und der Schwerstarbeit anhaftet. Einsicht dagegen wird einseitig mit dem Lebendigen, Kreativen, dem eigentlich Wertvollen verknüpft. Unberücksichtigt bleibt dabei, dass gewonnene Einsichten im Laufe der Zeit wieder vergessen werden, d. h. selbst Einsichten wiederholt werden müssen, um behalten zu werden. Denn auch bei ihnen handelt es sich um nichts anderes als um Lernstoff und Informationen, die den gleichen Gesetzmäßigkeiten unterliegen.

Zwischenzeitlich ist die Bedeutung des Übens in der Schule – teilweise auch als Nachwirkung des PISA-Schocks – wieder deutlicher bewusst geworden. Besonders engagierte Lehrer setzen zunehmend auf das Üben, obwohl teilweise der Begriff der „Automatisierung" weiterhin gering geachtet wird. Es herrscht die Vorstellung, dieses Üben solle auf möglichst vielfältige Weise geschehen. Das Auswendiglernen, das beständige Wiederholen des Gleichen im Bereich des Erwerbs der Grundrechenfertigkeiten wird meist abgelehnt. In sehr kreativer Weise werden dann z. B. in einer Übungsstunde die unterschiedlichsten Formen eingesetzt. Leider verunsichert und verwirrt diese Vielfalt die rechenschwachen Kinder. Zudem kann keine Automatisierung erreicht werden, weil die notwendigen Wiederholungsdurchgänge fehlen.

Sollte es denn nicht Ziel des Lernens sein, dass der Schüler die Grundrechenfertigkeiten gut und nicht nur ein bisschen beherrscht? Müsste man dann nicht konsequenterweise überlegen, wie dies am effektivsten zu erzielen ist, selbst wenn man zu der Überzeugung kommen sollte, dass dies nur durch regelmäßiges „passendes" Wiederholen des Einspluseins und Einmaleins bzw. der darauf aufbauenden arithmetischen Prozeduren gelingt?

Ist die Automatisierung tatsächlich so zu verteufeln? Von allem anderen Lernen unterscheidet sie sich durch – ihren Erfolg –, die Rechenfertigkeit wird beherrscht. Auswendiglernen verhindert nicht Einsicht in das Gelernte, sondern das Gegenteil ist der Fall. Wie kann ich etwas wirklich verstehen, wenn ich das zuvor Gelernte nicht sicher abgespeichert habe?

Das von Elsbeth Stern geforderte „teilweise durchaus stupide Üben in Teilschritten" bemerkt Lorenz sogar als Wunsch seiner rechenschwachen Schüler. „Didaktisches Vereinfachen, Elementarisieren, kleinschrittiges Zurichten und Anleiten" scheinen diese Schüler gerade als „Vorgehensweise zu fordern, weil sie ihnen die Gelegenheit gibt, manchmal nachmachend kurzfristig Erfolge zu erzielen, aber die Imitation reicht kaum über mehrere Stunden an und stellt eine hohe Belastung des Gedächtnisses dar." Unserer Ansicht nach hat Lorenz hier zu wenig Überlegungen in die Richtung angestellt, wie denn Automatisierungsprozesse erreicht werden sollen? Obwohl das Wiederholen exakt der Notwendigkeit unserer neuronalen Informationsverarbeitung entspricht, scheint es auch bei ihm verpönt zu sein. Und – „richtiges" Auswendiglernen stellt keine hohe Belastung, sondern eine Entlastung des Gedächtnisses dar, und es bringt rechenschwachen Kindern auch eher Erfolgserlebnisse.

Zusammenfassend erscheint der Glaube an den alleinigen Vorrang der Einsicht in mathematische Operationen als Grundvoraussetzung zum Rechnenlernen überzogen zu sein und in die Irre zu führen. *Einsicht und Automatisierung, Rechenfähigkeit und Rechenfertigkeit, gehören gleichberechtigt zusammen.*

Sicher ist sogar, dass die Automatisierung unseren Arbeitsspeicher entlastet und damit freie Kapazitäten als Grundlage für höhere Einsichten schafft.

In der Beschäftigung mit rechenschwachen Kindern sollten wir uns also mehr Gedanken darum machen, wie Automatisierungsprozesse einfach, schnell und effektiv erzielt werden können.

Kapitel 10: Eine reformpädagogisch-orientierte Vorgehensweise ist bei der Förderung von rechenschwachen Kindern am hilfreichsten (Mythos 5)

Im Rahmen der Auseinandersetzung mit dem herkömmlichen Mathematikunterricht wird in neueren didaktischen Ansätzen eine reformpädagogisch-orientierte bzw. „konstruktivistische" Vorgehensweise propagiert, da die „rechenschwachen Kinder […] hiervon am meisten profitieren" (Lorenz 2003a, S. 95). In diesem Kontext wird zum Teil darauf verwiesen, dass es für diese Sichtweise eine eindeutige Forschungslage gäbe. Da diesen konstruktivistisch orientierten Förderansätzen zurzeit eine große Bedeutung beigemessen wird, möchten wir uns im Folgenden mit diesen auseinandersetzen.

So finden wir beispielsweise bei Lorenz (vgl. 2003, 2005) an zentraler Stelle Forderungen nach diesem Vorgehen. Der Autor betont die Bedeutung „selbst entdeckenden Lernens": „Was bedeutet dieses Vorgehen für den Förderunterricht? Der eigenständigen Konstruktion durch die Schüler wird ein breiter Platz eingeräumt, die Lehrperson erklärt nicht und macht Verfahren nicht vor, sondern diese werden von den Schülern selbst entwickelt." (Lorenz 2003a, S. 39).

„Mathematikbetreiben ist aktives Entdecken" (Lorenz 2003a, S. 96, 2005, S. 167); „Da Schüler auf individuellen Wegen lernen, kann man ihr Lernen nur anregen und auch im Fall von Lernstörungen nie steuern" (ebd.). „Schüler lernen mathematische Inhalte besser von- und miteinander als von der Lehrerin oder dem Lehrer, da sie argumentieren, begründen, vergleichen, nachvollziehen und Hypothesen bilden müssen" (ebd.). Weiter fordert Lorenz, dass Schüler ihren Mitschülern „fehlerhafte Lösungswege" erklären, um dann urplötzlich „Aha-Effekte" zu erleben, „die ihn besser verstehen lassen als sämtliche Lehrerbelehrung" (ebd.). „Didaktisches Vereinfachen, Elementarisieren, kleinschrittiges Zurichten und Anleiten stört", obwohl „rechenschwache Schüler gerade diese Vorgehensweise […] fordern" (Lorenz 2003a, S. 96).

Noch stärker befürwortet Schmassmann (2001) das selbst entdeckende Lernen. „Das Erarbeiten des Einmaleins ist selbst schon ein Stück Mathematik, wenn die Lernenden angeregt werden, Beziehungen zwischen Zahlen und Operationen zu entdecken und zu nützen, Strukturen zu erkennen, Schlüsse zu ziehen, Gesetzmäßigkeiten herauszufinden und Regeln aufzustellen. Anfangs werden es individuelle Erkenntnisse sein, die noch keiner Norm entsprechen, aber dennoch nicht falsch sind, weil es in diesem Stadium des Lernens noch gar kein ‚richtig' oder ‚falsch' gibt. Und auch dann, wenn die Norm bekannt ist, heißt das nicht, das ‚richtig' mit ‚gut' und ‚falsch' mit ‚schlecht' gleichzusetzen ist, denn ‚es ist nicht wichtig, ob etwas falsch oder richtig ist – wichtig ist, ob dabei eine neue Erkenntnis entsteht' – so die Bemerkung eines Chaostheoretikers über ‚Kreativität' " (Schmassmann 2001, S. 159).

Mit dem selbst entdeckenden Lernen scheint zusätzlich der Glaube verknüpft zu sein, dass hiermit quasi auf wundersame Weise auch eine Automatisierung der Rechenfertigkeiten erzielt werden könne: „Das Auswendigkönnen – ist eigentlich ein Inwendigkönnen – stellt sich bei den meisten Kindern gleichsam automatisch während des oben geschilderten Lernprozesses mithilfe des aufkeimenden mathematischen Verständnisses ein" (ebd.).

Betrachten wir die zentralen Komponenten des selbstentdeckenden Lernens und der eigenständigen Konstruktionen durch das rechenschwache Kind etwas genauer, sind diese unseres Erachtens mit Denkfehlern und (reformpädagogischen) Fehlbildern über die Natur des Kindes verbunden (so z. B. in Maria Montessoris Ansatz „Hilf mir es selbst zu tun"). Diesen konstruktivistischen Ansätzen liegt möglicherweise ein überhöhtes Vertrauen in die „Weisheit des Kindes" zugrunde. Dabei wird suggeriert, dass das Kind einen wie auch immer gearteten Weg – jedenfalls einen erfolgreichen Weg – des Abspeicherns bzw. des Ausrechnens finden werde. Hierbei legen unseres Erachtens die Befürworter dieser Ansätze ein zu großes Vertrauen in die Eigenmotivation des Kindes. So wird vorausgesetzt, dass das Kind sich denjenigen Bereichen von sich aus intensiv zuwendet, die ihm am Schwersten fallen, dass es mit Mitschülern die von ihm selbst begangenen Fehler bespricht und dass es nach der so erworbenen Einsicht die notwendigen Wiederholungen in Eigenregie durchführt.

Ziel aller mathematischen Basisförderung sollte es sein, dass Kinder lernen, einen möglichst einfachen Rechenweg sicher zu beherrschen. Die reformpädagogischen Ansätze jedoch gehen davon aus, dass das rechenschwache Kind seinen Weg irgendwie findet – dieser wird aber sicherlich nicht der einfachste und kürzeste Weg sein. „Umwege" wiederum erschweren es den Kindern, die Rechenoperationen erfolgreich, also schnell und sicher, auszuführen. Die Auffassung, dass Kinder – insbesondere Jungen und Mädchen im Grundschulbereich – selbstständig aus Fehlern lernen, halten wir für einen Wunschglauben. Unseres Erachtens gelangen die wenigsten rechenschwachen Kinder auf diese Weise zu einem Aha-Erlebnis. Stattdessen wird dem ohnehin schon entmutigten und mit vielen Misserfolgen ausgestatteten Kind ein weiterer Misserfolg aufgebürdet. Das Kind wird bezüglich seiner Selbsteinschätzung in seinen negativen emotionalen Bewertungsmustern („Das schaff ich nicht", „Ich bin dumm") eher verstärkt.

Wie reagieren rechenschwache Kinder, denen wir in der Praxis begegnen, auf ein solch mühsames Unterfangen des selbst entdeckenden Lernens? Vorrangig handelt es sich hierbei einerseits um Kinder mit ADHS/ADS, die die größte Gruppe unter den rechenschwachen Kindern bilden, und andererseits um Kinder mit einer Angstproblematik. Jungen und Mädchen, die von ADHS betroffen sind und die in ihrer Aufmerksamkeitsspanne deutlich eingeschränkt sind, geraten gegenüber Mathematik u.a. aufgrund ihrer geringen Frustrationstoleranz schnell in eine ausgeprägte Verweigerungshaltung. Ängstlich veranlagte Kinder verarbeiten eigene Fehler eher im Sinne einer Angstverstärkung und allen damit verbundenen emotionalen Konsequenzen. In diese Gruppe fallen oft Mädchen mit einem verträumten Wahrnehmungsstil. Neuere Untersuchungen belegen, dass sich die Angst vor Mathematik negativ auf die Rechenfertigkeit auswirkt

(Ginsburg u.a. 1998; Ashcraft, Kirk 2001). Für beide Gruppen dieser rechenschwachen Kinder ist es sehr viel hilfreicher, ihnen zu möglichst raschen Erfolgen zu verhelfen. Dies erscheint uns als die eigentliche pädagogische Notwendigkeit und richtig verstandene Verantwortung dem Kinde gegenüber. Bei diesen Kindern gilt es zusätzlich, Rechenwege zu praktizieren, die nicht anstrengend sind. Diese Kombination bewirkt bei den betroffenen Mädchen und Jungen eine schnelle Ermutigung und die Hoffnung „Ich kann das schaffen".

Wie sieht die aktuelle Forschungslage in Bezug auf die Bewertung konstruktivistischer Fördermaßnahmen bei Kindern mit Rechenschwächen aus? Grünke (2006) hat eine Zusammenschau von Studien veröffentlicht, in der er 26 Metaanalysen zu Lernförderstudien zusammengefasst hat. Diese Lernförderstudien setzen sich auch mit konstruktivistisch orientierten Förderansätzen auseinander. Was verbirgt sich bei Grünke hinter dem Begriff einer „konstruktivistischen Vorgehensweise"? Es handelt sich hierbei um freies, selbst entdeckendes und kindzentriertes Herangehen an den Lerngegenstand. Lernziele und Lerninhalte werden weitgehend vom Kind selbst bestimmt, wobei die Lehrkraft den Schüler begleiten soll, seine Lernwege zu entdecken und in eigener Geschwindigkeit zu beschreiten. Wissen wird hierbei von den Schülern mit Hilfe der Lehrkraft eigenständig und in Auseinandersetzung mit den persönlichen Werten und Vorerfahrungen konstruiert und anhand von authentischen Lebensaufgaben vollzogen. „Spezifische reformpädagogische Konzepte wie die Montessori- oder die Freinet-Pädagogik sowie die meisten Realisierungen von entdeckenden Lernformen oder des problem- und handlungsorientierten Unterrichts können im oben beschriebenen Sinne als konstruktivistisch bezeichnet werden" (Grünke 2006, S. 242).

Grünke fasst den aktuellen Forschungsstand über die Wirksamkeit einer solchen konstruktivistischen Vorgehensweise wie folgt zusammen: „Der Tenor dieser Befunde sagt, dass im Hinblick auf die allermeisten Lernziele ein eher Lehrkraft gesteuertes und gut geplantes Vorgehen angebracht ist, bei denen die Inhalte oder die Strategien explizit, redundanzreich oder schrittweise vermittelt werden. Hierbei sind die Schüler ständig zu einer aktiven Beteiligung sowie zum ausgiebigen Üben aufgefordert. Und sie erhalten für alle Leistungen und Antworten eine sofortige und konkrete Rückmeldung. Diese Merkmale werden häufig in einer direkten Instruktion, einer Strategieinstruktion, eines Selbstinstruktionstrainings, eines tutoriellen Lernens und einer Computer gestützten Förderung realisiert. Ein freies, entdeckendes, Kind zentriertes, konstruktivistisches Herangehen oder gar ein indirekter Ansatz über die Förderung der Psychomotorik oder der Wahrnehmung oder über eine Erhöhung des Wohlbefindens durch Musik und Kunst bewirken im günstigsten Fall relativ geringe Verbesserungen, im ungünstigsten schaden sie" (ebd., S. 251).

Speziell für den Bereich Mathematikförderung wird aus dieser Metaanalyse der Lernförderstudien durch den Autor folgendes Fazit gezogen: „Basale Rechenfertigkeiten lassen sich offenbar am Besten über eine direkte und eine Strategie- bzw. Selbstinstruktion entwickeln. Ein konstruktivistisches Herangehen kann dem gegenüber bei den Kindern und Jugendlichen keine vergleichbaren Fortschritte bewirken" (ebd., S. 250).

Was für den Aufbau grundlegender Rechenfertigkeiten gilt, trifft im Wesentlichen auch auf die Verbesserung komplexer mathematischer Fähigkeiten zu:

„Direkte und Strategieinstruktionen sind hier besonders förderlich" (ebd.). Was wird in dieser Metaanalyse nun genau unter einer direkten Instruktion bzw. Strategieinstruktion verstanden? Bei der direkten Instruktion gliedert die Lehrkraft die Lerninhalte in kleine Einheiten, baut sie systematisch aufeinander auf und vermittelt sie explizit (vgl. ebd., S. 242). Sie bestimmt die Lernziele, wählt die für das jeweilige Leistungsniveau der Schüler passenden Materialien aus und gibt das Lerntempo vor. Bei der direkten Instruktion wechseln sich drei Phasen ständig ab:

- „Präsentation neuer Inhalte und Demonstration der Vorgehensweise bei der Aufgabenbewältigung,
- Üben unter Anleitung und
- eigenständiges Üben" (ebd., S. 241).

Die Leistungen der Kinder werden kontinuierlich erfasst, das Feedback über die Richtigkeit einer Aufgabenlösung erfolgt unmittelbar mittels direkter Rückmeldung.

Unter Strategieinstruktionen wird die Vermittlung verschiedener Techniken und Fertigkeiten subsumiert, die eine selbstständige Verarbeitungsspeicherung in Gang setzen sowie diese Prozesse lenken und überwachen (vgl. ebd.). Nach Purdie und Allis (2005) lässt sich dieses Vorgehen in allen Fällen in folgende Phasen untergliedern:

- „kleinschrittiges Präsentieren (die Lehrkraft stellt die Umsetzung der Strategie in kleinen, konkreten Abfolgeeinheiten vor),
- Vormachen (die Lehrkraft demonstriert die Anwendung der Strategie anhand spezifischer Aufgaben) und
- angeleitetes Üben mit kontinuierlichem Feedback (die Schüler trainieren die Umsetzung der Strategie bei zunehmend komplexeren Problemstellungen; die Lehrkraft gibt hierzu Rückmeldungen und assistiert bei Bedarf)" (Grünke 2006, S. 241).

Die Aussagen der Metaanalyse beziehen sich nach Grünke (ebd., S. 252) auf Kinder und Jugendliche, die

- „noch nicht über eine ausreichende metakognitive Handlungsorganisation und -steuerung verfügen,
- die Anwendung der notwendigen Lern- und Gedachtnisstrategien nicht hinlänglich beherrschen,
- nicht genügend konzentriert und motiviert sind oder nur auf mangelndes bereichsspezifisches Wissen zurückgreifen können".

Für einen überwiegenden Teil der rechenschwachen Kinder treffen die oben genannten Kennzeichen sicherlich zu.

Welche Konsequenzen sind nun für die Praxis im Hinblick auf die Lernförderung zu ziehen? Grünke stellt in diesem Zusammenhang kritisch fest, dass „die Wirksamkeit der Interventionskonzepte kaum ihrer tatsächlichen Verbreitung im Alltag entspricht. So stellt insbesondere das mit einer konstruktivistischen Vorgehensweise verbundene Menschenbild des freien, inhärent motivierten und zur eigenständigen Gestaltung von Wissen fähigen Kindes vielfach ein Leitbild in der sonderpädagogischen Praxis dar und bestimmt die Wahl der Methoden" (ebd.). Was jedoch die Gruppe von Schülern mit Lernschwächen angeht, „so ist mit Nachdruck dafür zu plädieren, die recht eindeutigen Erkenntnisse über effektive und wenig effektive Förderprinzipien nicht mehr in dem Maße zu ignorieren, wie es bisher der Fall ist" (ebd., S. 253).

Zusammenfassung

Reformpädagogisch orientierte Unterrichtskonzepte, die eine konstruktivistische Vorgehensweise und selbstentdeckendes Lernen propagieren, stützen sich in ungerechtfertigter Weise auf die Annahme, dass Kinder – im Rahmen der Auseinandersetzung mit sehr vielfältigen Materialen in der Schülergruppe – automatisch die einfachsten und kürzesten Abspeicherwege des Faktenwissens und der Rechenoperationen finden. Weiterhin gehen die Befürworter dieser Konzepte davon aus, dass Kinder z. B. im Rahmen von Wochenarbeitsplänen und Freiarbeit *motiviert und effektiv* üben.

Die Wirklichkeit sieht offenbar jedoch anders aus: Wenn Kinder überhaupt Lern- und Rechenwege selber „entdecken", dann finden sie zumeist Umwege, die den Arbeitsspeicher zusätzlich belasten. Gerade rechenschwache Kinder vermeiden das regelmäßige Üben und können damit die notwendigen Automatisierungen nicht aufbauen. Die geringe Effektivität dieser reformpädagogischen, konstruktivistischen Vorgehensweisen darf inzwischen aufgrund der Zusammenschau zahlreicher Metaanalysen nun erstmals auch als empirisch, d. h. wissenschaftlich belegt gelten.

Sollen rechenschwache Kinder effektiv gefördert werden, bedarf es bewusster pädagogischer Gestaltung und Führung (vgl. z. B. Kaufmann u. a. 2005) und „direkter Instruktionen bzw. Strategieinstruktionen" (Grünke 2006) mit kontrolliertem regelmäßigem Üben. Für diese Vorgehensweise trägt der Lehrer die Verantwortung. Er muss dafür Sorge tragen, dass im Gehirn des rechenschwachen Kindes die richtigen, d. h. die den kürzesten und einfachsten Wegen entsprechenden neuronalen Netzwerke aufgebaut und stabilisiert werden.

Kapitel 11: Wenn ein Kind eine Rechenschwäche hat, muss es (noch mehr) Aufgaben schriftlich üben (Mythos 6)

Auch diesen Förderansatz wollen wir genauer betrachten. Generell wird an die schriftlichen Hausaufgaben die Erwartung geknüpft, das Kind werde dadurch besser. Häufig soll das Kind sogar zusätzliche kopierte Aufgabenblätter bearbeiten. Beiden Formen ist gemeinsam, dass das Kind *Aufgaben „schriftlich" rechnen* muss. Meist gibt man sich zufrieden und glaubt an einen Lernerfolg, wenn die Ergebnisse überwiegend richtig sind. Dies ist jedoch ein Fehler. Beobachtet man das Kind mit Rechenschwäche genauer, so stellt man oft fest: Der erhoffte Lernerfolg wird mit diesem Üben nicht erreicht, Fehlstrategien und individuell unterschiedliche Fehlermuster werden weiter stabilisiert, bis sie schließlich relativ „korrekturresistent" geworden sind.

Beziehen sich die Aufgaben auf die *Ebene des numerischen Faktenwissens*, d. h. auf das Einspluseins bzw. das Einmaleins, so bleibt das rechenschwache Kind auf seine Fehlstrategien angewiesen, wenn es dieses Faktenwissen noch nicht automatisiert hat. Es muss mit den Fingern zählen, es muss innerlich hoch- oder zurückzählen – es hat keine andere Möglichkeit, um zum Ergebnis zu kommen. Dies bedeutet dann letztlich, dass trotz meist richtiger Ergebnisse, die Kinder Fehlstrategien weiter einschleifen und verfestigen. Das Kind wird dann z. B. schneller im Inneren hoch oder zurück zählen. Es fällt ihm aber nicht automatisch ein, was z. B. 9 – 6 ist. Die Automatisierung wird auf diesem Weg nicht erreicht, sondern über die Verfestigung der Fehlstrategien meist sogar zusätzlich verhindert.

Bearbeitet das Kind Arbeitsblätter mit Aufgabenstellungen auf der *Ebene der arithmetischen Prozeduren*, so kann es vorkommen, dass die Ergebnisse teilweise richtig und teilweise falsch sind. Lehrkraft oder Eltern meinen dann oft, das Kind „könne es ja eigentlich", da es das richtige Ergebnis zustande gebracht hat. Es müsse sich nur richtig konzentrieren. Schaut man sich jedoch die Rechenoperationen, die das Kind durchführt, genauer an, dann stellt man fest, dass die Abfolge der Rechenschritte nicht automatisiert ist. Das Kind „bastelt" sich seine Rechenschritte jeweils neu zusammen. Kinder „entfalten bei der Konstruktion fehlerhafter Strategien eine ungeahnte Kreativität" (Lorenz 2003a, S. 61). Oft sind diese Rechenschritte auch gekoppelt mit Fehlstrategien auf der Ebene des numerischen Faktenwissens.

Beispiel

Das Kind rechnet:
86 – 30 = 44

(Auf Nachfrage erläutert das Kind folgenden Rechenweg:
80 – 30 = 50 → 50 – 6 = 44 und setzt dann dieses Ergebnis in die Aufgabenstellung 86 – 30 ein: 44)

Es gilt, solche Fehlermuster auf der Ebene der arithmetischen Prozeduren über das Verbalisieren der jeweiligen Denkprozesse genau zu erfassen.

Da auf der Ebene der arithmetischen Prozeduren beim Einsatz von Fehlstrategien häufig falsche Ergebnisse „errechnet" werden, werden diese hier offensichtlicher. Sie können dann vom Kind nicht wie auf der Ebene des numerischen Faktenwissens weiter eingeschliffen werden. Durch den immer wieder erlebten Misserfolg entsteht jedoch auf dieser Ebene eine Verstärkung der Unsicherheit und auch eine Demotivierung des Kindes. Die innere Einstellung wird verfestigt: „Ich kann das einfach nicht."

Eine zusätzliche Schwierigkeit bereitet dem rechenschwachen Kind die unterschiedliche Darstellung der Aufgaben. Neben den notwendigen Rechenprozessen muss es auch noch die jeweilige Darstellungsform erlernen. Werden die unterschiedlichen Darstellungsformen (z. B. Operatorenmodelle, Rechenräder, Pfeildiagramme, Rechentabellen etc.) vor der Automatisierung auf der jeweiligen Ebene eingesetzt, wird das Kind häufig zusätzlich verunsichert. Ein weiteres Problem stellen die vielgestaltigen Rechenbücher dar. Schwarz (2002) stellt hier zu Recht fest, dass rechenschwache Kinder „durch die Methodenvielfalt der meisten Rechenbücher zusätzlich verwirrt" (S.20) werden. Die unterschiedlichen Darstellungsformen führen häufig nur zu einem geringen Lernzuwachs in Bezug auf die Automatisierung, da die Kinder ihren Arbeitsspeicher belasten, indem sie jede einzelne Darstellungsform jeweils neu begleitend mitlernen müssen. Zum Schluss wird weder die Automatisierung verfestigt, noch die jeweilige Darstellungsform sicher und dauerhaft beherrscht.

Schriftliche Hausaufgaben bzw. Übungen werden überwiegend als einziges Mittel zum Wiederholen im Dienste der Automatisierung der Grundrechenfertigkeiten eingesetzt. Hier ist aber als Fazit zu ziehen, dass schriftliches Üben häufig zu einer Verfestigung der Fehlstrategien bzw. der individuellen Fehlermuster und zu einer Verunsicherung und Demotivierung des Kindes führt, wenn noch keine Automatisierung erfolgt ist.

Beim schriftlichen Üben besteht normalerweise keine Kontrolle darüber, welche Gehirnprozesse im Kopf des Kindes stattfinden. Damit besteht auch keine Kontrolle darüber, welche Gehirnprozesse das Kind genau durchführt, was es abspeichert und was es damit über die Wiederholung automatisiert. Dies bedeutet, dass es beim schriftlichen Üben immer zu überprüfen gilt: Was übt man tatsächlich? Wie kommt das Kind eigentlich zu seinem (richtigen) Ergebnis?

Teil III: Allgemeine Tipps zum Lernen mit rechenschwachen Kindern

Kapitel 12: Grundlagen des Lernens mit rechenschwachen Kindern

1. Was soll gelernt werden?

Mathematik ist für viele Eltern heute nur noch schwer nachvollziehbar und erscheint manchmal wie eine Geheimwissenschaft, die kaum zu durchdringen ist. Betrachten wir jedoch, was es eigentlich als Basis in der Mathematik zu erlernen gilt, so ist dies durchaus nachvollziehbar und einfach: ein basales Zahl- und Mengenverständnis („numbersense"), das arithmetische Faktenwissen und Wissen über arithmetische Prozeduren (vgl.: Landerl, Butterworth 2002, S. 389 ff.).

Zahlen stehen für Größen und es gibt so etwas wie einen basalen inneren „Zahlenstrahl". Dieses Wissen liegt dem *basalen Zahl- und Mengenverständnis* zugrunde. Anhand der Zahl kann das Kind die Größe einschätzen und auch erkennen, dass Zahlen größer oder kleiner sind als andere Zahlen. Das Kind erkennt z. B. auf Anhieb – 300 ist mehr als 98.

Das *numerische Faktenwissen* bezieht sich auf Automatisierungen im Bereich von Einspluseins und Einmaleins. Das Ergebnis von 9 – 6 oder 6 × 8 muss nicht mehr mühsam ausgerechnet werden, sondern das Kind hat das Ergebnis „automatisiert". Dies bedeutet: Ihm fällt innerhalb von einer halben Sekunde das Ergebnis ein, weil es sich durch eine ausreichende Anzahl von Wiederholungen dieses Ergebnis im Gedächtnis sicher eingeprägt hat.

Aufbauend auf dem numerischen Faktenwissen können dann *arithmetische Prozeduren* erworben werden. Diese beziehen sich auf die Abfolge von hintereinander durchzuführenden Rechenschritten, z. B. bei Additions- und Subtraktionsaufgaben mit 10er- bzw. 100er- Übergängen im Tausenderraum oder beim schriftlichen Malnehmen oder Dividieren von vierstelligen Zahlen.

Im numerischen Faktenwissen und in den arithmetischen Prozeduren manifestieren sich die Grundrechenfertigkeiten. Diese Grundrechenfertigkeiten sind dabei nicht als Selbstzweck, sondern eher als „Handwerkszeug" anzusehen, dessen Bedeutung sich beim Lösen sachbezogener Problemstellungen zeigt. Eine Automatisierung der Grundrechenfertigkeiten ist deswegen in sinnhaftes und „bedeutungsvolles" Anwenden eingebunden.

2. Eine Rechenschwäche beim Kind erkennen

In allen drei der zuvor genannten Bereiche können Schwierigkeiten auftreten. Meistens führen diese auf einer tieferen Ebene liegenden Schwierigkeiten zu ausgeprägten Problemen auf darauf aufbauenden Stufen. Wenn ein Kind z. B. nicht über ein angemessenes numerisches Faktenwissen verfügt, dann fällt es ihm auch schwer, die Abfolge der Schritte auf der Ebene der arithmetischen Prozeduren sicher abzuspeichern. Wenn das Kind im Zehnerbereich bei Additions- und Subtraktionsaufgaben nicht sofort das Ergebnis aus dem Gedächtnis sicher abrufen kann, ist es sehr wahrscheinlich auch nicht in der Lage, auf der Ebene der arithmetischen Prozeduren einen sicheren Weg abzuspeichern, mit dessen Hilfe es 10er- oder 100er-Übergänge bei Additions- und Subtraktionsaufgaben errechnen kann.

Eine Rechenschwäche ist leicht erkennbar, wenn das Kind gehäuft und immer wieder Fehler bei mathematischen Aufgaben macht. Diese Fehler können sich auf die drei Teilebenen beziehen und sind abhängig vom Alter bzw. von der Klassenstufe des Kindes. Um die Fehler angemessen einschätzen zu können, sollte folgende Aufstellung berücksichtigt werden:

Welche Rechenfertigkeiten sollten in welcher Klasse beherrscht werden?

Hinweise auf Schwierigkeiten in der ersten Klasse
Am Ende des ersten Grundschuljahres verlangen jene Schüler besonderes Augenmerk, die den Zahlenraum bis 10 noch nicht automatisiert haben und die Zahlenzerlegung nicht beherrschen. Ebenso muss auf noch vorhandene Zählstrategien (inneres Hoch- oder Zurückzählen, mit den Fingern zählen ...) geachtet werden, da sich diese zu verfestigen drohen und die notwendige Automatisierung wirkungsvoller Strategien verhindern.

Hinweise auf Schwierigkeiten in der zweiten Klasse
Mitte der zweiten Klasse ist auf jene Kinder zu achten, die noch Schwierigkeiten mit dem Zehnerübergang haben und analoge Verallgemeinerungen (8 + 5, 18 + 5, 28 + 5 ...) nicht nachvollziehen.
Ende der zweiten Klasse sollten die Kinder Additions- und Subtraktionsaufgaben im 100er-Raum mit zweistelligen Zahlen (43 + 38 / 72 – 28) sicher und zügig lösen können.

Hinweise auf Schwierigkeiten in der dritten Klasse
Mitte der dritten Klasse sollten jene Kinder Beachtung finden, die das Einmaleins „rechnen“, d. h. die bei Einmaleins-Reihen seriell hochrechnen oder „Ankeraufgaben“ benutzen. Der Rechenweg für die Aufgabe 6 × 8 könnte dann fälschlicherweise folgendermaßen aussehen: 5 x 8 ist 40 –> 6 × 8 ist 5 × 8 + 1 × 8 d. h. 40 + 8 = 48.
Das Einmaleins sollte am Ende der dritten Klasse vollständig, ohne das Zurückgreifen auf Fehlstrategien, automatisiert sein.

Hinweise auf Schwierigkeiten am Ende der vierten Klasse
Hier sollten vor allem die Kinder beachtet werden, bei denen sich Schwierigkeiten beim schriftlichen Malnehmen und Teilen zeigen.

Während gehäufte *Fehler* ein sehr offensichtliches Kriterium für Rechenschwäche darstellen, gibt es jedoch auch Hinweise auf eine Rechenschwäche, wenn das Kind die Aufgaben zwar richtig ausrechnet aber sehr langsam ist. Ein zweites Kriterium ist hier also die *Zeit*, die das Kind benötigt, um zum Ergebnis zu gelangen. Braucht es sehr lange, ist dies meist ein Hinweis darauf, dass es Fehlstrategien benutzt. Wenn das Kind z. B. im Zehnerraum bei der Aufgabe „9 – 7" 30 Sekunden benötigt, dann ist in den meisten Fällen davon auszugehen, dass das Kind innerlich zählt oder die Finger beim Zurückzählen benutzt. Ähnliches gilt z. B. für die Multiplikation, wenn das Kind z. B. am Ende der dritten Klasse bei der Aufgabenstellung 4 × 8 viel Zeit benötigt und man auch deutlich (anhand von Mundbewegungen, Fingerbewegungen oder Augenbewegungen) beobachten kann, dass es innerlich rechnet. Hier kann das Kind beispielsweise seriell hoch zählen, 8, 16, 24, 32 und sich dabei auch der Finger mitbedienen. Eine andere Fehlstrategie wäre z. B., wenn das Kind 5 × 8 zunächst ausrechnet und dann 1 × 8 abzieht. Alle diese Fehlstrategien im Bereich der Multiplikation führen dann auf der Ebene der arithmetischen Prozeduren zu massiven Problemen, wenn das Kind etwa zwei dreistellige Zahlen miteinander multiplizieren will. Es ist dann darauf angewiesen, diese basalen Fehlstrategien einzubeziehen, da es sonst keine Möglichkeit hat, zum Ergebnis zu gelangen. Dies würde dann wiederum bedeuten, dass, selbst wenn das Ergebnis bei der Multiplikation von zwei dreistelligen Zahlen richtig ist und die Abfolge der Rechenschritte sicher abgespeichert, das Kind aber sehr viel Zeit benötigt, um zum Ergebnis zu gelangen.

Wenn ein Kind länger braucht, um eine Aufgabe auszurechnen, ist immer genau zu überprüfen, welche Denkprozesse ganz konkret ablaufen.

Teilweise fördert sogar die Schule Fehlstrategien. Dies ist dann der Fall, wenn dem Kind beispielsweise im Bereich der Multiplikation dauerhaft beigebracht wird, dass es nur Kernaufgaben beherrschen muss und dann von diesen ausgehend durch Additions- bzw. Subtraktionsrechnung die weiteren Multiplikationsaufgabenstellungen ausrechnen kann. Das Kind hat z. B. die Kernaufgabe 8 × 8 automatisiert, die Aufgabe 7 × 8 errechnet es dann über die Aufgabenstellung 8 × 8 und zieht vom Ergebnis noch einmal 8 ab.

Fragen zum Erkennen einer Rechenschwäche

1. Macht mein Kind in einem bestimmten Rechenbereich bei bestimmten Rechenaufgaben immer wieder *Fehler*?
2. Braucht mein Kind in einem bestimmten Rechenbereich immer *sehr lange Zeit*, bis es zum (richtigen) Ergebnis kommt?

Wenn ein Kind an manchen Tagen überwiegend richtige Ergebnisse, an anderen Tagen häufiger falsche Ergebnisse „errechnet", ist dies ein deutlicher Hinweis darauf, dass bei ihm die notwendigen Automatisierungen bzw. die richtige Abfolge der Rechenschritte noch nicht ausreichend gesichert sind.

Zwischen Können und Automatisierung besteht ein großer Unterschied. Es reicht nicht aus, wenn das Kind anfänglich gelernt hat z. B. 9 – 7 = 2 und ihm das Ergebnis dann innerhalb einer halben Sekunde einfällt – Ähnliches gilt z. B. für das Einmaleins oder für einfache Geteiltaufgaben, wie 6 × 7 = 42 oder 48 : 6 = 8. In dem Augenblick, in dem noch nicht in ausreichender Weise wiederholt wurde, wird das Kind dieses numerische Faktenwissen vergessen. Wenn es nicht mehr das Ergebnis erinnert, bleibt es darauf angewiesen, Fehlstrategien einzusetzen, d. h. das Ergebnis zu „errechnen". Genauso „schnell" kann das

Kind die Abfolge der Rechenschritte bei komplexeren arithmetischen Prozeduren vergessen. Typisch hierfür ist etwa nach den Sommerferien zu Beginn der fünften Klasse: „Muss ich beim schriftlichen Malnehmen bei der ersten Zahl vorne oder hinten anfangen?“ oder am Anfang der siebten Klasse: „Wie geht das Bruchrechnen bei ‚geteilt‘?“

Wortgutachten – Beispiele für den Hinweis auf eine Rechenschwäche

Auszug aus einem Wortgutachten des Halbjahreszeugnisses der zweiten Jahrgangsstufe:
„Im erweiterten Zahlenraum bis 100 löst Sven einfache Plusaufgaben. Bei Minusaufgaben treten Unsicherheiten auf. Gerade beim Rechnen über die Zehner, beim Zerlegen und Ergänzen von Zahlen und beim Durchschauen von Rechengeschichten hat er große Schwierigkeiten.“

Auszug aus einem Wortgutachten des Jahreszeugnisses der zweiten Jahrgangsstufe:
„In Mathematik beherrschte sie die Einmaleins–Reihen recht gut und konnte sie in den verschiedenen Aufgabenstellungen anwenden. Anders war es mit den Plus-/Minusaufgaben im Zahlenraum bis Hundert. Hier rechnete Paula bisweilen unsicher, häufig auch recht langsam, besonders die Zehnerüberschreitung und die Platzhalteraufgaben muss sie weiter tüchtig üben.“

Kapitel 13: Grundprinzipien der Förderarbeit

1. „Einsicht" und Automatisierung in ein ausgewogenes Verhältnis bringen

Der Hintergrund vieler Rechenschwierigkeiten im Grundschulbereich ist unserer Einschätzung nach neben dem fehlenden Verständnis für arithmetische Operationen vor allem die fehlende, unzureichende Automatisierung des numerischen Faktenwissens und der arithmetischen Prozeduren. Wie bereits dargelegt, ist die fehlende Einsicht in Rechenoperationen oft durch zu viele unterschiedliche Veranschaulichungsformen mitbedingt, die jeweils auch Unterschiedliches veranschaulichen. Sowohl Veranschaulichungsformen auf der konkreten Ebene des Einübens als auch „Einsichten" auf einer Metaebene müssen ausreichend wiederholt werden, um sie sicher abzuspeichern und somit entsprechende Gedächtnisspuren zu hinterlassen.

Während die Bedeutung der „Einsicht" unbestritten ist, wird der Stellenwert der Automatisierung häufig zu gering eingeschätzt. Fehlende bzw. unzureichende Automatisierungen auf der Ebene des numerischen Faktenwissens und der arithmetischen Prozeduren führen aber fast zwangsläufig dazu, dass Kinder Fehlstrategien entwickeln. Fehlstrategien verlangsamen das Arbeitstempo und es wird fehlerhaft gerechnet, auch wenn die entsprechende „Einsicht" besteht und der jeweilige Rechenvorgang „verstanden" wird. Folgendes Beispiel sei hier angeführt: Ein Kind, das zwar weiß, was Zahlen, Addition oder Subtraktion „bedeuten", hat das kleine Einspluseins nicht automatisiert. Das Ergebnis der Aufgabenstellung 4 + 5 oder 9 – 7 fällt ihm nicht sofort und ohne Anstrengung ein. Es „weiß" dieses Ergebnis nicht. Welche Möglichkeiten hat es nun, dennoch zum Ergebnis zu gelangen? Es muss rechnen bzw. mühselige Zähloperationen durchführen. Diese Zähloperationen, sprich Fehlstrategien, können mit den Fingern stattfinden oder mit Veranschaulichungsmaterial, aus einem inneren Hoch- oder Zurückzählen bestehen oder vielleicht noch verdeckter und ausgeklügelter sein. Dennoch gilt: Zähloperationen sind anstrengend, dauern zu lange, führen zu Fehlern und letztendlich bereits bei komplexeren Additions- und Subtraktionsaufgaben im Hunderterraum unweigerlich zur Katastrophe (z. B. bei der Aufgabe 43 + 35).

Generell ist festzustellen, dass fehlende unzureichende Automatisierungen auf der Ebene des numerischen Faktenwissens bzw. der einfachen arithmetischen Prozeduren, selbst bei einem vorhandenen grundlegenden „Verständnis" des Rechenvorgangs, eine doppelt fatale Auswirkung haben:

- Sie beeinträchtigen unser Vorwissen. Ohne Automatisierung reduziert sich dieses Vorwissen. Unser Arbeitsspeicher wird übermäßig belastet und komplexere Lernprozesse sind aufgrund des ungenügend gefestigten Fundaments beeinträchtigt. Beispiel: Ist das Einmaleins nicht automatisiert, so muss die Aufgabe 6 × 8 im Sinne einer Fehlstrategie errechnet werden, wie etwa durch serielles Hochzählen unter Mithilfe der Finger: 8, 16, 24, 32, 40, 48 oder auch abgekürzt, 5 × 8 ist 40; 40 + 8 ist dann folglich 48. Ist auf dem Lehrplan dann das schriftliche Malnehmen vorgesehen, tut sich ein Kind, das sich solcher Fehlstrategien bedient, zwangsläufig bei der Automatisierung der durchzuführenden Rechenschritte beim Malnehmen mehrstelliger Zahlen schwer. Die Abfolge der Rechenschritte kann aufgrund der ständigen Überlastung des Arbeitsspeichers nicht sicher abgespeichert werden.

- Fehlende Automatisierung hat aber auch bezüglich der emotionalen Bewertung des Themas Rechnen eine erhebliche Bedeutung. Sind die Aufgaben nicht automatisiert, so wird das Rechnen anstrengend und führt sehr viel häufiger zu Misserfolgserlebnissen. Kinder, die immer wieder zu falschen Ergebnissen kommen, gelangen schließlich zu der inneren Schlussfolgerung: „Ich bin nicht so gut, es ist zu schwer“, oder im Vergleich zu den Mitschülern: „Ich bin schlechter und brauche länger als die anderen.“ Fehlende Automatisierung führt also auf die Entmutigungstreppe.

Verstehen und Einsicht einerseits und Automatisierung andererseits gehören im Rechenlernprozess gleichberechtigt zusammen.
Automatisierung ist unbedingt als Ziel im Bereich der Grundfertigkeiten des rechnerischen Denkens anzustreben. Vorwissen und emotionale Bewertung sind als zentrale Bausteine des Lernprozesses ernst zu nehmen und im positiven Sinne abzusichern.

2. Weniger ist „mehr“

Die Verwendung unterschiedlichster Materialien zur Veranschaulichung von Rechenoperationen führt oft zu Schulräumen, die der „Ausstellungsetage eines Schulmittelverlages gleichen“ (Lorenz 2003a, S. 35). In Kapitel 8 haben wir versucht aufzuzeigen, dass diese Vielfalt oft „zu viel“ ist (siehe Mythos 3). Jede Veranschaulichungsform der gleichen Rechenoperation und jedes Arbeitsmaterial, das diese gleiche Rechenoperation veranschaulichen und zu einer vertieften Einsicht bzw. einem Verstehen führen soll, muss gelernt und wiederholt werden. Nur – die notwendige Zeit, um mit den verschiedensten Veranschaulichungsmitteln oft zu üben, bleibt meist nicht. Jedes Arbeitsmaterial veranschaulicht letztendlich Unterschiedliches, was nicht ohne weiteres von einem Material auf das andere zu übertragen ist. Der Schüler muss also umlernen, was den schwachen Schüler oftmals überfordert.

Die Vielfalt an Unterschiedlichkeit bezüglich der Materialien und Veranschaulichungsformen verwirrt also eher, und nicht nur das: Sie manifestiert auch regelrechte Lernprobleme. Analoges gilt für übliche Darstellungsformen in unseren Lehrbüchern, wie Rechentabellen, Rechenräder, Rechenmaschinen, etc., die jedes Mal neu gelernt werden müssen. Wenn tatsächlich numerisches Faktenwissen automatisiert werden soll, so führt die Vielfalt dieser Darstellungsformen eher zu Chaos im Kopf als zu einem sicheren Abspeichern des notwendigen Wissens.

Für unterschiedliche Rechenwege auf der Ebene der arithmetischen Prozeduren, die zum gleichen Ergebnis führen sollen, gilt hier Ähnliches. Folgendes Beispiel soll dies verdeutlichen:

Felix, dritte Klasse, hat nach Aussagen seiner Lehrerin und seiner Mutter das Problem, dass er bei den Schulaufgaben (= Klassenarbeiten) im Unterricht zu langsam ist und sie nicht in der zur Verfügung stehenden Zeit beenden kann. Felix schreibt so nur Dreien und Vieren und entwickelt eine zunehmende Prüfungsangst. Die Überprüfung der intellektuellen Leistungsfähigkeit mit einem ausführlichen Begabungsdiagnostikum, dem HAWIK-III, erbrachte, dass Felix eine überdurchschnittliche Intelligenz (IQ > 120) zeigt. Impulsivität, leichte Ablenkbarkeit und „Vergesslichkeit" legten zusätzlich den Verdacht auf das Bestehen einer ADHS-Problematik nahe.

Danach befragt, wie er denn nun Subtraktionsaufgaben im Hunderterraum in der Schulaufgabe löse, berichtet Felix, dass er drei unterschiedliche Wege der Subtraktion kennen gelernt habe: „Ich muss mich ja erst einmal entscheiden, welchen Weg ich nun beim Abziehen benutze, es fällt mir schwer, mich zu entscheiden, außerdem kostet dies Zeit." Nachdem Felix und seiner Mutter in der Lernberatung veranschaulicht wurde, wie unser Gehirn Informationen abspeichert (Synapsenmodell), konnte Felix für sich daraus selbst Schlüsse ziehen. Drei unterschiedliche Wege, so Felix, benötigen ja dann auch eine 3-fache Wiederholungsanzahl, die 3-fache Zeit zur Automatisierung um „dicke" Synapsen zu bilden. Felix' Schlussfolgerung war, es sei ja doch günstiger, sich für einen Weg zu entscheiden und diesen regelmäßig einzuüben, um schneller zu werden, was dann auch gelang.

Wenn Felix nicht einen IQ von 120 hätte, sondern „nur" einen IQ von 90, können Sie sich die Auswirkungen auf das rechnerische Denken und damit auch auf die Noten in Mathematik vorstellen. Felix wäre noch viel verwirrter, wäre noch viel langsamer und würde noch fehlerhaftere Arbeiten schreiben und vielleicht keine befriedigende, sondern eine mangelhafte Leistung erzielen.

Unser Schulsystem fordert regelrecht das Beschreiten und die Kenntnis unterschiedlicher Additions- und Subtraktionswege ein, so z. B. im Zehnerübergang. Diese werden im Unterricht dargestellt, jedoch aufgrund der fehlenden Zeit natürlich nicht in ausreichendem Maße eingeübt und wiederholt. Dies hat zur Folge, dass unsere rechenschwächeren Kinder nicht einmal die richtige Abfolge der Rechenschritte für diesen Bereich sicher abgespeichert haben, sondern jedes Mal, konfrontiert mit einer neuen Rechenaufgabe, die Abfolge der Rechenschritte „erfinden" müssen. Eine solche, selbst erfundene Abfolge von Rechenschritten bei einer Additionsaufgabe sei im folgenden Beispiel verdeutlicht: Die Aufgabenstellung lautet: 64 + 18. Max, dritte Klasse, rechnet dann: 8 + 4 = 12; 6 + 1 = 7, also lautet das Ergebnis 127. Diese Art der Fehlstrategie sollte uns zu denken geben. Viele Wege sind hier offensichtlich nicht hilfreich – weniger ist mehr.

Zusätzlich zu den vorherigen Ausführungen gilt es hier, sich auch noch einmal die zentrale Bedeutung der positiven emotionalen Bewertung im Abspeicherprozess zu verdeutlichen und diese zu berücksichtigen. Auch für den Aufbau einer positiven Bewertung gilt – weniger ist mehr.

Die Chance, den Lerngegenstand zu behalten, ist bei einer geringeren Lernmenge größer. Dies führt zu einer vermehrten Sicherheit des Kindes, verbunden mit einer positiveren emotionalen Gestimmtheit. Diese wiederum erhöht die Behaltensleistung, vergrößert die subjektive Sicherheit und das Kompetenzgefühl des Kindes und verbessert damit wiederum seine emotionale Situation und die Lernmotivation.

3. Die emotionalen Bewertung und ihre Bedeutung für den Lernweg und Lernanforderungen

Lernen ist eng mit Emotionen und den damit verbundenen Gedanken (Kognitionen) verknüpft. Aus diesem Grund müssen wir uns als Eltern, Lehrer und auch Therapeuten immer wieder darüber Rechenschaft ablegen, wie die gefühlsmäßige Ausgangslage unseres Kindes ist. Dies betrifft unsere Vorstellungen, unsere Erwartungen und unser Verhalten, die wir dem Kind in Bezug auf die Auseinandersetzung mit dem Lerngegenstand – hier dem Rechnen – entgegenbringen. Die Gefühle bestimmen in nicht unerheblicher Weise das Fundament, auf das die Lernbemühungen oder auch die Abwehr gegenüber dem Lernen treffen. Wir müssen uns fragen, wie wir eine förderliche gefühlsmäßige Gestimmtheit des Kindes entstehen lassen können.

Wie ausführlich dargelegt, gibt es Förderansätze – die z. B. das „selbst entdeckende Lernen“ oder das Lernen aus Fehlern zum Ziel haben –, die für das rechenschwache Kind sehr mühsam sind und die weder zu einer Automatisierung der rechnerischen Fertigkeiten noch zu einer positiveren Grundhaltung des Kindes zum Rechnen führen. Ist es zu verstehen, warum bei den entmutigten Kindern mit Rechenschwierigkeiten gerade der allerschwerste Weg mit der geringsten Erfolgsaussicht eingeschlagen werden soll? Deutlich erfolgversprechender ist es stattdessen, eine möglichst schnelle „Umpolung“ der emotionalen Bewertung des Lerngegenstandes Mathematik anzustreben. Bedeutsam für eine solche positive Einstellung und eine gesteigerte Lernmotivation sind der kurzfristig erlebbare Lernerfolg und realistische Lernzielsetzungen.

a) Kurzfristig erlebbarer Erfolg

Kinder, die entmutigt sind – und hierzu gehören unsere rechenschwachen Kinder – zeigen oft Vermeidungsverhalten, wenig hilfreiche Gedanken und starke negative Gefühle. Sie brauchen kurzfristig erlebbaren Erfolg. Da die unmittelbaren Konsequenzen in der Regel das Verhalten steuern und darauf einwirken, müssen die Kinder schnell und zeitnah erleben: „Ich kann das, ich habe es richtig gemacht, dieser Weg ist schnell und einfach.“ Es ist wichtig, dass die Hoffnung entstehen kann: „Ich kann das schaffen.“ Über kurzfristig vermittelte Erfolgserlebnisse können Blockaden und Vermeidungsverhalten Schritt für Schritt abgebaut werden.

Beispiel: Eva, vierte Klasse

Erinnern Sie sich an Eva, ihre Tränen und ihre Angst vor Mathematik? Sie möchte nicht über das Rechnen sprechen, geschweige denn, sich mit zusätzlichem Üben mit diesem Fach auseinandersetzen. Der Therapeut schlägt Eva ein Experiment vor. Das Motto, das er ihr vermittelt, lautet: „Du sollst Dich beim Rechnen nicht anstrengen, das ist verboten!" Eva und der Therapeut setzten sich auf den Boden und experimentieren mit den Einmaleins-Kärtchen. Eva beweist dabei ein sehr gutes visuelles Gedächtnis. Sie ist sehr schnell in der Lage, sich drei schwierige Kombinationen aus dem 8er-Einmaleins zu merken. Nach diesem kleinen „Spiel" strahlt Eva über das ganze Gesicht. Der Bann ist gebrochen. Evas leuchtende Augen sind Ausdruck ihres Stolzes, ihres kurzfristig erzielten Erfolgs, der sie wieder lebendiger und hoffnungsvoller macht.

Das Grundprinzip dieses kleinen Experiments, das nun von der Mutter täglich mit Eva durchgeführt werden soll, ist: Lern- und Wiederholungsstrukturen, hier am Beispiel des Einmaleins, bauen auf kurzfristigen Erfolgserlebnissen auf. Die Mutter erhält die Instruktionen darauf zu achten, dass Eva sich bei der Kärtchenmethode auf keinen Fall anstrengt. Weiß sie das Ergebnis nicht nach einer Sekunde, hebt die Mutter die Hand, zeigt Eva das Ergebnis und sagt: „Nicht anstrengen, Eva!" Neben der Wirkung der Magie des „Sich-nicht-anstrengens", das neue Gefühle und Gedanken mit dem oft verhassten Lerngegenstand Rechnen entstehen lässt, wird gleichzeitig auch die Fehlstrategie des inneren „Errechnens" unterbrochen.

b) Realistische Zielsetzungen

Damit unsere rechenschwachen Kinder die Erfolgstreppe hinaufklettern können, ist es notwendig, die Lernanforderungen, d. h. die Stufen dieser Treppe so zu gestalten, dass das Kind schnell Lernerfolge erleben kann – die Stufenhöhe muss passend gemacht werden. Eltern, Lehrer und Therapeuten sind hier gefragt, bewältigbare Lernschritte zu definieren, die dann aber auch hartnäckig eingefordert werden. Zu hoch gesteckte Ziele, die auf einer überhöhten Anspruchshaltung oder einer unrealistischen Vorstellung über die Möglichkeiten des Kindes beruhen, führen zu einer vorprogrammierten Frustration der Kinder. Gerade bei Teilleistungsproblemen gilt es daher für die Eltern immer, zwischen ihren Idealen, den langfristigen Zielen und realistischen, kurz- und mittelfristigen Zielen zu unterscheiden. Eltern und Therapeuten müssen die Voraussetzungen der Kinder berücksichtigen, ihre Grenzen und Möglichkeiten realistisch einschätzen, und dann Ziele formulieren, die auch mit einem Erfolgserlebnis verknüpft sein können. Dies ist oft gerade auch für die Eltern ein schmerzlicher Prozess – wünschen sie sich doch einen optimalen Schulweg für ihre Kinder und übertragen auf sie häufig ihre eigenen Wünsche.

Um unsere Kinder auf die Erfolgstreppe zu schicken, ist der lange Atem aller Beteiligten notwendig. Kurzfristiges Denken hilft hier nicht weiter. Die Perspek-

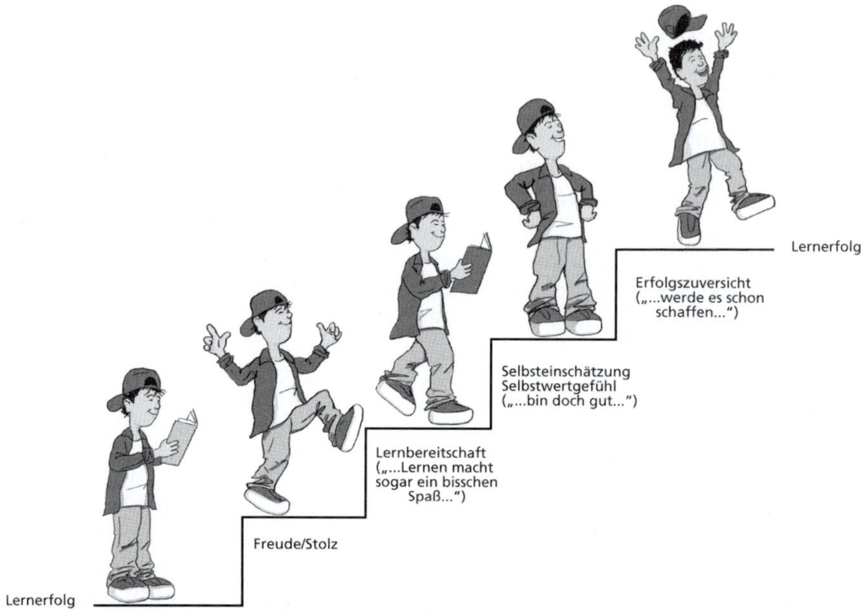

Abbildung 13.1: Nichts macht erfolgreicher als der Erfolg

tive muss langfristig gestaltet sein, um schrittweise das Fundament im Bereich der Mathematik langsam aufzubauen und zu sichern. Wenn Sie damit beginnen, Ihr Kind mit spezifischen Lernmethoden zu unterstützen, so ist es unrealistisch damit zu rechnen, die Mühe im Team mit ihrem Kind werde sich sofort in der nächsten Matheprobe niederschlagen. Das Ziel im Grundschulbereich besteht eher darin, dass unser Kind am Ende dieser Zeit ein wirklich solides Fundament in den Grundrechenarten erlangt hat und mit diesen relativ sicher hantieren kann.

Die angemessenen Lernschritte, d.h. die Höhe der Treppenstufen, verbunden mit dem Einsatz richtiger, Erfolg versprechender Lernstrategien, sind also die Voraussetzungen, um auf der Erfolgstreppe hinaufzuklettern. Erste Lernerfolge führen zu Freude und Stolz, erhöhen die Lernbereitschaft, die Selbsteinschätzung und natürlich das Selbstwertgefühl sowie schließlich die Erfolgszuversicht. Also – nichts macht erfolgreicher, als der Erfolg!

4. „Fallen" für Eltern und Lehrer

Es gibt drei große Fallen in den Vorstellungen, Reaktionen und Äußerungen von Eltern und Lehrern, die das Kind weiter entmutigen können. Als Eltern und auch als Lehrer haben sie eine große Bedeutung für die Kinder, dies gilt für positive Reaktionen und mindestens genauso für negative.

a) Ärger

Sie zeigen Ihren Ärger: „Warum hat er/sie denn nicht ...?“ Ihr Kind kommt mit einer schlechten Note nach Hause, fühlt sich schlecht und bekommt dann noch Ihren Ärger zu spüren.

Dieser ist nachvollziehbar, denn sie sind selber maßlos enttäuscht, da sie sehr viel Zeit und Nerven für das Üben mit Ihrem Kind aufgebracht haben. Gedanken und auch Äußerungen wie: „Jetzt haben wir doch so viel geübt, das kann doch wirklich nicht wahr sein, dass du das immer noch nicht auf die Reihe kriegst“, sind jedoch neben der schlechten Note, die ihr Kind vielleicht mit nach Hause gebracht hat, eine zusätzliche Bestrafung.

b) Enttäuschung

Jede Mutter, jeder Vater hat ganz bestimmte Vorstellungen, wie sie/er sich sein Kind wünscht. Dies ist völlig normal. Da uns allen solche Idealziele im Hinterkopf herumspuken, ist die Enttäuschung mit dem rechenschwachen Kind auch im Leistungsbereich groß – es genügt den Anforderungen und Erwartungen einfach nicht.

Hinzu kommen dann Beobachtungen, die ihre Verunsicherung und Enttäuschung noch verstärken: „Zu Hause hat er/sie es doch gekonnt, warum in der Probe nicht?“ Vorwürfe sind oft die Folge. Es ist jedoch ganz normal, dass man in einer Prüfungssituation nicht 100 Prozent dessen, was man vorher in einer stressfreien Situation leisten konnte, umsetzen kann. Unsere ohnehin misserfolgsorientierten Kinder gehen oft bereits mit sehr negativen Erwartungen und Ängsten in die Prüfung, was sie zusätzlich sehr stark beeinträchtigt. Ist die Angst zu groß, sind sie nicht mehr in der Lage, die entsprechenden „Schubladen“ in ihrem Gedächtnis aufzuziehen und die Aufgaben angemessen zu lösen. Der Abbau dieser Prüfungsängstlichkeit, bzw. negativen Gedanken braucht lange (vgl. Kapitel 21). Sie alle brauchen hier Geduld und vor allen Dingen viele kleine Erfolgserlebnisse, damit sich diese Blockaden auflösen.

c) Sorgen – Schonen

Oft finden sich bei den Eltern auch Gedanken wie: „Mein Kind weint doch so häufig beim Lernen, ist es nicht ohnehin schon eine große Quälerei für es, da kann ich ihm nicht noch zusätzlich zu den Hausaufgaben etwas zumuten“.

Denken Eltern und vielleicht auch Lehrer so und versuchen das Kind zu schonen, dann wird es diese Lücke sehr erfolgreich weiter ausbauen mit der Konsequenz, dass zusätzliches Üben nicht stattfindet.

Oft sind Eltern und Lehrer also auch „zu verständnisvoll“. Sie versetzen sich in das Kind hinein, leiden mit ihm, erleben, wie es sich im Umgang mit den Anforderungen in Mathematik quält, und wollen es entlasten. Zusätzliches Üben wird nicht mehr eingefordert, weil das Kind ja schon mit den Hausaufgaben zu sehr belastet ist. Dieses Schonverhalten wird in der Psychologie negative Verstärkung genannt und führt dazu, dass sich das Kind Anforderungssituationen immer mehr entziehen wird und seine Lücken damit ständig vergrößert werden.

Kapitel 14: Lernen mit rechenschwachen Kindern – Tipps

Bevor wir Grundprinzipien für das Lernen entwickeln, sei hier noch einmal an die Grundvorgänge beim Lernen und an deren wichtigste Komponenten erinnert. Die Grundprinzipien sollen ja „gehirngerecht" sein, d.h. sie leiten sich direkt aus der Art und Weise ab, wie unser Gehirn Informationen verarbeitet und abspeichert.

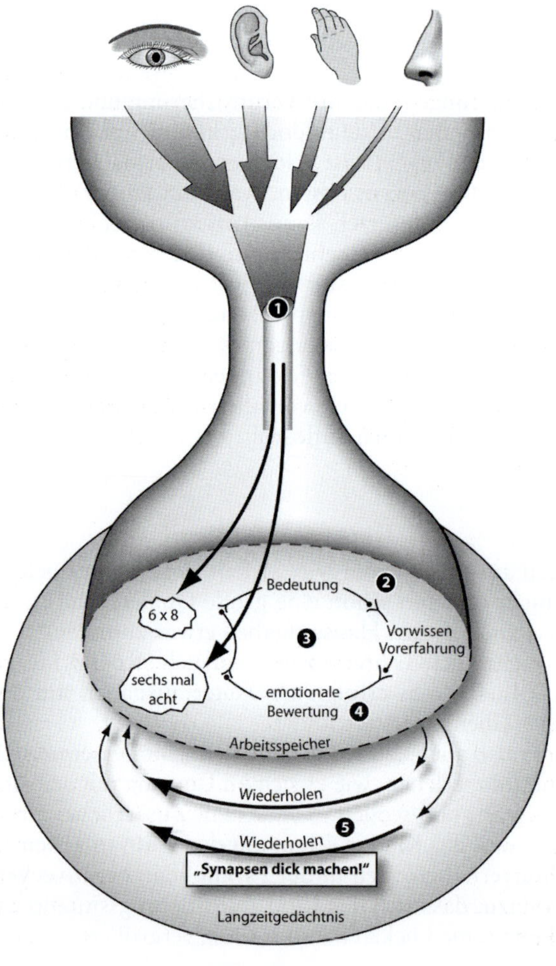

Abbildung 14.1: Die Grundvorgänge beim Lernen

1. Ausrichtung der Aufmerksamkeit
2. Ausreichend automatisiertes Vorwissen
3. Begrenzte Aufnahmekapazität des Arbeitsspeichers
4. Die überragende Bedeutung der Emotionen beim Lernen
5. Das häufig vergessene Wiederholen – Automatisierung durch ausreichendes Wiederholen

Wenn wir uns nun mit den Grundprinzipien des Lernens beschäftigen, sollten sie das vereinfachte Modell des Lernens (siehe Abb. 14.1) mit seinen wichtigen Komponenten stets im Hinterkopf haben. Oberstes Ziel ist es, „die Synapsen zu verdicken“, d. h. Wiederholungsvorgänge in solch ausreichendem Maße anzubieten, dass funktionale Veränderungen an den beteiligten Neuronenverbänden stattfinden können, Wissen automatisiert wird, und letztendlich der Arbeitsspeicher wieder frei wird für neue Informationen.

1. Gezielte Aufmerksamkeit ist wichtig

Wie bei anderen Gehirnprozessen, so gilt auch beim Abspeicherprozess unserer Rechenaufgaben, dass es kein „Multitasking“ gibt. Es findet also keine Parallelverarbeitung beim Abspeichern von neuen Informationen statt. Deswegen ist es so wichtig, die Aufmerksamkeit gezielt und ungeteilt auf den Lerngegenstand auszurichten.

Wie kann diese Aufmerksamkeitslenkung unterstützt werden? Zunächst einmal sollte die Lernumgebung möglichst ablenkungsfrei sein. Es ist günstig, den Lernort dementsprechend auszuwählen. Der Küchentisch mit seinen vielen zusätzlichen Utensilien, den Geschwistern, der Katze und der Großmutter, die sich vielleicht auch noch im Raum aufhalten, ist somit weniger günstig, als der leer geräumte Schreibtisch im Kinderzimmer oder im Arbeitszimmer der Eltern. Ein kleiner Trick in diesem Zusammenhang: Wenn Sie sich für die Arbeit mit Lernkärtchen entschieden haben, ist es günstig, sich mit dem Kind auf den Boden zu setzen. Hier ist die Anzahl der Reize im Vergleich zum Tisch deutlich reduziert. Probieren sie es einfach einmal aus.

Neben den Umgebungsfaktoren ist es vor allem aber auch die Lernmethode, die sich günstig auf die Aufmerksamkeitszentrierung auswirken sollte. Gerade bei schriftlichen Hausaufgaben findet – neben ihren weiteren Nachteilen – das Abdriften, d. h. das Gegenteil einer Konzentrationslenkung, wesentlich schneller statt als bei der „interaktiven“ Lernarbeit mit Kärtchen.

2. Auf der niedrigsten Ebene beginnen

Bevor Sie die Lernarbeit mit Ihrem Kind beginnen, ist es sehr wichtig, genau zu analysieren, an welcher Stelle sich bei ihm die ersten Automatisierungslücken im Rechenlernprozess finden. Rechnet Ihr Kind in der Schule bereits im Hunderterraum, Sie stellen aber fest, dass der Zehnerübergang im Hunderterraum gar nicht oder nur über Fehlstrategien funktioniert und entsprechend langsam abläuft, so ist es wichtig, rückwärts zu gehen: Überprüfen Sie zunächst den Zehnerübergang im Zahlenraum bis 20. Liegen hier ähnliche Fehlstrategien vor, sollte man mit dem Aufbau der Automatisierung im Zahlenraum bis 10 beginnen, um das Fundament abzusichern und den Kindern die Möglichkeit von Erfolgserlebnissen einzuräumen.

In höheren Klassen, in denen das Kind schon über eine gewisse Anzahl arithmetischer Prozeduren verfügen sollte, gilt es, gezielt die von ihm angewandten Fehlstrategien und Fehlermuster zu identifizieren. Fehlermuster entstehen in der Regel selten durch flüchtiges Verrechnen, sondern fast immer aufgrund mangelhaft automatisiert ablaufender Rechenschritte oder Rechenregeln. Weil das Kind die „richtigen" Rechenschritte nicht sicher beherrscht, ist es darauf angewiesen, diese für sich in kreativer Weise zu entwickeln. Solche Fehlermuster, die den Schülern irrtümlicherweise als sinnvoll erscheinen, werden dann systematisch angewandt. Gute Übersichten zu diesem Problem sind bei Lorenz (2003a, S. 62 ff.) und in den Handreichungen der Akademie für Lehrerfortbildung Dillingen (2001, S. 63 ff.) zu finden. Auch in diesem Fall gilt es, die entsprechenden arithmetischen Prozeduren zu automatisieren.

3. Weniger ist „mehr"

Unterschiedliche Veranschaulichungsformen und Darstellungsformen werden für sich genommen nicht ausreichend wiederholt – vor allem wenn es viele sind. Die Vielfalt bewirkt Verwirrung und verhindert häufig die Automatisierung. Aus diesem Grunde ist es günstig, methodische Vielfalt im Dienste der Automatisierung zu reduzieren, bis die Grundfertigkeiten ausreichend wiederholt und entsprechend abgesichert sind.

4. Regelmäßig kleine Portionen

Unser Arbeitsspeicher ist recht begrenzt (– bei Erwachsenen geht man davon aus, dass ca. sieben Informationseinheiten, z. B. sieben Ziffern nacheinander abgespeichert werden können, bei Kindern entsprechend weniger –), dem sollten unsere Lernmethoden Rechnung tragen. Gelangen zu viele Informationen in den Arbeitsspeicher, bei Kindern möglicherweise mehr als fünf pro Zeiteinheit, so können diese nicht abgespeichert werden – und „fliegen" aus dem Kurzzeitgedächtnis.

Kleine Portionen sind nicht nur besser abzuspeichern, sie bleiben wesentlich prägnanter in Erinnerung, und bringen zudem einen Motivationseffekt mit sich. Gerade eher misserfolgsorientierte Kinder sehen den riesengroßen Berg an Lernaufgaben vor sich, den sie bewältigen sollen, und blockieren dann schnell. Wird dieser Berg jedoch in kleine Scheiben zergliedert, können diese nach dem Motto „Step-by-Step" nacheinander abgearbeitet werden. Der Erfolg ist besser erlebbar, die Lerneinheiten überschaubarer und schneller abspeicherbar. Und ein dritter Vorteil der kleinen Portionen: Das regelmäßige Wiederholen gelingt mit ihnen im Alltag besser als mit einem großen Berg. Dies betrifft nicht nur die Zeit und Motivation der Kinder, sondern auch die der Eltern.

5. Kurze Wiederholungen über den Tag verteilen

Wählen Sie kurze Lernsequenzen. So kann das Kind seine Konzentration leichter aufrechterhalten, und es wird eher mitmachen, da der Zeitrahmen überschaubar bleibt. Kleine Lernportionen von drei bis fünf Minuten Dauer können an alltäglich wiederkehrende Abläufe in Ihrem Alltag angekoppelt werden.

- Vor dem Mittag- oder Abendessen.
- Zum „Warmlaufen des Gehirns" vor Beginn der schriftlichen Hausaufgaben.
- Als Pause während der schriftlichen Hausaufgaben (Bei der Arbeit mit den Lernkärtchen haben Sie einen Zusatzeffekt: Die Hand kann sich vom Schreiben erholen).
- Wiederholen, wenn der Vater zu Hause ist.
- Vor Fernsehsendungen – allerdings mit ausreichendem Zeitabstand (z. B. 15 Minuten, da das Gehirn die zuletzt aufgenommenen Informationen noch weiter abspeichert, auch wenn der bewusste Lernvorgang schon beendet ist).

6. Oft zu schnell: Der Stoff-Wechsel in der Schule

Bestimmte Lerninhalte, wie z. B. das Einmaleins oder andere arithmetische Prozeduren, werden in der Schule oft nicht so lange wiederholt, dass eine dauerhafte Abspeicherung erfolgen kann. Zentrale oder grundlegende arithmetische Prozeduren sollten deshalb länger, z. B. weitere 4 bis 8 Wochen in kleinen Portionen wiederholt werden, auch wenn in der Schule das „Thema" bereits längst gewechselt wurde. Was ist nun eine kleine Portion? Dies kann eine Aufgabe pro Tag sein, verbunden mit der steten Wiederholung der Abfolge von Rechenteilschritten, wie z. B. beim Bruchrechnen.

7. Einmal gekonnt – dauerhaft beherrscht?

„Das kann ich doch schon!" – diesen Satz kennen Sie von Ihren Kindern sicherlich auch. Zufrieden geben sollten Sie sich damit jedoch nicht. Einmal Gekonntes ist noch lange nicht automatisiert, auch Gekonntes muss wiederholt werden. Besonders bei ungeduldigen Kindern mit einer geringen Frustrationstoleranz besteht die Gefahr, dass sie das Wiederholen ihres Lernstoffes vorschnell beenden und damit dem Vergessen wieder Raum geben.

Einmal gekonnt heißt also noch lange nicht – dauerhaft behalten!

Ferienzeit – Vergessenszeit

Besonders nach längeren Ferien berichten viele Eltern, deren Kinder die erste oder zweite Grundschulklasse besuchen, ihre Kinder hätten in den Ferien das Rechnen regelrecht verlernt. Dieses Vergessen ist völlig normal. Was passiert nun in dieser lernfreien Ferienzeit? Wenn Automatisierungsvorgänge – und dies gilt für die Grundlagenfächer Lesen, Schreiben, Rechnen, gerade zu Beginn der Grundschulzeit – noch nicht abgeschlossen sind, setzt der natürliche Vergessensprozess ein. Die vorher geschaffenen neuronalen Veränderungen („Synapsen dick machen“) werden wieder rückläufig, d. h. die synaptischen Verbindungen lockern sich wieder. Dies ist für alle Beteiligten frustrierend und enttäuschend, da die Kinder das vorher Gelernte wieder „neu lernen müssen“. Deshalb ist es so wichtig, auch in den Ferien in angemessener und nicht übertriebener Weise mit den Kindern Vereinbarungen zu treffen. Hier gilt es, im Voraus gemeinsam Zeitpunkte für kleine Lernportionen festzulegen, am besten an Vormittagen, wenn die Aufmerksamkeit noch gut ist. Wenn es Eltern und Kindern gelingt, auch in den Ferien ein bisschen zu wiederholen, so ist der Einstieg in das neue Schuljahr emotional aber auch kognitiv deutlich besser. Ein bestehender Rhythmus wurde beibehalten und möglicherweise kommt es dann auch schon zu kleinen Erfolgserlebnissen am Anfang des neuen Schuljahres.

8. Übungs- und Einprägemethoden

Wir sollten uns stets darüber im Klaren sein, dass beim schriftlichen Üben nicht die Schreibbewegung als solche, sondern der innere Denkvorgang beim Rechnen abgespeichert wird.

Wird in der anfänglichen Einprägephase schriftlich gerechnet, können die Denkvorgänge nicht beobachtet und somit auch schlechter kontrolliert werden. Das schriftliche Rechnen von Aufgaben dient eher der späteren Überprüfung und nicht dem anfänglichen Einprägen. Die Eltern haben hierbei keine Kontrolle darüber, wie das Kind zu seinem Ergebnis kommt, d. h. es können durchaus unbemerkte Fehlstrategien eingesetzt werden.

Viele Kinder haben feinmotorische Schwierigkeiten, insbesondere die Kinder, die z. B. von einer Aktivitäts- und Aufmerksamkeitsstörung betroffen sind. Diese fein- und graphomotorischen Schwierigkeiten, die sich in einer zu starken Druckausübung beim Schreiben, in Schwierigkeiten bei der Zeileneinhaltung oder auch der Gestaltung des Arbeitsblattes zeigen, führen verständlicher Weise zu einer erheblichen emotionalen Abneigung gegenüber schriftlichen Leistungsanforderungen. Nichtschriftliche Übungsmethoden würden somit das Abwehrverhalten der Kinder gar nicht erst in diesem Maße aufkommen lassen.

Unser Arbeitsspeicher hat nur eine begrenzte Kapazität. Durch die Kontrolle des Schreibprozesses, vor allem wenn dieser (noch) nicht automatisch abläuft und sehr anstrengend ist, wird er zusätzlich belastet. Damit steht dann für den Verarbeitungs- und Abspeicherprozess der Rechenaufgaben wesentlich weniger Aufmerksamkeitskapazität zur Verfügung, und die nötige Einprägearbeit kann nicht stattfinden.

Das ungeliebte Schreiben ist sehr eng an die schriftlichen Hausaufgaben gekoppelt. Möglicherweise hat hier schon über ein, zwei oder drei Jahre hinweg eine sehr negative gefühlsmäßige Konditionierung stattgefunden, die die Motivation gegenüber schriftlichen Aufgaben deutlich reduziert. Wenn Übungsformen nicht schriftlich erfolgen, bedeutet das für unsere Kinder, dass es sich nicht so anstrengen muss. Dieses Gefühl – „es geht ja leicht" – sowie der Erfolg, der sich hier hoffentlich einstellt, wird auch mit neuen Lernmethoden verbunden, die dann von den Kindern kurz- und längerfristig besser angenommen werden.

9. Mit Lernkärtchen arbeiten

Aus den genannten Gründen favorisieren wir in unserer Arbeit mit rechenschwachen Kindern das Üben mit Lernkärtchen. Es handelt sich um Karteikarten der Größe DIN A7: 7,4 cm × 10,5 cm. Diese werden von den Eltern mit einem dickeren schwarzen Filzstift beschriftet, da die Kinder oft eine eher schlechtere Handschrift haben, die Einmaleins-Aufgabe dann keine „schöne Gestalt" besitzt und somit schlechter abgespeichert werden kann. Außerdem wird das Beschriften von den Kindern wieder als anstrengende Arbeit erlebt, woraufhin sie dann wieder mit Ablehnung reagieren könnten.

Neben dem Umstand, dass die Arbeit mit Lernkärtchen eine nicht schriftliche Übungsform ist, ist auch „die Leichtigkeit" mit der gelernt und wiederholt werden kann vorteilhaft. Rechnen im engeren Sinne soll mit den Karten gar nicht stattfinden, d. h. Aufregung, Anstrengung, Grübeln, der Einsatz von Fehlstrategien, etc. ist nicht notwendig. Wenn das Kind die Antwort auf die gestellte Aufgabe nicht sofort weiß, werden Mutter oder Vater die Karte umgehend umdrehen und mit einer Handgeste und den Worten „Nicht anstrengen!" begleiten. Die Lösung kann dann anschließend auf einen Blick erfasst werden. Weitere Wiederholungen folgen.

Wie kann nun die Information über längere Zeit im Kurzzeitgedächtnis präsent gehalten werden, um sie später wieder zu erinnern? Hier helfen „Tricks".

Automatisierung des Einmaleins

Grundsätzlich gilt: Sie, die Eltern, sollten die neuen Aufgaben immer nur in Dreiergruppen präsentieren. Damit steuern Sie den Wiederholungsprozess in kleinen Portionen von außen.

Geben Sie Ihrem Kind die erste Aufgabe, nämlich 8 × 4 auf einem Kärtchen vor und deuten Sie mit dem Finger darauf. Weiß Ihre Tochter oder Ihr Sohn die Antwort nicht binnen einer Sekunde, drehen Sie die Karte unverzüglich um und zeigen dem Kind das Ergebnis auf der Rückseite. Sie wiederholen die Aufgabe verbal. Die Kinder speichern visuell und akustisch ab: 8 × 4 = 32. Weiß das Kind die Antwort auf die Aufgabe auch beim zweiten oder dritten Durchgang noch nicht, ist dies keine Katastrophe. Sie müssen immer wieder nur die Karte umdrehen und beim vierten Mal dürfen sie sich dann positiv äußern: „Prima genau".

Sitzt diese erste Aufgabe 8 × 4 nach einigen Wiederholungsdurchgängen, nehmen sie eine zweite Karte hinzu: 6 × 4. Auch für diese Aufgabe hat Ihr Kind natürlich nicht von Anfang an die Lösung parat. Sie drehen die Karte wieder innerhalb von einer Sekunde um: „Nicht anstrengen, genau 6 × 4 = 24! Noch einmal, 6 × 4 erinnerst du dich noch, prima 24". Dann folgt der Durchgang mit der letzten Karte der Dreiergruppe.

Die Arbeit mit den Lernkärtchen bedeutet, dass sie gemeinsam mit ihrem Kind arbeiten. Es ist ein interaktiver Prozess, der sich motivationsfördernd auswirkt, da Sie Ihr Kind beim Lernen nicht alleine lassen, und es ununterbrochen Ihre Zuwendung erhält.

Bei der Arbeit mit Lernkärtchen werden wir auch unserer Forderung nach einer Aufmerksamkeitszentrierung auf den neuen, abzuspeichernden Inhalt gerecht. Es gibt nichts Ablenkendes außerhalb unserer Lernkarte mit dem spezifischen Inhalt.

Trainieren Sie, Ihr Kind für richtige Ergebnisse immer häufiger kurz und knapp zu loben. Zuschreibungen wie, „jetzt streng dich doch endlich mal an" oder „du wirst es doch nie lernen", dienen nicht dazu, das ohnehin in seinem Selbstwert angeschlagene rechenschwache Kind zu ermutigen.

10. Die Lernbox – zur Automatisierung von Einspluseins und Einmaleins

Sicherlich kennen Sie die übliche, im Handel erhältliche Lernbox. Diese hat in der Regel fünf Fächer. Kinder mit Rechenschwäche benötigen jedoch mehr Wiederholungsdurchgänge. Für sie bietet sich deshalb eine spezielle Lernbox an, die aus zehn schmalen und zwei breiteren Fächern besteht (siehe Abb. 14.2). Diese Lernbox ermöglicht es unseren Kindern, eine ausreichende Anzahl von Wiederholungen durchzuführen. Gleichzeitig wächst die Motivation der Kinder, da sie mithilfe des „Weiterwanderns" der Lernkärtchen die Fortschritte ihres Lernens besser verfolgen können.

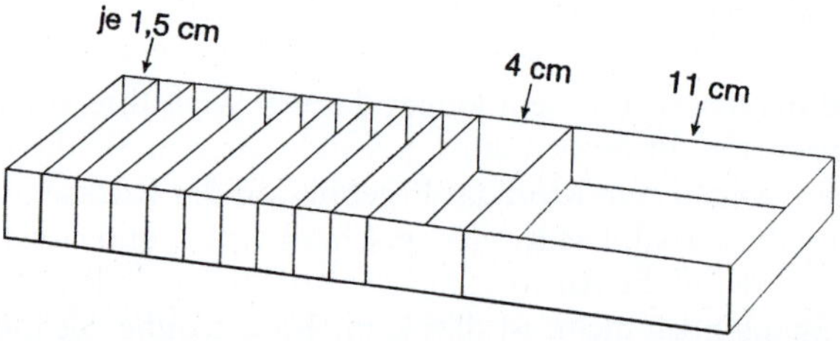

Abbildung 14.2: Spezielle Lernbox für Kinder mit Rechenschwäche

Phase 1: Die Einübungsfächer

Wollen Sie beispielsweise das Einmaleins mithilfe der Lernbox automatisieren, so beginnen Sie mit drei „Einmaleins-Kärtchen“ der gleichen Reihe (z. B. 3er-Reihe). Ihr Kind erlernt mit Ihrer Hilfe drei Einmaleins-Kombinationen der 3er-Reihe. Günstig ist es, nach der mehrmals in kurzen Zeitabständen wiederholt durchgeführten Einprägephase, z. B. am Abend, eine Wiederholungsphase anzuschließen. Am nächsten Tag erfolgt die erneute Überprüfung, und wenn Ihr Kind innerhalb einer Sekunde die richtige Antwort weiß, „wandern“ die Kärtchen in das zweite Fach. Nun üben Sie die nächsten drei Kombinationen ein, die ins erste Fach kommen. Am dritten Tag überprüfen Sie die drei Kombinationen des ersten Tages, die dann in das nächste Fach „wandern“, Sie überprüfen die drei Kombinationen des zweiten Tages, die dann ebenfalls in das nachfolgende Fach „wandern“ und üben dann wiederum drei neue Kombinationen ein.

In der ersten Phase ist es notwendig, dass eine Wiederholung und Überprüfung am nachfolgenden Tag stattfindet (sonst wird automatisch vergessen!). Auf diese Weise fahren Sie bis zum 10. Fach fort.

Hat Ihr Kind beispielsweise am dritten Tag die Aufgabe „3 × 3 = 9“ vergessen, so verbleibt diese Karte einfach in dem entsprechenden Fach. Sie kommt nicht, im Gegensatz zu den herkömmlichen Lernboxen, zurück in Fach eins, da dies Ihr Kind zu sehr frustrieren würde. Das „Wandern“ der Kärtchen macht den Lernerfolg für Ihr Kind sichtbar – das steigert die Motivation.

Sollte Ihr Kind viele Hausaufgaben haben, gönnen Sie sich und ihm einen Tag, an dem Sie nur wiederholen und keine neuen Aufgaben hinzunehmen, die Karten aber auch nicht „weiterwandern“.

Phase 2: Das Stabilisierungsfach

Sind Sie in der zweiten Phase, d. h. im schon breiteren Fach 11 angelangt, können die Wiederholungen in einem größeren Abstand erfolgen. Vielleicht erinnern Sie sich, das Vergessen geschieht jetzt nicht mehr so schnell. Sie können nun z. B. einen Zweitagesabstand wählen.

Alle Kärtchen in diesem Fach werden beherrscht. Ein Schnelldurchlauf – 3- bis 5-mal in der Woche, über einen Zeitraum von mehreren Monaten, hilft, sie zu stabilisieren. Der Abstand zwischen den Überprüfungstagen hängt von der Behaltensleistung Ihres Kindes ab und kann langsam gesteigert werden. Wiederholen Sie im Zweifel lieber ein bisschen länger, als zu früh aufzuhören. Zeigt sich beim Überprüfen ein Fehler oder ein zu langes Zögern beim Beantworten, so „wandert“ das Kärtchen mit der entsprechenden Aufgabe wieder fünf Fächer zurück.

Phase 3: Das Erfolgsfach („Das kann ich schon!“)

In diesem letzten breiten Fach sammelt sich der Wissensschatz ihres Kindes. Ein- bis zweimal pro Woche (über ein ganzes Jahr hin) können Sie die Aufgaben, die sich in diesem Fach befinden, wiederholen und sich gemeinsam mit Ihrem Kind an dem erreichten Können freuen. Bei Fehlern oder zu langem Zögern gilt wiederum: Es geht fünf Fächer zurück.

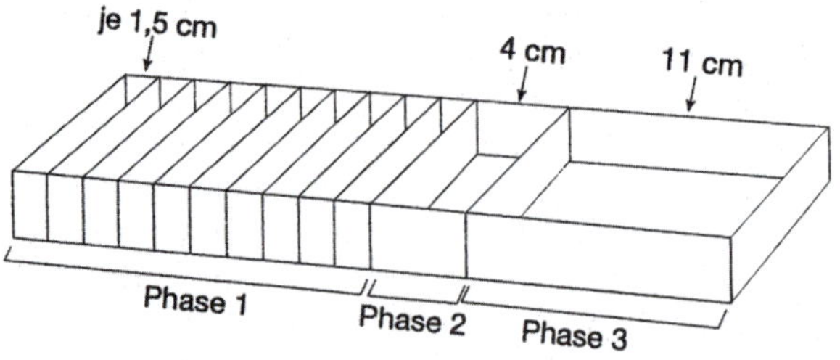

Abbildung 14.3: Die Lernbox und ihre Lernphasen

Die Lernbox kann über die Mainfränkische Werkstätten GmbH bezogen werden, Tel. 0931/200220 sowie Fax 0931/2002225, E-Mail info@mainfraenkische-werkstaetten.de. Die Mainfränkische Werkstätten GmbH ist eine gemeinnützige Gesellschaft, die ein umfassendes Angebot an Arbeitsplätzen für erwachsene Menschen mit Behinderung bereithält.

11. Einhaltung der Lernstruktur

Selbstverständlich wollen sich die meisten Kinder immer wieder vor dem lästigen Wiederholen drücken. Lernarbeit ist eben anstrengend. Geben Sie hier jedoch nicht einfach auf oder erwarten Sie von Ihrem Kind nicht, dass es das Lernen von alleine in Angriff nimmt. Seien Sie nicht enttäuscht, wenn Ihr Kind nicht selbstständig lernt. Diese Erwartung ist eine große Falle. Können wir denn wirklich von unseren Kindern Dinge verlangen, die uns selbst als Erwachsene schwer fallen? Und können wir vor allem von Kindern mit einer Rechenschwäche gerade das selbstständig einfordern, was ihnen am schwersten fällt? Sie müssen sich als unterstützende Eltern im Lern- und Übungsprozess mit Ihren Kindern darüber im Klaren sein, dass Ihr hartnäckiges Durchhalten und Ihre Vorgabe von Lernstrukturen und deren konsequente Einhaltung notwendig und hilfreich sind. Sie sind hier als Eltern in der Pflicht und Verantwortung, wenn Ihr Kind besser werden soll. Ihre Aufgabe besteht darin, die Anforderungen, die an Ihr Kind gestellt werden, zu begleiten, zu kontrollieren und zu überprüfen, und letztendlich darin, präsent zu sein und zu handeln. Tun Sie es – statt nur darüber zu reden und sie werden erleben, dass ihr Kind letztendlich mitmacht.

12. Anforderung an Eltern und Lehrer

Als Eltern, vielleicht auch als Lehrer, tragen Sie einen entscheidenden Teil dazu bei, ob es gelingt aus dem Teufelskreis Rechenstörung auszusteigen. Ihr Kind ist in der Regel emotional sehr belastet, wenn es um das Rechnen geht. Hinzu kommen oft Schwierigkeiten der Kinder bei der Selbststeuerung, im Zeitmanagement sowie bei der Strukturierung des Lernstoffs. Insofern haben Sie für Ihr Kind eine wichtige Vorbild- und Modellfunktion. Es ist Ihre eigene Konsequenz, die hier entscheidend ist, d. h. das Einhalten von Vereinbarungen, die im Voraus mit dem Kind zum Thema Rechnen üben getroffen wurden. Dies wird Sie letztendlich weniger Zeit und Nerven kosten als viele aufreibende Auseinandersetzungen und Diskussionen über das Üben. Bei Ihrem Kind kann sich nur etwas verändern, wenn auch Sie bereit sind, Veränderungen in den Alltag zu integrieren. Schaffen Sie es, entsprechende Strukturen in der Grundschulzeit aufzubauen, so ist damit ein bedeutsames Fundament für die weitere Schulzeit Ihres Kindes gelegt. Schritt für Schritt können die Kinder diese Strukturen und Lernmethoden eigenständiger übernehmen.

Angemessenes Verhalten der Eltern beim Lernen

- ruhig, gelassen
- wohlwollend, freundlich
- geduldig und hartnäckig
- kontrollierend und strukturierend
- Vereinbarungen im Voraus treffen
- statt Kritik Würdigung der Anstrengungsbereitschaft und des Bemühens
- Hilfreiche Gedanken: „Wir sind ein Team, es ist meine Verantwortung als Mutter/Vater, mein Kind auf den Weg zu bringen."

Denken Sie stets daran: Durch eine verbesserte Strukturierung, hier Lernstrukturierung, sparen Sie Zeit und Nerven und auch die Beziehung zu Ihrem Kind kann sich verbessern. Rituale und Strukturen, die Eltern und Kinder gemeinsam entwickeln, können den Alltag entlasten. *Routinen* sind letztendlich hilfreich, gelassener im Umgang mit den täglichen Anforderungen zu werden.

Der *Teamgedanke* ist sowohl für Ihr Kind als auch für Sie eine wichtige emotionale Komponente beim Lernen. Sie haben eine Art Trainerfunktion, d. h. Sie geben Strukturen von außen vor, motivieren, wiederholen, etc., und Ihr Kind ist der Sportler, der durch diese Strukturen immer besser werden kann. Team sein, das bedeutet ein Denken in „Wir", was für Ihr Kind eine zusätzliche emotionale Unterstützung darstellt. Teampartner sind aber durchaus austauschbar. Wenn die Mutter mit dem Rechnen auf Kriegsfuß steht oder in manchen Fällen die Beziehung zu Sohn oder Tochter bereits belastet ist, so ist es günstig, einen anderen Teampartner zu suchen. Dies kann der Vater sein, der Großvater oder eine außenstehende Person.

Möglicherweise sollten diese durchaus hohen Anforderungen nicht nur an die Eltern gestellt werden, sondern vielleicht auch an die Lehrer in der Schule?!

13. Vereinbarungen im Voraus treffen

Sie alle kennen die folgende Situation: Sie sind gerade mit dem Spülen fertig und haben ein paar Minuten Zeit, stürmen in das Zimmer Ihres Kindes und „überfallen" es mit den Worten: „Jetzt üben wir!" Die natürliche Konsequenz: Ihr Kind ist mit seinen Gedanken und seinem Handeln vielleicht gerade ganz wo anders, geht sofort in Verteidigungsstellung und will nicht mitmachen. Ein Konflikt ist vorprogrammiert.

Grundsätzlich ist es sehr wichtig, wenn es um das Stellen von Anforderungen und hier speziell um Lernanforderungen geht, Vereinbarungen *im Voraus* zu treffen. Das Überfallen der Kinder führt fast immer zu oppositionellem Verhalten. Eine Vereinbarung im Voraus zu treffen bedeutet, beispielsweise beim Mittagessen festzulegen, wie sich der Nachmittag mit den Hausaufgaben, der Freizeit und dem zusätzlichen Lernen gestaltet. Diese Vereinbarungen müssen ganz klar umrissene Ziele enthalten, d.h. hier wird festgelegt wann (z.B. vor oder nach dem Abendessen), wie viel (z.B. fünf oder sieben Minuten, x-Anzahl von Kärtchen) und mit wem (der Teampartner) gelernt wird. Vereinbarungen in diesem Sinne bedeuten Transparenz und Überschaubarkeit für ihr Kind, sodass es eher bereit sein wird, sich darauf einzulassen. Eine weitere Voraussetzung ist natürlich – auch Sie müssen diese Vereinbarung einhalten.

Je älter die Kinder werden, umso wichtiger ist es, sie bei Absprache der Regelungen mit einzubeziehen. Geben Sie Ihrem Kind das Gefühl, dass es mit entscheiden darf. Sie stecken den Rahmen. Dies bedeutet: Es wird zusätzlich geübt, darüber diskutieren Sie mit Ihrem Kind nicht. Innerhalb dieses Rahmens kann das Kind aber mit entscheiden, wann und wie viel geübt wird („Möchtest du vor oder nach dem Abendessen lernen? Wie viel traust du dir heute zu zusätzlich im Rechnen zu wiederholen, fünf Minuten oder sieben Minuten?", etc.). In Entscheidungen mit einbezogen zu werden, fördert die Motivation der Kinder.

Ein zusätzliches hilfreiches Motto ist in diesem Zusammenhang der alte Spruch: „Erst die Arbeit, dann das Vergnügen." Viele Eltern räumen ihren Kindern bereits vor der Erledigung des Lernens oder der Hausaufgaben Belohnungen ein, indem sie sie Fernsehen oder am Computer spielen lassen. Führen wir uns die Gesetze der klassischen Lerntheorie vor Augen, so heißt es dort, dass die positiven Konsequenzen, d.h. die Belohnung, auf das erwünschte Verhalten (d.h. die Lernportion wurde erledigt) folgen sollte und nicht umgekehrt. Hier „verschenken" wir so zu sagen unsere Verstärker, wenn wir unserem Kind vorher die Belohnungen zugestehen. Auch Ihnen dürfte es schwer fallen, ein spannendes Buch aus der Hand zu legen, um sich dann mit der anstrengenden Steuererklärung auseinander zu setzen.

Vereinbarungen im Voraus zu treffen bedeutet, Diskussionen und Streit zu vermindern und tägliche Rituale einzuführen. Rituale reduzieren den Reibungsverlust und erleichtern unseren Alltag.

In Bezug auf die Lernaufgaben, die Sie an Ihr Kind stellen, ist es wichtig, klare und umschriebene sowie vor allem bewältigbare Anforderungen festzulegen. Nur so können die Kinder zufriedener werden, und Sie haben die Möglichkeit, Ihr Kind entsprechend zu würdigen.

14. Die emotionale Bewertung – Dreh- und Angelpunkt im Einprägeprozess

Machen wir uns Gedanken über Lernmethoden, so muss uns stets bewusst sein, dass sowohl positive als auch negative Gefühle mit dem Lerngegenstand und damit auch dem Lernprozess gekoppelt sind. Es scheint so zu sein, dass die Kopplung mit unterschiedlichen Gefühlszuständen auch unterschiedliche neuronale Verarbeitungsprozesse entstehen lässt (siehe S. 35 und S. 59 ff). Auch die Tiefe und Dauerhaftigkeit der Behaltensleistung ist von der gefühlsmäßigen Bewertung des Lerngegenstandes abhängig.

Lernmethoden sollten deswegen von negativen Gefühlen und Erfahrungen abgekoppelt werden. Nur – wie können wir dies? Die Entkopplung von negativen Gefühlen und die Kopplung an positive Gefühle funktioniert am ehesten durch den erlebten kurzfristigen Erfolg. Dies ist eine Anforderung, die wir an unsere Lernmethoden unbedingt stellen müssen. Der zeitnah erlebte Erfolg muss für das Kind erkennbar sein. Als Therapeuten, Lehrer und Eltern nehmen wir dies oft wahr als ein Lächeln, das über das Gesicht des Kindes huscht, über kurz aufblitzende Augen, ein Leuchten oder Strahlen – dies kann ergreifend sein. Bei entmutigten Kindern bedeuten diese Signale Hoffnung: „Ich kann das schaffen." Auf diese Weise können sich emotionale Blockaden langsam und Schritt für Schritt auflösen.

Wenn Kinder in der schulischen Leistungssituation Schwächen oder Defizite zeigen, wie dies bei Rechenproblemen der Fall ist, müssen wir uns darüber im Klaren sein, dass wir einen langen Weg vor uns haben. Kurzfristige Zielsetzungen, d. h. schnellstmöglich von der Fünf oder Sechs auf eine Zwei in den Schulaufgaben zu kommen, ist in der Regel unrealistisch. Hier gilt es, realistische Zielsetzungen und Perspektiven zu entwickeln – und diese sind längerfristiger Natur. Das Ziel bei einem rechenschwachen Kind kann z. B. so formuliert werden: „Ich wünsche mir, dass mein Kind am Ende der Grundschulzeit ein solides Fundament im Bereich Rechnen erworben hat. Dies bedeutet, dass die Grundfunktionen des Addierens und Subtrahierens, des Malnehmens und Teilens erfolgreich und schnell bewältigt werden." Diese langfristige Zielsetzung gehört in Ihre elterliche Verantwortlichkeit.

Wenn Sie sich auf diesen längeren Weg machen, dann denken Sie an die Erfolgstreppe (siehe Abb. 13.1). Schritt für Schritt, verbunden mit der richtigen Höhe der Treppenstufen, kann Ihr Kind diese Erfolgstreppe hinaufklettern, und Sie können ihm dabei die Hand reichen. Das Erklimmen einzelner Stufen sind Teiletappen auf dem Weg zum längeren und langfristigen Ziel: „Ich kann es, ich bin erfolgreich."

15. Richtig Loben

Loben ist dann möglich, wenn Ihr Kind mitmacht und sich erste Erfolgserlebnisse einstellen. Voraussetzung hierfür: Die Höhe der Treppenstufen auf der Erfolgsleiter muss richtig gewählt sein, Ihre Erwartungen und Zielsetzungen sollten realistisch sein. Zu hohe Anforderungen führen zum Scheitern und damit zur Frustration. Ihr Ziel ist es, Ihrem Kind eine positive Rückmeldung zu geben. Hierbei ist zu beachten, dass nicht die erzielte Note in der Schulaufgabe der Grund zum Loben sein sollte, sondern der Umstand, dass sich das Kind anstrengt, beim Üben mitmacht. Dieses Bemühen und seine damit gezeigte Lernbereitschaft gilt es zu würdigen. Darüber hinaus wird Ihr Kind auch durch die Sache selbst gelobt. Durch seine Erfolgserlebnisse im Umgang mit dem Gegenstand Rechnen kann es erleben: „Ich hab es geschafft, ich werde immer ein kleines bisschen besser." Aus diesem Grunde sollten Lernmethoden so konzipiert sein, dass der Erfolg sofort erlebbar wird, vom Kind auch als solcher wahrgenommen und beobachtet werden kann. Ein gutes Beispiel hierfür ist die Lernbox: Die Kinder können beobachten, wie die Kärtchen Schritt für Schritt durch die Lernbox von vorne nach hinten wandern und es im Laufe der Zeit immer mehr Kärtchen werden – so lässt sich das Ausmaß dessen sehen, was die Kinder geschafft haben.

Loben bedeutet auch, die richtigen Worte finden. Wir machen immer wieder die Beobachtung, dass es Kinder manchmal auch als unangenehm erleben, wenn sie „mit Lob überschüttet werden", d.h. Loben – aber richtig dosiert. Wenige Worte sind hilfreicher als lange Ausführungen. Knappe Bemerkungen zur Sache, wie „prima, gut gemacht, es hat mich gefreut", etc. sind hier günstig.

16. Der Punkteplan: zeitlich begrenzte „Notmaßnahme"

Sind die Kinder „ganz unten" und ihr Widerstand ist zu groß ist, dann reicht es manchmal nicht aus, wenn die Eltern loben und ermutigen. Hier bietet sich die Arbeit mit einem Belohnungssystem, dem Punkteplan, an. Über die vergebenen Punkte bekommt das Kind eine unmittelbare Rückkopplung, und dies wird mit einem Anreiz verbunden, der zu einem späteren Zeitpunkt eingetauscht werden kann.

Sie definieren mit Ihrem Kind ganz konkret umrissene Ziele, die sie schriftlich auf einem entsprechenden Protokollbogen festhalten. Solche Ziele könnten z.B. sein:

- Ich schaffe es, 10 Minuten täglich Einmaleins-Aufgaben mit meiner Mutter zu wiederholen.
- Ich schaffe es, nach Abschluss der Hausaufgaben, meine Schultasche für den nächsten Tag zu packen.
- etc.

Für „normale" Ziele wird z.B. ein Punkt vergeben, für schwierige Anforderungen, wie das zusätzliche Lernen, zwei Punkte. Jeden Tag vergeben Sie die entsprechenden Punkte, indem Sie diese in einen Protokollbogen eintragen. Am Ende der Woche kann eine maximale Punktzahl, in unserem Beispiel bei fünf Schultagen 15 Punkte, erreicht werden. Im Voraus legen Sie gemeinsam mit Ihrem Kind fest, bei welcher Punktzahl was eingetauscht werden kann. Erwarten Sie nicht zu viel, d.h. lassen Sie sich darauf ein, dass z.B. in dem beschriebenen Fall bereits bei 10 Punkten ein Verstärker erworben werden kann. Diese Ver-

Konkrete Beschreibung des Problemverhaltens z.B. Verweigern des Lernens (was genau, wie lange, wie intensiv ...)	
erreichbares, „realistisches“ Zielverhalten (was genau, wie oft, wie lange, wie intensiv ...)	
Auswahl der eintauschbaren Belohnungen	
Regeln für die Punktevergabe	
Regeln für den Tausch der Punkte in Belohnungen	
Art der Registrierung der Punkte	

Abbildung 14.4: Schritte bei der Erstellung eines Punkteplans

stärker darf das Kind selbst aus von Ihnen vorgegebenen Möglichkeiten auswählen. Vielleicht freut es sich über ein Eis, einen Schwimmbadbesuch mit dem Papa, das Ansehen einer Lieblingssendung am Sonntag oder ähnliche Verstärker. Diese äußeren Anreize sind gerade bei verfahrenen Situationen ein wichtiger Motivationsfaktor, um Ihr Kind zum Mitmachen zu bewegen und dann wieder eine gewisse Regelmäßigkeit und Routine in den Alltag einzuführen.

Punktepläne sollten immer eine Zeitbegrenzung haben. Vereinbaren Sie am Anfang zunächst einmal maximal zwei Wochen für die Durchführung des Punkteplans. Anschließend können sie die Ziele verändern oder den Plan für eine gewisse Zeit aussetzen, damit er auf Dauer seine Attraktivität nicht verliert.

17. Fernseh- und Computerzeiten

Sie alle kennen das unendliche Bedürfnis – vor allem der Buben, möglichst viel Zeit vor Fernseher oder Computer zu verbringen. Und immer wieder taucht in diesem Zusammenhang die Frage auf, wie viel tut hier gut und wo sollten die Grenzen sein. Sie alle erleben, dass Computer und Fernsehen ausgesprochen attraktiv und motivierend für Ihre Sprösslinge sind. Da einen Zeichentrickfilm ansehen oder am Computer spielen eine grundsätzlich andere Motivation und damit auch Gehirnaktivität erzeugt, wird der Kontrast zwischen dem hoch attraktiven Zeichentrickfilm und der anstrengenden Mathematikübung als sehr ausgeprägt empfunden. Der nachfolgende Lernprozess ist dann tatsächlich deutlich anstrengender und schwerer, die Motivation sinkt, der Abspeicherprozess wird negativ beeinträchtigt.

Kinder sollten deshalb nicht nach dem Fernsehen oder dem Spielen am Computer lernen, sondern vorher. Des Weiteren sollte die Zeit deutlich begrenzt sein und auch ein zeitlicher Abstand, d.h. eine angemessene Pause zwischen der Lernphase und dem Fernsehen bzw. dem Spiel am Computer bestehen.

Auch der Abspeicherprozess kann durch diese beiden unterschiedlichen Aktivitäten, nämlich Lernen und Fernsehen bzw. Computerspielen beeinträchtigt sein. Möglicherweise verfügen wir über einen Zwischenspeicher im Gehirn, der die Inhalte, die wir tagsüber aufgenommen und verarbeitet haben, im Schlaf konsolidiert und verfestigt. Gehirnprozesse werden im Schlaf so zu sagen wiederholt, Erinnerungen somit verfestigt. Da wir aber nur eine begrenzte Aufnahmekapazität am Tag haben, müssen wir uns letztendlich fragen, was in diesen wichtigen Zwischenspeicher abgelegt werden soll – unsere Rechenaufgaben oder die Zeichentrickserie? Natürlich gilt es auch in diesem Bereich, Kompromisse zu schließen. Kinder gänzlich vom Fernseh- oder Computerkonsum auszuschließen hieße, sie auch von der Gruppe der Gleichaltrigen auszuschließen. Klare Vereinbarungen sollten hier in Abhängigkeit vom Alter im Voraus getroffen und möglichst auch schriftlich fixiert werden. Dies gilt sowohl für die Fernseh- und PC-Zeit als auch für die Lernzeit.

Fernsehkonsum und Computerzeiten

Eine ungefähre Orientierung für Eltern kann folgende altersabhängige Aufstellung geben:

- für Kleinkinder bleibt die Mattscheibe dunkel
- Vorschulkinder bis zu 30 Minuten
- Grundschulkinder bis zu einer Stunde
- Kinder bis zu 13 Jahren maximal 90 Minuten pro Tag.

18. Schulinterne Fördermaßnahmen: „Mathe-Mütter“ und „Mathe-Trainer“

In Analogie zu „Lese-Müttern“, die bereits im Kindergarten oder in den Grundschulen in die Förderpraxis mit eingebunden werden, könnte auch die Idee der „Mathe-Mütter“ greifen. Engagierte Eltern könnten dabei – wie im erfolgreichen Pisa-Studien-Land Finnland – für die individuelle Förderung der Kinder im Grundschulbereich im Fach Mathematik eingesetzt werden. Eltern müssten durch Lehrer/innen mit „passenden“ Methoden der Mathematik-Förderung von rechenschwachen Kindern vertraut gemacht werden, um sowohl in der Schule als auch zu Hause Kinder bei den entsprechenden Lernprozessen so kompetent wie möglich unterstützen zu können (vgl. Junglehrer Praxis 2006, S. 2). Dem vorausgehen sollte dabei, dass sich Schulleitung, Lehrer und Eltern gemeinsam darüber verständigen, auf welche Faktoren und Mechanismen insbesondere zu achten ist, um beim Rechnen Automatisierungsprozesse zu ermöglichen (dicke Synapsen!). Die Aufmerksamkeit aller Beteiligten ist darauf zu legen, dass sich bei den Kindern keine Fehlstrategien wie beispielsweise das unnötige innere Hochzählen einschleifen.

Eine aus Grund- und Hauptschullehrern bestehende Arbeitsgemeinschaft „Rechenschwache Kinder angemessen fördern“, stellte sich die Frage: „Was machen wir denn nun, wenn Eltern nicht mitarbeiten wollen oder auch nicht mitarbeiten können?“ Die Notwendigkeit des Wiederholens, so die Lehrer, kann im Unterricht in der erforderlichen Häufigkeit und bei der betroffenen Anzahl von Schülern schlecht parallel zum normalen Unterrichtsstoff organisiert werden. Folgende Idee wurde entwickelt: Analog zur Streitschlichterausbildung bestände doch die Möglichkeit, Viertklässler zu Mathetrainern auszubilden und zu Paten für rechenschwache Schüler der zweiten Grundschulklasse zu machen. Zu definierten Zeiten im Schulalltag könnte dann einmal täglich 10 bis 15 Minuten mit den entsprechenden Lernmethoden wiederholt werden. Pate bzw. Mathetrainer und Kind würden ein Team bilden.

Wenn die Idee der Ganztagsschule weiter an Bedeutung gewinnt und umgesetzt wird, so wäre auch die Idee des Mathetrainers als Paten leichter in den Schulalltag einzubinden.

Prinzipien und Erfahrungen, die Lehrer aus einer Arbeitsgemeinschaft zum Thema Rechenschwäche/Dyskalkulie mitgenommen haben

Erfolge schaffen

Nicht anstrengen!
Übungsprinzip: „Streng' dich nicht an!"

Fehlstrategie vermeiden, verhindern
Fehlstrategien durch lautes Rechnen erkennen
Öfter fragen: Wie hast du das gemacht?
Zählen vermeiden!

Das Einfache ist das eigentlich Pädagogische!

Sauberes Gliedern, klares Strukturieren

Synapsen „dick machen"
Starke Synapsen schaffen
Automatisieren ist nicht altmodisch
Regelmäßige Wiederholung
Wiederholen, wiederholen, wiederholen ...
Regelmäßige kleine Häppchen

Weniger ist mehr
Viele Wege führen nicht zum Ziel (Veranschaulichung)
Weniger ist mehr auch bei arithmetischen Prozeduren

Visuelles Üben (Zahlenkärtchen)

Man trainiert das, was man trainiert!

Kritisch-konstruktiver Umgang mit dem Lehrplan
Lehrpläne sind auch nicht die Bibel!

Elternarbeit
Tipps für Eltern, griffige Eltern-Info

Größere Sicherheit im Umgang mit betroffenen Schülern
Verlassenkönnen auf die eigene Erfahrung
Mut, Stärkung, Bestätigung

Teil IV: Konkrete Lernmethoden

Kapitel 15: Lernmethoden – eine Einführung

1. Gibt es Lernrezepte?

Wenn wir an Lernstrategien denken, dann müssen wir uns die Frage stellen, ob es immer geltende Lernmethoden im Sinne von Lernrezepten gibt. Die Antwort hierauf lautet: Es gibt nichts Allgemeingültiges für jeden und jede, sondern wir müssen uns stets den Einzelfall, d. h. das einzelne Kind, vor Augen führen. Es gibt zwar keine Patentrezepte – es gibt aber Grundprinzipien des Lernens, grundlegende Vorgehensweisen, die im Einzelfall Berücksichtigung finden können.

Zu diesen Grundprinzipien gehört, dass eine einmalige Einsicht, d. h. ein einmaliges Verstehen des zu lernenden Stoffes nicht ausreicht, um ihn zu behalten. Wir haben es schon ausführlich dargelegt, – angesichts unserer doch erheblichen Vergesslichkeit ist ein angemessenes und regelmäßiges Wiederholen notwendig.

Bei der Frage nach allgemein gültigen Lernrezepten stoßen wir auch auf die schulischen Lernwege, die für unsere rechenschwachen Kinder ein Hindernis sein können. Je vielfältiger und unterschiedlicher sie sind, umso eher kann das Kind verwirrt, verunsichert werden und immer mehr in Defizite hinein rutschen. Hier gilt eben nicht „viel taugt viel" oder im Sinne des „Schrotschussverfahrens" – „eine Methode wird schon treffen". Methoden sollten immer auf die Probleme und die Möglichkeiten der Kinder abgestimmt sein.

Auf den einzelnen Fertigkeitsebenen gibt es typische Fallen bzw. Fehlermuster, die entstehen können. Die Hauptschwierigkeit besteht jedoch sehr häufig darin, dass Grundrechenfertigkeiten nicht ausreichend automatisiert wurden. Zu geringe Automatisierungen zwingen das Kind schon fast dazu, Fehlstrategien zu entwickeln. Aufgrund der basalen Defizite entstehen meist massive Probleme auf der Ebene der darauf aufbauenden komplexeren Rechenoperationen. Die eingeübten Fehlstrategien auf den „niederen" Ebenen der Rechenfertigkeit, besonders die Fehlstrategie des inneren Zählens, verschlimmern die Problematik zusätzlich.

Es gibt keine Lernstrategie, die für jedes Kind zu empfehlen wäre. Manche Lernwege verschlimmern anfängliche Schwächen sogar noch. Lernt und lernt Ihr Kind, seine Leistung wird aber überhaupt nicht besser, sondern vielleicht sogar schlechter, so ist die Lernstrategie in Frage zu stellen. Für jedes Kind müssen wir passende Lernstrategien entwickeln, die auf den allgemeinen Gesetzmäßigkeiten der Lernpsychologie basieren. Wir müssen die Stärken der Kinder kennen und einbeziehen, weniger deren Schwächen, und wir müssen die Lernstrategien ausprobieren und sie nur dann weiter benutzen, wenn sie auch taugen. Dennoch, Grundzugangsweisen können vereinfacht und exemplarisch dargestellt werden und bilden so den Rahmen, innerhalb dessen wir unser Kind die Erfolgstreppe hinaufschicken können.

2. Welche Ziele haben wir?

Im Bereich der Mathematik gilt es, in der Grundschule drei Teilbereiche zu beherrschen, in diesen Automatisierungen herbeizuführen und gleichzeitig auch eine positive gefühlsmäßige Bewertung zu erreichen.

- Das basale Zahl- und Mengenverständnis
  Zahlen stehen für Größen und es entwickelt sich ein innerer Zahlenstrahl. Das Kind soll z. B. in der Lage sein, zu erkennen, dass 71 mehr ist als 39, 500 deutlich mehr als 299.
- Das arithmetische, bzw. numerische Faktenwissen
  Hier gilt es das Einspluseins und das Einmaleins zu Automatisieren, d. h. die Antwort innerhalb einer Sekunde parat zu haben.
- Arithmetische Prozeduren
  Die Abfolge von nacheinander durchzuführenden Rechenschritten, wie z. B. beim Zehnerübergang oder beim schriftlichen Malnehmen, muss hier beherrscht werden und in der richtigen Reihenfolge durchgeführt werden können.

Das numerische Faktenwissen und die darauf aufbauenden arithmetischen Prozeduren sind unser *Handwerkszeug* in der Mathematik. Nur wenn wir das Handwerkszeug beherrschen, sind wir in der Lage, komplexere Problem- und Aufgabenstellungen zu lösen. Geht es um die arithmetischen Prozeduren, d. h. das Erlernen einer Abfolge von nacheinander durchzuführenden Rechenschritten, so ist es notwendig, Kinder frühzeitig bestimmte Aufgabenmuster, wie z. B. das schriftliche Malnehmen wiederholen zu lassen.

Eine gute Zugangsweise, um die Rechenfähigkeit zu fördern und die Motivation der Kinder zu stärken, ist es, auch die rechenschwachen Kinder möglichst bald **Sachaufgaben erfinden** zu lassen. Hier ist der Ort, an dem die Kinder lernen, einerseits kreativ und andererseits handwerklich an die mathematischen Aufgabenstellungen heranzugehen. Sie können Problemstellungen erfinden und dann mit ihrem Handwerkszeug lösen. Es gilt also nicht, wie häufig von unseren Schulen propagiert, arithmetische Prozeduren zu erfinden, z. B. wie löse ich am kreativsten die Aufgabe 5 × 4, sondern sich beim Üben sachbezogene Aufgabenstellungen auszudenken. Diese Problemstellungen werden dann mit den arithmetischen Prozeduren gelöst, die gut beherrscht werden.

Die vielerorts anzutreffende Idee, die sich auch in Grundschulplänen wiederfindet, Kinder kreativ mit Zahlen umgehen zu lassen, führt unserer Ansicht nach besonders bei schwächeren Kindern zu Verwirrung und Fehlstrategien sowie anschließend zu Frustrationen.

Kreativität sollte an der richtigen Stelle eingesetzt werden. Erst wenn die Kinder ihr Handwerkszeug beherrschen, ist es möglich, Sachaufgaben in kreativer Weise zu entwerfen und zu lösen.

3. Grundprinzipien für die Automatisierung auf den drei Ebenen der arithmetischen Verarbeitung

Lernmethoden, die Kinder und Eltern als Team angehen, müssen einfach, überschaubar und möglichst leicht nachvollziehbar sein. Sie müssen zu Hause und auch in der Unterrichtssituation leicht umsetzbar sein. Es sollen wenige Methoden sein, ausgewählte Methoden, die sicher nicht den gesamten Bereich der Mathematik abdecken, aber zentrale Lerninhalte. In der Schlussreflexion einer Arbeitsgemeinschaft zur angemessenen Förderung von Kindern mit einer Rechenschwäche äußerten die Lehrer: „Das Einfache ist eigentlich das wahrhaft Pädagogische."

Lernmethoden in der Mathematik sollten möglichst wenig Anstrengung kosten und schnell zu einem ersten Lernerfolg führen. Kinder müssen unmittelbar erleben können – „Das hab' ich hinbekommen!", was wiederum direkten Einfluss auf die emotionale Bewertung des Lerngegenstandes Mathematik hat.

Auch die notwendigen Wiederholungen dürfen nicht zu anstrengend sein. Sie müssen in ausreichender Anzahl durchgeführt werden können, denn einmal gekonnt heißt noch nicht automatisiert. Da der Kurzzeitspeicher bei unseren rechenschwachen Kindern oft nicht allzu groß ist (maximal drei bis fünf Items), benötigen sie kleine „Lernportionen". Nur wenn sie erleben – „Das ist nicht so anstrengend.", werden sie mitmachen und zum Erfolg kommen.

Methoden im Bereich der Mathematik müssen so konstruiert sein, dass die Aufmerksamkeit der Kinder gezielt und selektiv auf den Lerninhalt ausgerichtet ist, und sie nicht abgelenkt werden. Es soll also nicht etwas Allgemeines und Unspezifisches gelernt werden, sondern genau das, was angestrebt ist, z. B. der Zehnerübergang.

Günstig ist es, Methoden zu verwenden, die nicht lange verbal erläutert und erklärt werden müssen, sondern von Eltern oder Lehrern gezeigt, d. h. auch visuell und handelnd vorgeführt und später von den Kindern selbst durchgeführt werden können. Wir haben die Erfahrung gemacht, dass die Kinder durch das Zeigen und modellhafte Vormachen wesentlich aufnahmebereiter sind und sich die Lerngegenstände besser merken können als durch lange, ablenkende und rein verbale Erklärungen.

4. Auf welcher Ebene beginnen wir mit dem Üben?

Sind auf der Ebene des basalen Zahl- und Mengenverständnisses und im Verständnis der jeweiligen Rechenoperation keine größeren Probleme zu erkennen, beginnen wir mit unseren Übungen auf der Stufe der Automatisierung des numerischen Faktenwissens bzw. der einfachen arithmetischen Prozeduren. Konkrete Übungsformen hierzu finden Sie in Kapitel 17. Voraussetzung für diese Lernmethoden ist jedoch, dass Ihr Kind eine Vorstellung vom jeweiligen Zahlenraum und ein Verständnis der basalen Rechenoperationen besitzt. Wenn dies, nach Überprüfung, nicht der Fall sein sollte, müssen wir noch einmal auf der Veranschaulichungsebene ansetzen, um zunächst hier das Fundament zu sichern (siehe Kapitel 16).

Kapitel 16: Lernen durch Veranschaulichung

Sie erinnern sich? Kinder sollen in der ersten Phase des Rechenerwerbs ein grundlegendes Verständnis für Rechenoperationen erlangen. Zum einen sollen sie eine Menge, z. B. fünf Murmeln auf einen Blick erkennen, zum anderen ein Verständnis dafür erlangen, was bei der Addition und Subtraktion „passiert“ und welches Ergebnis erzielt wird. Ziel ist es, eine „innere Landkarte“, d. h. eine innere Vorstellung eines Mengenbildes im Zahlenraum bis 10 aufzubauen.

Unser Kind muss also den Zahlenraum bis 10 zunächst auf der Veranschaulichungsebene erfassen und Rechenoperationen „verstehen“. Aber erst bei häufiger Anwendung der Rechenoperation auf Symbol- und Ziffernebene wird diese allmählich automatisiert und somit Kapazität für komplexere Aufgaben geschaffen. Die „Rechenoperation“ an sich sollte dann letztlich nicht länger als eine Sekunde dauern: Klick – und das Ergebnis meiner jeweiligen Aufgabe (z. B. „4 + 5“) fällt mir sofort ein („= 9“). Nur dann, d. h. nur wenn ich bereits auf dieser niedrigsten Stufe im Rechenlernprozess Automatisierungsprozesse fördere (vgl. Kapitel 17), wird die Voraussetzung für spätere Verstehensprozesse geschaffen. Unser Arbeitsspeicher wird dann wieder entlastet und frei für „sinnstiftendes Lernen“ (vgl. Stern 2003) wie z. B. das Lösen von Sachaufgaben, der Entwicklung der „Rechenfähigkeit“.

Leitprinzipien im Bereich der Veranschaulichung

- Über Veranschaulichung ist die notwendige Automatisierung z. B. bei Additions- und Subtraktionsaufgaben oder beim Einmaleins nur in sehr begrenztem Umfang zu erreichen.
- Mehrere unterschiedliche Veranschaulichungsformen verwirren das rechenschwache Kind mehr, als dass sie ihm helfen.
- Veranschaulichungsformen sollten nur dosiert und eingedenk ihrer Grenzen eingesetzt werden.

Wie gelingt es, eine Mengenvorstellung im Zehnerraum zu entwickeln sowie die Bedeutung der Addition und Subtraktion zu erfassen? Nach dem Motto „weniger ist mehr“ halten wir zwei Veranschaulichungsformen in diesem Bereich für notwendig und ausreichend.

1. Das Zehnersteckbrett

Erstklässler tun sich zum Teil schwer, ungeordnete Gegenstände wie Perlen oder Klötzchen in ihrer Menge direkt zu erfassen. Oft gelingt es den Kindern zwar, eine Anzahl von vier oder fünf Objekten auf einen Blick zu erkennen, alles, was jedoch darüber hinausgeht, ist meist nur „viel". Hier benötigen die Kinder eine äußere Struktur, die sie als inneres Bild abspeichern können: Was bedeutet z. B. die Zahl „7"?

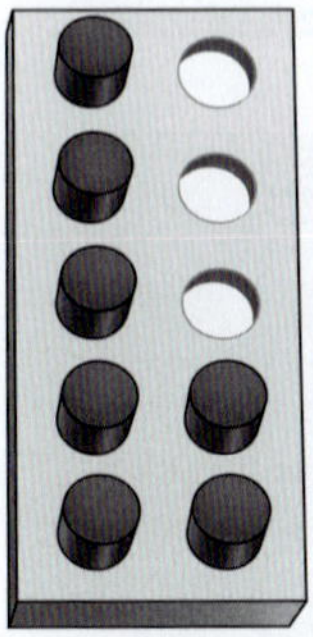

Abbildung 16.1:
Visuelles Erfassen einer Zahl im 10er-Raum mithilfe eines Steckbretts

Die „7" hat eine bestimmte Gestalt (5 + 2 in Analogie zu unseren Händen). Bei der Arbeit mit dem Steckbrett, das auch für Kinder mit Rechenschwäche gut motorisch zu handhaben ist, sollte es nicht beim bloßen Hantieren und Experimentieren bleiben. Ziel ist das „Abfotografieren" der visuellen Gestalt der Menge, sodass ein inneres Bild der Menge entstehen kann.

Übungsformen

a) Eltern: „Steck mir 3, 5, 8, ...!"
Das Kind steckt zählend die vorgegebene Zahl in der richtigen Anordnung (vgl. Abb. 16.2).

b) Eltern: „Welche Zahl ist das?"
Die Eltern machen eine Vorgabe, indem sie im Steckbrett z. B. die Zahl 8 stecken, die das Kind sodann sofort erkennen muss.

Durch häufiges Vorgeben, d. h. durch häufiges „Abfotografieren", werden Gestalt und Menge auswendig gelernt.

Die Steckbretter können über die Mainfränkische Werkstätten GmbH bezogen werden, Tel. 0931/200220 sowie Fax 0931/2002225, E-Mail info@mainfraenkische-werkstaetten.de. Die Mainfränkische Werkstätten GmbH ist eine gemeinnützige Gesellschaft, die ein umfassendes Angebot an Arbeitsplätzen für erwachsene Menschen mit Behinderung bereithält.

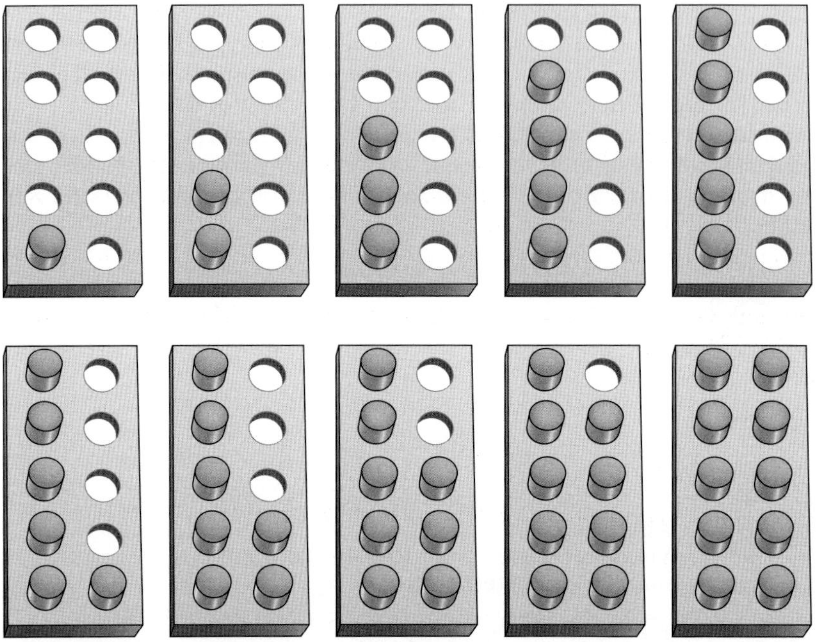

Abbildung 16.2: Das Steckbrett – ein einfaches und taugliches Mittel, ein inneres „Bild" der Zahlen von 1 bis 10 zu entwickeln

Im nächsten Schritt wird der Rechenvorgang der Addition und Subtraktion veranschaulicht (siehe Abb. 16.3). Die Aufgabenstellung 6 + 2 (durch farbig unterschiedliche Darbietung) und das entsprechende Ergebnis „8", erkennt das Kind sofort.

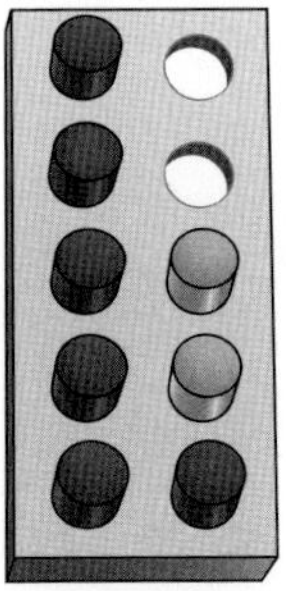

Abbildung 16.3:
Additions- und Subtraktionsaufgaben im 10er-Raum lassen sich mit Hilfe des Steckbrettes leicht erfassen

a) Das Zehnersteckbrett in zwei Versionen

Das Zehnersteckbrett in der zuvor abgebildeten Form (siehe Abb. 16.2) ermöglicht es Kindern der ersten Klasse, eine Anzahl von Objekten auf einen Blick zu erkennen. Die Kinder benötigen eine äußere Struktur, da es für sie schwierig ist, mehr als vier oder fünf Objekte auf einen Blick zu erfassen. Diese äußere Struktur, die mit dem Steckbrett visuell dargeboten wird, kann dann als inneres Bild abgespeichert werden. Das Steckbrett mit den parallel angeordneten 5er-Reihen entspricht in seiner äußeren Gestalt unseren Händen. Ziel für den Erstklässler ist hier also das Abfotografieren der visuellen Gestalt der Menge, sodass ein inneres Bild der Menge entstehen kann.

Die Erfahrung zeigt: Diese Form der Darstellung ist für jüngere Kinder einfacher, da die Gestalt in Form der Parallelität bzw. der zwei Hände eine bessere Unterscheidung der Zahlen auf einen Blick ermöglicht.

Ein zweites Steckbrett, bei dem die Zahlen der Reihe nach angeordnet sind und somit besser dem inneren Zahlenstrahl entsprechen, ist sozusagen eine Fortführung des ersten Steckbretts. Dieses Steckbrett (siehe Abb. 16.4) stellt daher den Übergang zur zweiten Veranschaulichungsmethode dar, nämlich der des Zahlenstrahls.

Abbildung 16.4 Steckbrett 2

Wenn Sie Abbildung 16.4 betrachten, sehen Sie in der Mitte zwischen den beiden 5er-Blöcken einen etwas größeren Einschnitt als zwischen den einzelnen Segmenten. Diese kleine Unterbrechung zwischen den zwei 5er-Reihen ist eine visuelle Hilfe, jedoch so gering, dass sie die Gleichförmigkeit der Anordnung nicht deutlich unterbricht. Die Zahl „7" ist weiterhin auf einen Blick erkennbar, da der kleine Einschnitt nach dem 5er-Segment den Beginn des neuen 5er-Segmentes andeutet. Wenn Ihr Kind mit diesem Steckbrett hantiert, liegt ein kleiner Trick darin, den Zeigefinger auf die Stelle zwischen der „5" und der „6", die etwas breiter ist, zu legen, um dem Kind den Beginn des neuen Segmentes zu verdeutlichen.

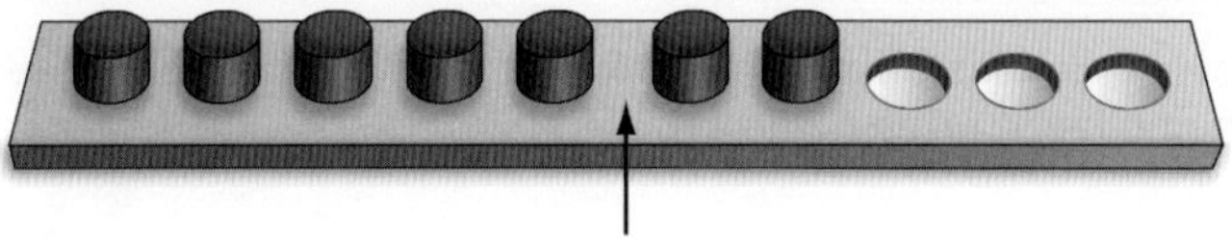

Abbildung 16.5: Steckbrett 2 – Hilfe beim direkten Erfassen

Legt man zwei Steckbretter hintereinander, wird der Übergang zum Zahlenstrahl ersichtlich.

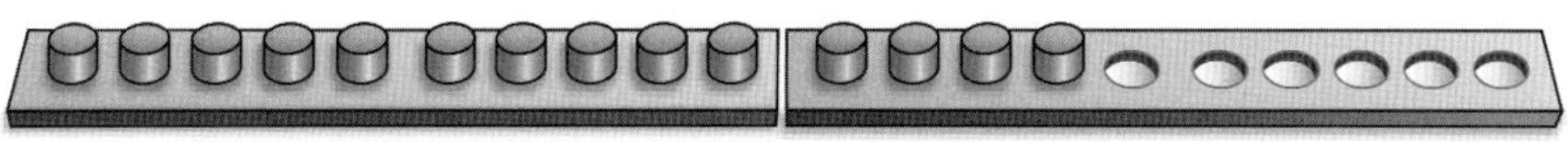

Abbildung 16.6: Steckbrett 2 – der Übergang zum Zahlenstrahl

2. Der Zahlenstrahl

In der ersten Klasse müssen die Kinder, als Voraussetzung für die Durchführung mathematischer Operationen mit Ziffern und Rechenzeichen, eine Vorstellung über die serielle Anordnung der Zahlen im Zahlenraum erwerben.

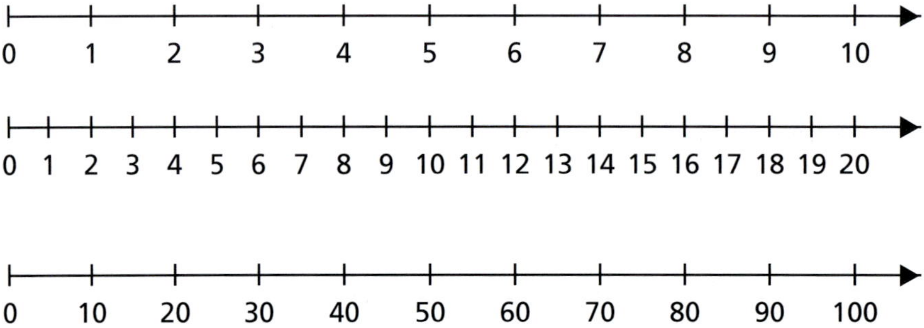

Abbildung 16.7: Zahlenstrahle 0–10, 0–20 und 0–100

Es ist sinnvoll, mit dem Zahlenstrahl zu arbeiten. Mit seiner Hilfe lernen die Kinder z. B. Nachbarzahlen „auswendig" zu benennen und einzuordnen.

Übungsform

Eltern: „Wie heißen die Nachbarzahlen der Zahl 6?"

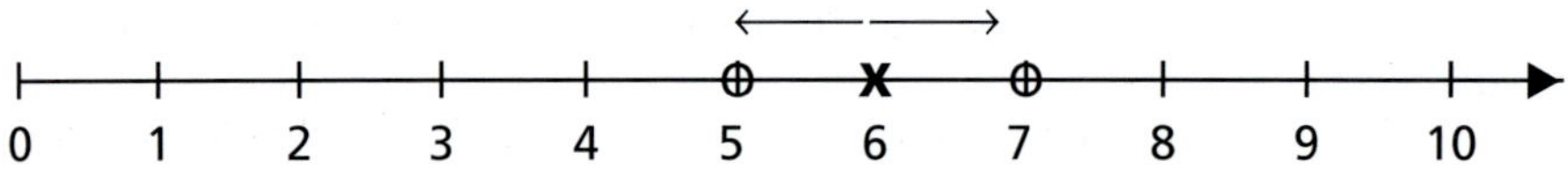

Abbildung 16.8: Mit Hilfe des Zahlenstrahls 0–10 können die Nachbarzahlen der 6 visuell leicht erfasst werden.

Weitere Übungsformen (siehe Abbildung 16.8)

a) Eltern: Wo liegt die 8? Mach dort ein Kreuz!
b) Eltern: Welche Zahl ist das?
Die Eltern markieren eine unbenannte Stelle auf dem Zahlenstrahl durch ein Kreuz. Das Kind soll diese – sofort – benennen.

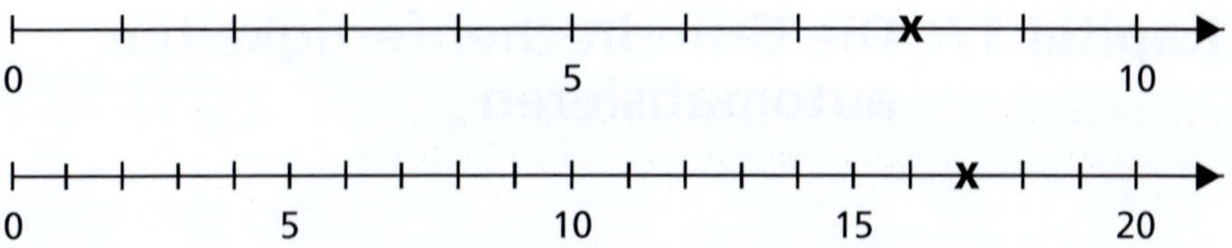

Abbildung 16.9: Weitere Übungsformen mit dem Zahlenstrahl

Zahlenstrahl mit Rechenoperationen

Übungsformen (siehe Abbildung 16.9)

a) Zeichne mir ein: 6 + 2!
Das Kind führt zeichnerisch auf dem Zahlenstrahl die Rechenoperation durch.

b) Zeichne mir ein: 8 – 3!
Das Kind führt wiederum zeichnerisch auf dem Zahlenstrahl die Rechenoperation durch.

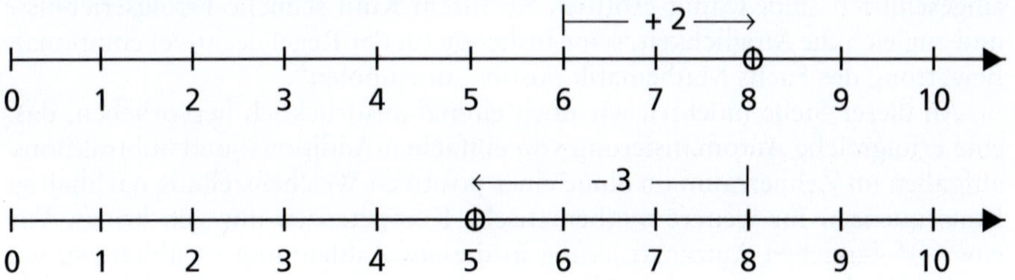

Abbildung 16.10: Der Zahlenstrahl eignet sich gut zur Veranschaulichung von Additions- und Subtraktionsaufgaben

An dieser Stelle möchten wir betonen, dass Steckbrett und Zahlenstrahl als Veranschaulichungsmittel keinen Selbstzweck darstellen. Hier geht es vielmehr darum, Kindern Einsichten zu vermitteln. Diese müssen jedoch wiederholt werden, damit sie dauerhaft abgespeichert werden können.

Fazit: Bei einer Veranschaulichung von Rechenoperationen darf es in der frühen Stufe des Rechenlernprozesses nicht bleiben. Sinn und Zweck des Übens mit dem Steckbrett oder dem Zahlenstrahl ist es nicht, in dessen Folge bei einfachen mathematischen Aufgaben „innerlich zu jonglieren" oder gar zu zählen, sondern das korrekte Ergebnis sofort, d. h. unmittelbar mitteilen zu können. Aus der Einsicht bzw. dem Verstehen muss also ein Automatisieren, ein auswendig gelerntes Beherrschen werden. **Veranschaulichungsmittel dürfen nicht zu Abzählhilfen werden!**

Kapitel 17: Die Grundrechenfertigkeiten automatisieren

Die folgenden Methoden helfen Ihrem Kind, seine jeweiligen Rechenoperationen im Zahlenraum Schritt für Schritt zu automatisieren. Wir fangen dabei so „tief wie nötig" an, um das Fundament zu sichern.

Obwohl von schulischer Seite häufig mit der Mengenzerlegung begonnen wird, werden Sie feststellen, dass es für rechenschwache Kinder häufig einfacher ist, Additions- und Subtraktionsaufgaben zu „verstehen" und zu lernen. Etwas dazuzutun oder etwas wegzunehmen, ist für Kinder einsichtiger, als eine Menge zu zerlegen. Deswegen sollten Sie die Mengenzerlegung, auch wenn Sie später mit Ihrem Kind nachlernen müssen, nicht wiederholen. Besucht Ihr Kind bereits die dritte oder eine höhere Klasse, möchten wir Ihnen sogar raten, zunächst mit der Automatisierung des Einmaleins (vgl. S. 161 ff) zu beginnen. Dies ist häufig leichter zu erlernen, da die Fehlstrategien wie bei Plus und Minus noch nicht so eingeschliffen sind. Damit eröffnen Sie Ihrem Kind schnelle Erfolgserlebnisse und zugleich die Möglichkeit, seine bisherige (in der Regel negative) emotionale Bewertung des Fachs Mathematik positiv „umzupolen".

An dieser Stelle möchten wir noch einmal ausdrücklich hervorheben, dass eine erfolgreiche Automatisierung von einfachen Additions- und Subtraktionsaufgaben im Zehnerraum im Sinne einer positiven Weichenstellung nachhaltige Konsequenzen für weitere mathematische Kompetenzen mit sich bringt. Von einer erfolgreichen Automatisierung in diesem Zahlenraum ist abhängig, wie gut Ihr Kind später komplexe Plus- und Minusaufgaben bzw. die dabei durchzuführenden Abfolgen von Rechenschritten erlernen kann. Dies ist mit unmittelbaren Folgen für die gefühlsmäßige Grundhaltung Ihres Kindes zum Fach Mathematik („Das mag ich nicht, ist sehr anstrengend …") bzw. für seine Selbsteinschätzung der eigenen mathematischen Leistungsfähigkeit („Ich bin gut", „Ich bin nicht gut") verbunden. Entscheidend werden dadurch Lernmotivation und Übungsdauer Ihres Kindes in Mathematik mitbestimmt. Das Ziel besteht in einer Sicherung des grundlegenden Fundaments, um den Arbeitsspeicher für komplexere Rechenaufgaben und Sachaufgaben zu entlasten. Dies geschieht durch die Etablierung neuronaler Netzwerke, welche die kürzeste Verbindung zwischen Aufgabenstellung und -ergebnis schaffen und lange Umwege durch zählendes Rechnen oder komplizierte Rechenoperationen im Zehnerraum vermeiden. Die Rechenfertigkeit ist als Handwerkszeug zu verstehen, welches später eingesetzt wird, um Sachaufgaben lösen zu können. Das nachfolgende Schaubild vermittelt einen Überblick über die aufzubauenden Grundfertigkeiten im Bereich der Addition und Subtraktion.

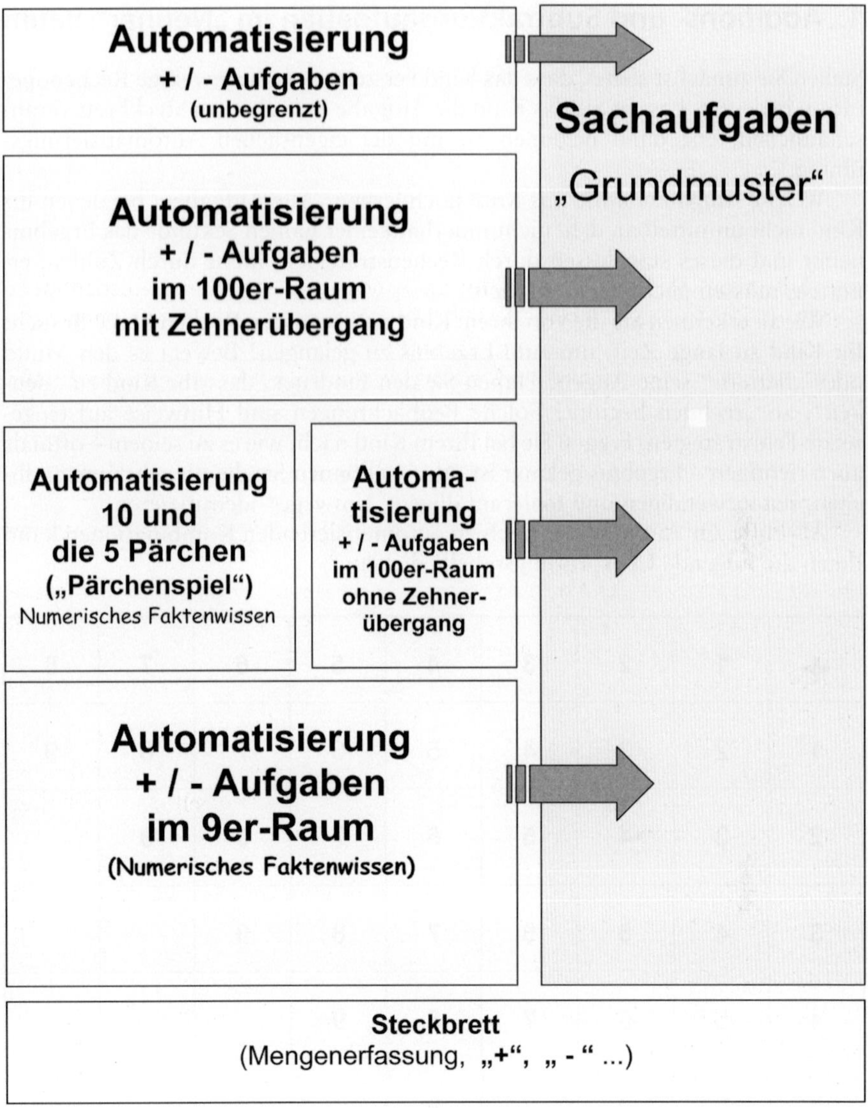

Abbildung 17.1: Überblick über das Erlernen der Rechenfertigkeit Addition/ Subtraktion

1. Additions- und Subtraktionsaufgaben im „Neuner"-Raum

Stellen Sie zunächst sicher, dass das Kind versteht, was die jeweilige Rechenoperation bedeutet. Lassen Sie das Kind die Aufgabe zunächst am Steckbrett veranschaulichen, erst dann beginnen Sie mit der eigentlichen Automatisierungsübung.

Welche Aufgaben muss das Kind noch lernen? Alle Aufgaben, bei denen Ihr Kind nicht unmittelbar, d. h. nicht innerhalb einer halben Sekunde das Ergebnis nennt und dieses stattdessen durch Rechenstrategien, meist durch Zählen, ermittelt, müssen nachgelernt werden.

Woran erkennen Sie die von Ihrem Kind angewandten Rechenwege? Braucht Ihr Kind zu lange Zeit, um zum Ergebnis zu gelangen? Bewegt es den Mund oder „flattern" seine Augen? Haben Sie den Eindruck, dass Ihr Kind zu „denken", zu „rechnen beginnt? Solche Beobachtungen sind Hinweise auf eingesetzte Fehlstrategien. Fragen Sie bei Ihrem Kind nach, wie es zu seinem – oftmals auch richtigen – Ergebnis gelangt ist. Nur so können Sie die oft sehr umständlichen, zeitaufwendigen und fehleranfälligen „Umwege" identifizieren.

Als Hilfe zur Auswahl der noch zu automatisierenden Kombinationen kann Ihnen die folgende Überprüfungstabelle dienen:

+	**1**	**2**	**3**	**4**	**5**	**6**	**7**	**8**
1	2	3	4	5	6	7	8	9
2	3	**4**	**5**	**6**	**7**	**8**	**9**	
3	4	**5**	**6**	**7**	**8**	**9**		
4	5	**6**	**7**	**8**	**9**			
5	6	**7**	**8**	**9**				
6	7	**8**	**9**					
7	8	**9**						
8	9							

Abbildung 17.2: Überprüfungstabelle zur Addition im 9er-Raum

Sie werden feststellen, dass es gar nicht so viele Kombinationen im Bereich der Addition im Zahlenraum bis 9 sind, die Ihr Kind noch nachzulernen hat. Viele Additionen der Tabelle beherrscht es bereits, z. B. die Aufgaben 1 + … und … + 1. Es bleiben noch 21 Kombinationen übrig. Ihr Kind weiß vielleicht auch sofort das Ergebnis der Aufgabe 2 + 2, 3 + 3, 4 + 4, somit verbleiben nur noch 18 Kombinationen. Vielleicht beherrscht es ebenfalls bereits die Additionen 3 + 2 und 4 + 2, dann verbleiben nur noch 16 Kombinationen.

Analog verfahren Sie bei der Überprüfung der Kombinationen in der Subtraktion mit folgender Tabelle (siehe Abb. 17.3).

Auch hier verbleibt eine überschaubare Anzahl von Lernkombinationen. Kann Ihr Kind alle Aufgaben mit … – 1 lösen, verbleiben nur noch 28 Subtraktionen. Wenn ihr Kind zusätzlich alle Aufgaben mit dem Ergebnis 1 , also 3 – 2, 4 – 3, 5 – 4, 6 – 5, 7 – 6, 8 – 7 und 9 – 8 beherrscht, sind es nur noch 21 zu automatisierende Kombinationen.

Vielleicht wussten Sie es schon vorher oder Sie werden es jetzt feststellen: Die Addition wird in der Regel besser als die Subtraktion beherrscht. Aufgaben mit kleineren Zahlen sind leichter zu lernen als Aufgaben mit größeren Zahlen.

Nachdem Sie systematisch alle möglichen Kombinationen von Additions- und Subtraktionsaufgaben im 9er-Raum überprüft und diejenigen herausgefil-

–	**9**	**8**	**7**	**6**	**5**	**4**	**3**	**2**	**1**
1	8	7	6	5	4	3	2	1	0
2	**7**	**6**	**5**	**4**	**3**	**2**	**1**	0	
3	**6**	**5**	**4**	**3**	**2**	**1**	0		
4	**5**	**4**	**3**	**2**	**1**	0			
5	**4**	**3**	**2**	**1**	0				
6	**3**	**2**	**1**	0					
7	**2**	**1**	0						
8	**1**	0							
9	0								

Abbildung 17.3: Überprüfungstabelle zur Subtraktion im 9er-Raum

tert haben, die das Kind noch nicht angemessen beherrscht, schreiben Sie diese Aufgaben auf Kärtchen: auf die Vorderseite die Aufgabe, auf die Rückseite das Ergebnis. Sie beginnen nun mit dem schrittweisen Automatisieren von Additions- und Subtraktionsaufgaben im 9er-Raum (vgl. Abbildung 17.4).

Für die Anzahl der neu hinzukommenden Aufgaben pro Tag sollten Sie grundsätzlich das Alter des Kindes und seine jeweilige Behaltensleistung berücksichtigen. Ältere Kinder, z. B. aus Klasse 3 und 4, können sich im günstigsten Fall drei neue Kombinationen pro Tag einprägen. Bei Kindern, die die erste oder zweite Klasse besuchen, ist in der Regel nur eine neue Kombination pro Tag angemessen. Bei diesen jüngeren Kindern und solchen, die eine ausgeprägte Schwäche in der Kapazität ihres Kurzzeitgedächtnisses aufweisen (was ggf. mittels entsprechender Testverfahren zu überprüfen ist), sollten Sie eine Überforderung unbedingt vermeiden.

Der erste Tag ist für das Lernen neuer Aufgaben besonders wichtig und erfordert eine ausreichende Anzahl von Wiederholungsdurchgängen. Hier wird eine erste Verknüpfung zwischen den Nervenzellen aufgebaut, die so stabil sein soll, dass sie am nächsten Tag noch besteht, so dass dann mit der „Verdickung" der Synapsen begonnen werden kann. Dies bedeutet konkret, dass das Kind am nächsten Lerntag das Ergebnis der Aufgabe vom Vortag noch erinnert.

Jedes Kind ist anders. Insofern müssen Sie ausprobieren, wie viele Wiederholungsdurchgänge in welchen Zeitabständen am ersten Lerntag notwendig sind, um das Ziel zu erreichen. Sinnvoll ist es, am ersten Lerntag immer wieder Wiederholungsdurchgänge in den Alltag einzubauen, z. B. „Weißt Du noch? 9 – 6 ?" oder „Wie heißt unsere heutige Aufgabe, bei der als Ergebnis die 3 herauskommt?".

Bei dieser Art des Lernens mit den Kärtchen werden beide Hauptsinneskanäle eingesetzt. Die Kinder sehen die Zahlen, d. h. sie können sie visualisieren, sie können aber auch die Aufgabenstellung noch einmal verbal wiederholen.

Wichtig, ja entscheidend bei diesem Lernvorgang ist Folgendes: Kann Ihr Kind die Aufgabe nicht auf Anhieb beantworten, drehen Sie das Kärtchen sofort um und zeigen Sie ihm das Ergebnis. Dies ist wichtig, damit die halbe bis eine Sekunde zur Herstellung der Assoziation von Aufgabe und Ergebnis im Gehirn nicht überschritten wird. Würden Sie das Kärtchen nicht sofort umdrehen, bestünde zudem die Gefahr, dass Ihr Kind erneut zu einer Fehlstrategie greift, z. B. zum Zählen mit den Fingern oder dem inneren Hoch- und Zurückzählen. An die Stelle solcher mangelhafter Strategien sollte aber in Zukunft das auswendig beherrschte, das „verautomatisierte" Ergebnis treten.

Um die Behaltensleistung Ihres Kindes zu verbessern, verändern Sie in einem nächsten Schritt sowohl die Raumlage als auch die Reihenfolge der Karten. Schieben Sie drei bzw. vier Kärtchen hin und her und wiederholen Sie dieses mehrmals mit Ihrem Kind.

Sofern Sie nur eine neue Aufgabe pro Tag einführen, nehmen Sie einfach die Aufgaben der letzten beiden Tage hinzu, um die benötigten drei Aufgaben zur Veränderung der Raumlage zu erhalten. Lernt Ihr Kind täglich zwei neue Aufgaben, nehmen Sie die zwei Aufgaben vom letzten Tag hinzu und verändern mit den nun insgesamt vier Aufgaben deren Reihenfolge und Raumlage.

Zusätzlich gilt es, alle erlernten Kombinationen täglich ein bis zwei Mal im „Schnelldurchlauf" zu wiederholen. Dabei kommt es darauf an, dass Ihr Kind die Aufgaben, die Sie ihm zeigen, sofort mit dem richtigen Ergebnis beantwortet. Zum Schluss verfügen Sie über maximal 40 Aufgaben für diesen „Schnelldurchlauf". Diese Aufgaben sollten Sie nicht alle hintereinander präsentieren, sondern z. B. in 10er-Blöcken abfragen. Dieses Vorgehen kostet Sie und Ihr Kind vielleicht nur eine Minute Zeit. Nutzen Sie anfangs immer die visuelle Darbietung mit den Kärtchen, statt die Aufgaben nur mündlich abzufragen. Sollen die Aufgaben wirklich sicher im Gehirn abgespeichert werden, lohnt es sich, die „Schnelldurchläufe" ein halbes Jahr lang regelmäßig durchzuführen.

Wichtig: Kein inneres Hoch- bzw. Zurückzählen!
Ziel: Lösung innerhalb einer Sekunde.

Kärtchen wird umgedreht/Lösung gezeigt, wenn erkennbar ist, dass das Kind innerlich zählt oder es länger als eine Sekunde dauert.

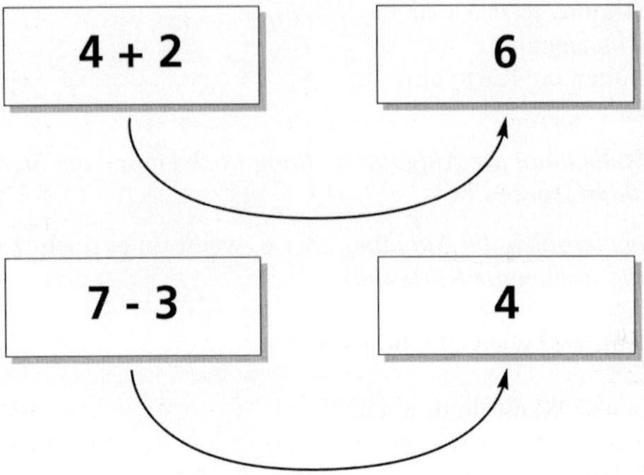

Übungsbeispiel

7 - 3 | 7 - 5 | 7 - 5 | 7 - 3

Einprägen des Ergebnisses möglichst in Zweierblöcken mit Wechsel der Raumlage und mehrmaligen/vielfachem Wiederholen.

Abbildung 17.4: Zum schrittweisen „Verautomatisieren" von Additions- und Subtraktionsaufgaben im 9er-Raum

Noch ein paar weitere wichtige Hinweise: Um Aufgaben zu verautomatisieren, ist es sinnvoll, jeden Tag mehrere kleinere Übungseinheiten durchzuführen. Kinder lassen sich zumeist ohne Schwierigkeiten dazu bewegen, am Tag drei bis sieben Sequenzen von z. B. drei Minuten pro Übungseinheit durchzuführen. Dies kann nach dem Mittagessen, zu Beginn, zur Halbzeit oder am Ende der Hausaufgaben oder vor oder nach dem Abendessen erfolgen. Ihre Anwesenheit als Mutter oder Vater ist jedoch wichtig. Sobald die Kinder alleine mit den Rechenkärtchen arbeiten, können sich wieder Fehlstrategien einschleifen.

Ein Beispiel: Rechenaufgaben mit Lernkärtchen im 9er-Raum

Eltern: „Hier siehst du die Aufgabe 3 + 2, weißt du das Ergebnis?"
Kind: „5."
Eltern: „Gut, prima. Nun, 3 + 4?"
Kind: *(kurzes Zögern)* „7."
Eltern: „Richtig. Jetzt wieder 3 + 2, weißt du es noch?"
Kind: „5."
Eltern: „Genau. Dann, 3 + 4?"
Kind: „7."
Eltern: „Stimmt. Jetzt 3 + 6?"
Kind: *(Schweigen)*
Eltern: (drehen die Karte um)
Kind: „9."

An dieser Stelle kann die Aufgabenstellung noch einmal am Steckbrett veranschaulicht werden.

Eltern: *(wiederholen die Aufgabe)* „3 + 6, weißt du es noch"? *(und drehen die Karte um)*
Kind: „9."
Eltern: „Gut, und wie viel gibt 3 + 4?"
Kind: „7."
Eltern: „3 + 6? Weißt du es noch?"
Kind: „9."
Eltern: „Prima"

Die Eltern verändern die Raumlage und die Reihenfolge der Lernkärtchen.

Eltern: „Ich werde jetzt versuchen, dich reinzulegen. Weißt du noch, was 3 + 2 ergibt?"
Kind: „5."
Eltern: „ ... und 3 + 6?"
Kind: „9."
Eltern: „Hm, du hast dich nicht reinlegen lassen. Weißt du auch noch 3 + 4?"
Kind: „7."
Eltern: „Genau, stimmt!"

Exkurs: Problematik im Grundschulunterricht

Im Hinblick auf die Geschwindigkeit, mit der Lehrer den Schülern den Lehrplanstoff darbieten, gibt es in der täglichen Schulpraxis zweifelsohne Unterschiede. Manche Lehrer gehen langsam vor und versuchen damit, vor allem auch bei schwächeren Kindern eine bessere Automatisierung des Lernstoffs zu erreichen. Nun können sie aber einen Kollegen in der Parallelklasse haben, der im Stoff schon wesentlich weiter vorangeschritten ist. Dies mag rasch zu der Frage führen: „Bin ich womöglich ein schlechter Lehrer?" Hinzu kommt für den betroffenen Lehrer häufig der Druck vieler Eltern, die mit Blick auf die weitere Schullaufbahn ihrer Kinder den Klassenlehrer bedrängen, im Unterrichtsstoff doch schneller voranzugehen.

„Schnelle" Lehrerinnen und Lehrer selbst haben möglicherweise folgende Einstellung: „Der Groschen wird schon noch fallen. Die Kinder werden den Stoff schon irgendwann können." Dahinter verbirgt sich die Vorstellung, dass Kinder mit der Zeit „irgendwie" von alleine zu diesen Fertigkeiten gelangen. Die damit verbundene Haltung gründet sich zudem nicht selten, auf Gedanken wie z. B.: „Ich kann doch nicht auf sie/ihn warten – ich muss meinen Lehrplan erfüllen"; „Wenn ich das bei jedem Kind machen würde, ich habe doch 29 Schüler …"; „Ich habe den Unterrichtsstoff doch methodisch vielfältig aufbereitet – das Kind ist halt einfach schwach in Mathematik."

Besonders in der ersten und zweiten Grundschulklasse kommt den Lehrern eine überragende Bedeutung zu. Da in diesen beiden ersten Klassenstufen in vielfältiger Hinsicht die Weichen für den weiteren Schulweg gestellt werden, tragen sie eine große pädagogische Verantwortung. Zum einen wird in Mathematik mittels einer ausreichenden Automatisierung das unverzichtbare Fundament für spätere komplexere Rechenfertigkeiten gelegt. Besonders in den Eingangsklassen muss sich dabei der pädagogische Blick des Lehrers schärfen, um auch die Kinder zu erfassen, die mit ihren Fehlstrategien (z. B. inneres Hochzählen) gerade noch den Anforderungen genügen können. Diese Kinder bleiben in der Schule leider auch deswegen oft unbeachtet, weil die meisten Lehrer nur die ersten beiden Grundschulklassen unterrichten und deswegen oft nicht persönlich miterleben, welche Schwierigkeiten die Kinder später in den höheren Klassen entwickeln. Zum anderen prägen die Unterrichts- und Lernerfahrungen, die Kinder in den ersten beiden Klassen gesammelt haben, in hohem Maße ihre weitere emotionale Bewertung des Faches Mathematik und ihren individuellen mathematikspezifischen Attributionsstil im Sinne von „ich kann das" oder „ich bin zu dumm für Mathe". An dieser Stelle möchten wir die „langsameren" Lehrer in ihrem Vorgehen ermutigen und sie darin bestärken, darauf zu achten, dass alle Schüler die notwendigen Automatisierungen beherrschen.

2. Rechnen im 20er- bzw. im 100er-Raum ohne Zehnerübergang

a) Zum „Begreifen" mehrstelliger Zahlen

Sie bereiten Kärtchen vor, auf denen Sie die Zehnerzahlen: 10, 20, 30 … schreiben. Nun halbieren Sie die Kärtchen und schreiben auf diese die Einerzahlen.

Zunächst werden die Kärtchen eingeführt und zweistellige Zahlen zusammengesetzt.

Ein Beispiel

„Die Zahl 16" – *hier legen Sie die Karte 10 hin und decken dessen 0 mit der 6 ab* – „besteht aus"– *nun nehmen Sie die Karte mit der 6 wieder weg* – „aus: 10 und 6; 10 und 6 ergibt wieder 16". Ihr *Kind kann die 6 nun selber auf die 10 legen.* (Die Zahl 87 besteht analog aus der 80 und der 7.)

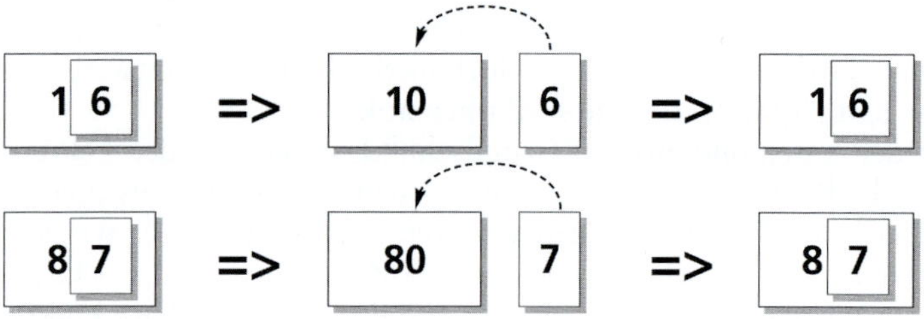

Abbildung 17.5: Zum „Begreifen" von zweistelligen Zahlen

Verliest sich Ihr Kind häufiger bei den zweistelligen Zahlen, können Sie auch die beiden Kärtchen benutzen. Sie heben die Einerzahl hoch, Ihr Kind sagt „sieben" und sieht die darunterliegende „80". Sie sagen „und". Ihr Kind ergänzt „achtzig". Bei der Wiederholung des gleichen Vorgangs liest Ihr Kind jetzt alleine die Zahl: „sieben – und achtzig".

b) Zum Rechnen im 20er-Raum ohne Zehnerübergang

Ein Beispiel

Wie in Abbildung 17.5 dargestellt, setzen Sie die Zahl 13 zusammen aus 10 und der Einerzahl 3, die Sie auf die 0 legen.

„13 + 5, dies ist unsere Rechenaufgabe".

Sie ziehen nun die Karte mit der 10 unter der 3 hervor und schieben sie nach oben. Es verbleibt als Aufgabe: „3 + 5 ergibt?"

Aus dem ersten Grundlagenschritt, Rechnen im Zahlenraum bis 9, weiß Ihr Kind: „8".

Sie legen die 8 auf die Zehnerzahl und erhalten das Ergebnis: „18".

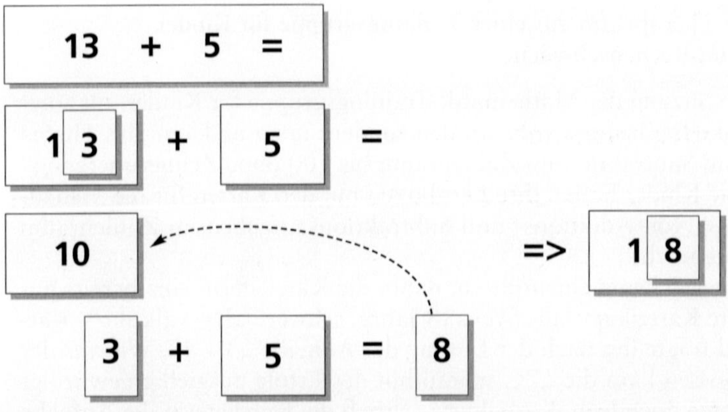

Abbildung 17.6: Additionsaufgaben im 20er-Raum ohne 10er-Übergang

Analoges gilt bei der Subtraktion.

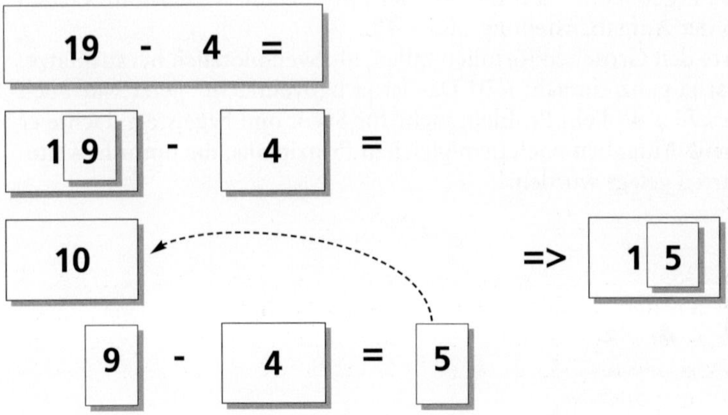

Abbildung 17.7: Subtraktionsaufgaben im 20er-Raum ohne 10er-Übergang

c) Zum Rechnen im 100er-Raum ohne Zehnerübergang

Hier wendet man die gleichen Schritte wie im 20er-Raum an. Dabei sehen Sie noch einmal, wie wichtig die Verautomatisierung der ersten Stufe des Rechnens im Zahlenraum bis 9 für die Aufgaben ohne Zehnerübergang ist.

Bericht einer Therapeutin aus einer Trainingsgruppe für Kinder mit ADHS und Rechenschwäche

In der vierten Sitzung der Mathematik-Trainingsgruppe für Kinder mit einer Aufmerksamkeitsstörung wurde mit den Kindern unter anderem das Thema „Addition und Subtraktion im Zahlenraum bis 100 ohne Zehnerübergang" erarbeitet. Die Kinder hatten ihre Lernboxen mit den Karten für die Visualisierungstechnik von Additions- und Subtraktionsaufgaben im Zahlenraum bis neun mitgebracht.

Um das neue Thema einzuführen, nahm die Kursleiterin eine bereits gut automatisierte Karteikarte aus Svens (8 Jahre, schwere „Dyskalkulie") Karteikasten und fragte ihn nach der Lösung der Aufgabe „3 + 4". Wie aus der Pistole geschossen kam die „7", woraufhin der Erfolg ausgiebig gewürdigt wurde. Auf eine noch leere Karteikarte schrieb die Kursleiterin die Aufgabe „53 + 4" und fragte Sven, der sichtlich schockiert und ratlos beim Anblick der augenscheinlich schwereren Aufgabe war, nach dem Ergebnis. Da er die Aufgabe zunächst nicht lösen konnte, wurde sie noch einmal mit Zehner- und Einerkärtchen gelegt. Die Kursleiterin schob die Einerkärtchen nach unten und zeigte Sven – noch einmal mit Erfolg – die Aufgabenstellung „3 + 4" und legte das Ergebnis „7" auf die „0" der „50". Dann wiederholte sie den Vorgang bei der Aufgabenstellung „63 + 4".

Man hörte den Groschen förmlich fallen, als Sven plötzlich herausplatze: „Aber das ist ja ganz einfach: 67!! Das ist ja babyeinfach!" Jetzt war auch die Aufgabe „73 + 4" kein Problem mehr für Sven, und begeistert dachte er sich selbst neue Aufgaben nach dem gleichen Prinzip aus, die mithilfe weiterer Karteikarten gelegt wurden.

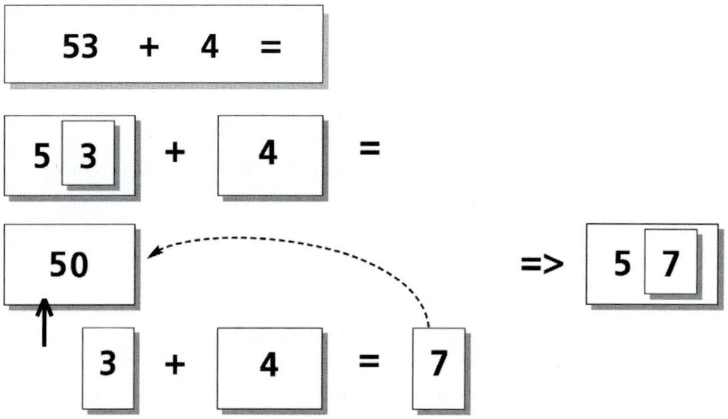

Abbildung 17.8: Svens Erfolgserlebnis

3. Die Vorbereitung des Zehnerübergangs – das Pärchenspiel

Als Nächstes bereiten wir nun den Zehnerübergang vor und zwar mithilfe des „Pärchenspiels“ (siehe Abb. 17.9).

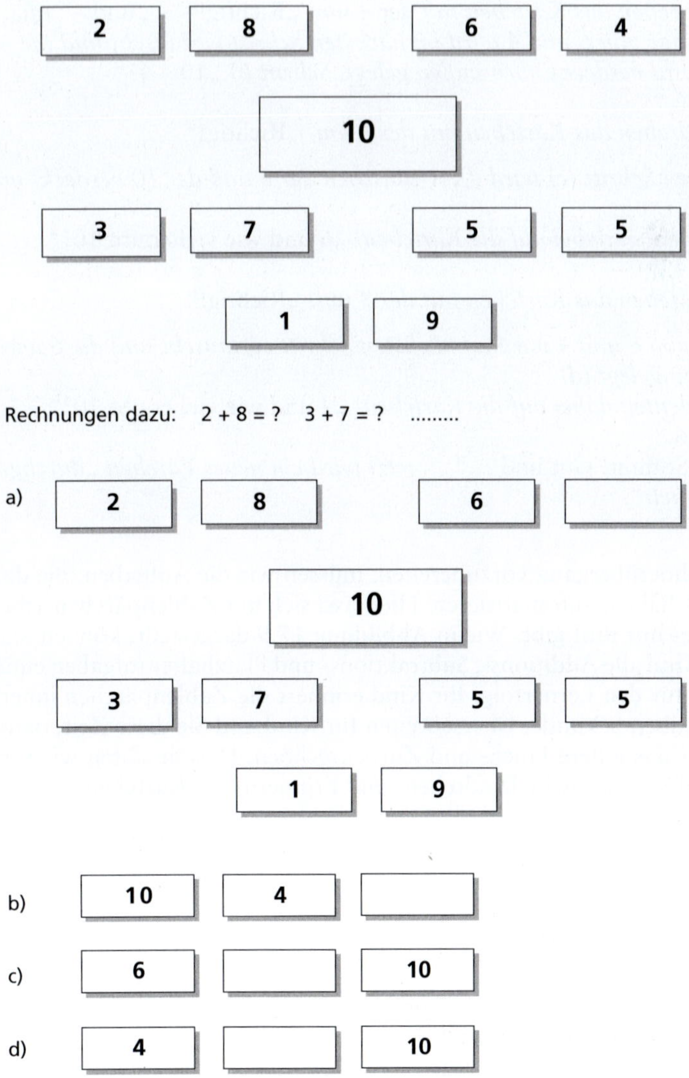

Abbildung 17.9: Das Pärchenspiel – zur Vorbereitung des 10er-Übergangs

Ein Beispiel: Das „Pärchenspiel“

Die „Pärchen“ liegen immer nebeneinander. Vor jeder Aufgabenstellung wird das Kärtchen mit dem Ergebnis herumgedreht, nach der Antwort des Kindes wird das Ergebnis noch einmal gezeigt.

Das Kärtchen mit der 4 wird umgedreht und nach außen gelegt (Aufgabenstellung a).
Eltern: *(deuten dabei auf die Kärtchen)* „10 – 6?“
Kind: „4.“
Eltern: *(drehen das Kärtchen mit der 4 um)* „Richtig!“ – „und –“ *(die Lage von 6 und 4 wird im nächsten Schritt vertauscht und die 6 wird verdeckt nach außen gelegt, Schritt b)* „10 – 4?“
Kind: „6.“
Eltern: *(drehen das Kärtchen mit der 6 um)* „Richtig!“

Im nächsten Schritt (c) wird die 4 zwischen der 6 und der 10 verdeckt umgedreht.
Eltern: *(deuten dabei auf die Kärtchen)* „6 und wie viel ergibt 10?“
Kind: „4.“
Eltern: *(drehen das Kärtchen mit der 4 um)* „Richtig!“

Die Lage von 6 und 4 wird im nächsten Schritt vertauscht und die 6 wird verdeckt hingelegt (d)
Eltern: *(deuten dabei auf die Kärtchen)* „4 und wie viel ergibt 10?“
Kind: „6.“
Eltern: „Stimmt! Gut und ...“ ... *jetzt wird ein neues Pärchen „durchgespielt“.*

Um den Zehnerübergang vorzubereiten, müssen wir die Aufgaben, die das Ergebnis „10“ haben, automatisieren. Hier lässt sich mit Zahlenpärchen arbeiten, von denen es nur fünf gibt. Wie in Abbildung 17.9 dargestellt, können Sie nun mit Ihrem Kind alle Additions-, Subtraktions- und Platzhalteraufgaben einüben.

Wichtig für den Lernerfolg: Ihr Kind erinnert die Zahlenpärchen innerhalb von einer halben Sekunde. Überschreiten Ihr Kind und Sie diese Zeit, dann beginnt erneut das innere Hoch- und Zurückrechnen. Dies möchten wir vermeiden – deshalb das schnelle Umdrehen (und Erinnern) des Kärtchens.

4. „>“ und „<“

Bei den „> und <“-Relationen ist unser Kind vor zwei Probleme gestellt:

- Was bedeuten diese Zeichen „>“ und „<“; was heißt das, eine Zahl ist größer oder kleiner als eine andere Zahl?
- Wie lese ich das Zeichen richtig?

Um die „> und <“-Relationen zu erfassen, muss der „Numbersense“ bereits im Vorfeld mit dem Zahlenstrahl aufgebaut worden sein.

Um die Zeichen „> und <" richtig zu lesen, benötigt das Kind zusätzlich zur optischen Erfassung und Differenzierung der Zeichen eine verbale Assoziation. Merksätze wie „Die Spitze ist die kleinere Zahl" oder „Spitze heißt kleiner" beim Kleinerzeichen oder beim Größerzeichen „Wo das Maul (des Krokodils) offen steht, steht die größere Zahl" sind hilfreich. Wichtig ist, dass die Kinder die Leserichtung beibehalten, denn nur so können sie die Größer-Kleiner-Relation korrekt erfassen.

Auch das Lesen will geübt sein: „4 > 3", „2 < 5"

Übungsform

Sie können drei Beispiele am Tag einüben. Schreiben Sie dazu Ziffern auf und lassen Sie Ihr Kind die Zeichen setzen und zusätzlich die Aufgabe laut vorlesen. Diese Übungen sollten über ca. 8 bis 12 Wochen erfolgen, wieder mit dem altbekannten Ziel: Automatisierung, in diesem Fall der „> und <"-Relation.

5. Das Doppelte – die Hälfte

Was bedeutet die Hälfte von …? Was bedeutet das Doppelte von …? Es ist günstiger, mit dem „Doppelten von" zu beginnen. Übernehmen Sie zu Hause eine Veranschaulichungsmethode, die das Kind im Unterricht gelernt hat. Diese sollte zunächst im 10er-Raum, später im 20er-Raum automatisiert, d.h. auswendig gelernt werden. Auch hier können Sie wieder mit Kärtchen arbeiten.

Wählen Sie zwei Farben, Ihr Kind darf die Farbe aussuchen, die das Doppelte von … bedeutet.

[2] → [4]

Lassen Sie Ihr Kind mitsprechen, „das Doppelte von 2 (Kärtchen wird umgedreht) ist 4".

Später gehen Sie dann zur „Hälfte von" über und verfahren in analoger Weise.

6. Erste Sachaufgaben

Wenn Sie mit Ihrem Kind das Einspluseins im Zahlenraum bis 9 automatisieren, sollten sie bald damit beginnen, die ersten Sachaufgaben einzubauen. Lernen Kinder frühzeitig und erfolgreich Sachaufgaben zu lösen, entwickeln sie in aller Regel von vorneherein keine Angst vor diesem (bei vielen anderen Kindern auch ungeliebten) Aufgabentypus. Zudem erlebt das Kind auf diese Weise schon von Anfang an, dass das Gelernte kein Selbstzweck, sondern ein Handwerkszeug darstellt, um damit Problemstellungen schnell lösen zu können. Die Rechenfertigkeit wird hier dann zur Rechenfähigkeit weiterentwickelt.

Übungsvorschlag

„Ich stelle dir jetzt eine Aufgabe." Hier können Sie sich zunächst vom Mathematikbuch Ihres Kindes anregen lassen und später selber Sachaufgaben erfinden.
Ein Grundmuster (Beispiel: 9 – 7 im 10er-Raum) wird in einen Text eingekleidet. Diese Einkleidung erfolgt mit Begrifflichkeiten, wie

„hinzufügen/hinzubekommen"		„wegnehmen/abnehmen"
„um ... größer werden"		„um ... kleiner werden"
„dazu gewinnen"		„verlieren"
„kommen dazu"	⟷	„wegschenken"
„dazugeben"		„weggeben"
„ansparen"		„ausgeben"
„geschenkt bekommen"		„herausnehmen"
„einsteigen"		„aussteigen"

Aufgaben können sich z. B. auf folgende Themen beziehen:

- beim Einkaufen – „Wie viel kostet etwas? Wie viel bleibt noch übrig?"
- beim Ein- und Aussteigen von Kindern, in und aus einem Bus, Zug ...
- beim Sparen und Ausgeben
- beim Auffüllen und Leeren
- schon haben und dazubekommen
- haben und abgeben
- etc.

Später können Sie fortfahren:

„Ich stell' dir jetzt eine schwere Aufgabe." Dies erfolgt nach dem gleichen Grundmuster. Nun werden allerdings die Zahlen 39 – 7, also im Hunderterraum, zunächst ohne Zehnerübergang in einen Text eingekleidet, den Sie sich ausdenken.

a) Rollenwechsel: Das Kind wird zum Lehrer

Es darf durchaus auch einmal einen Rollenwechsel geben: Das Kind ist der Lehrer und erfindet eine Sachaufgabe und Sie müssen als Schüler die Aufgabe lösen. Lassen Sie sich also jetzt von Ihrem Kind eine solche Aufgabe im Zahlenraum bis 100 stellen. Das Kind diktiert, Sie sind die Sekretärin.

„Das muss ich mir jetzt erst einmal aufschreiben, was du dir da Schwieriges ausgedacht hast: In einem Zug sitzen 89 Personen. 7 Personen steigen aus."

Rechnen Sie exemplarisch vor: „89 – 7 = ?"

„Wie geht das noch einmal?" Benutzen Sie wieder die Kärtchen. „Jetzt lege ich mir erst einmal die 89 und die Rechnung hin!"

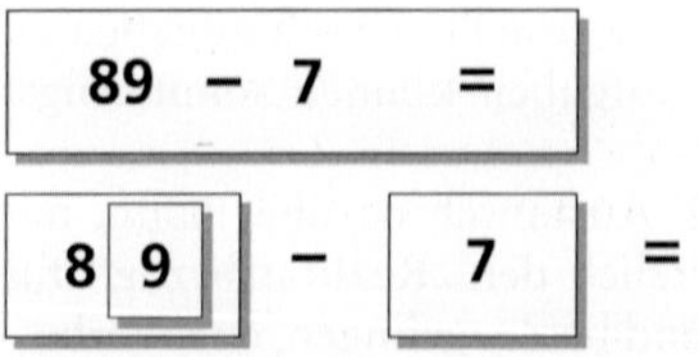

„Dann ziehe ich die 80 hervor."

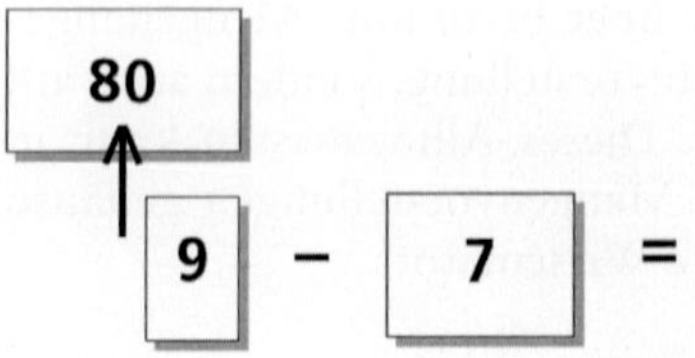

„Anschließend rechne ich 9 – 7. Ah, das weiß ich ja, das sind 2. Jetzt lege ich die 2 auf die 0 und schon habe ich das Ergebnis 82."

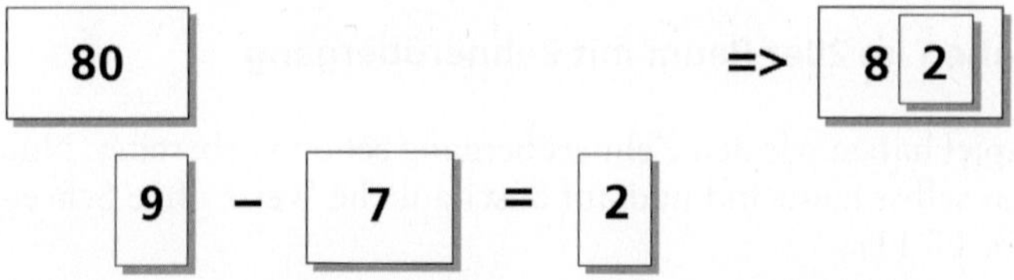

Abbildung 17.10: Die Eltern rechnen modellhaft vor

Was wollen wir mit diesem spielerischen Umgang mit Textaufgaben erreichen sowie mit dem Rollenwechsel Ihres Kindes? In erster Linie soll hier die emotionale Bewertung der Textaufgaben, die ja sehr häufig Angst einflößend sind, verändert werden. Ihr Kind soll seine Berührungsängste mit Sachaufgaben verlieren. Rollenwechsel, wie „Ich darf sogar der Lehrer/die Lehrerin sein", können dazu beitragen. Möglicherweise entsteht so bei Ihren Kind auch der Gedanke: „Ich kann das erlernte Wissen ja auch brauchen."

Durch das häufige Üben von Textaufgaben in der zuvor aufgezeigten Art und Weise gewöhnt sich Ihr Kind an bestimmte Grundmuster in den Aufgabenstellungen, die es mit dem gelernten automatisierten numerischen Faktenwissen bzw. der gelernten einfachen arithmetischen Prozedur lösen kann. Immer mehr Erfolgserlebnisse stellen sich so ein. Die Barriere den Sachaufgaben gegenüber wird abgebaut. Durch den Rollentausch erlebt sich das Kind nicht mehr ausschließlich in der Schülerrolle, was ein Gefühl von Gleichberechtigung entstehen lässt. Zusätzlich muss Ihr Kind, wenn es für Sie als Eltern ähnliche Aufgaben erfindet, das jeweilige Grundmuster in den Sachaufgaben begriffen haben. Durch das tägliche Lehrer-sein-dürfen verinnerlichen sich diese Grundmuster und es kann eine *innere Landkarte der Grundmuster* entstehen. Außerdem gelingt es natürlich in den Schulaufgaben auf diese Weise wesentlich schneller, die vertrauten Grundmuster in den von der Lehrkraft gestellten Sachaufgaben zu identifizieren und entsprechend zu lösen. Textaufgaben können somit Angst und Schrecken verlieren.

Beim „Erfinden" von Sachaufgaben und im Austausch darüber kann, mit Ihrer teilweise auch korrigierenden Hilfe, zusätzlich der „Realitätsbezug" für Ihr Kind gefestigt werden. Ihm kann es zunehmend besser gelingen, eine Verbindung zwischen der Größe einer Zahl und dem Alltagswissen herzustellen:

„Wie teuer sind bestimmte Gegenstände?; Wie viel Fahrgäste passen in ein Auto, Bus, Flugzeug?; Wie lang sind …?"

Häufig sind irrige Vorstellungen der Kinder über bestimmte Mengenangaben nicht zwangsläufig auf eine mangelhafte Zahlvorstellung, sondern auch auf ein fehlendes „Alltagswissen" zurückzuführen. Dieses Alltagswissen kann in Kombination mit Mengenangaben und damit Mengenvorstellungen genauso gelernt und wiederholt werden, wie jeder andere Wissensstoff.

7. Rechnen im 20er- bzw. 100er-Raum mit Zehnerübergang

a) Additionsaufgaben im 20er-Raum mit Zehnerübergang

Durch das Pärchenspiel haben wir den Zehnerübergang schon vorbereitet. Nun kann Ihr Kind diesen selbst handelnd und auf anschauliche Weise ohne Schreiben üben (siehe Abb. 17.11).

Ein Beispiel

„Unsere erste Aufgabe heißt: 7 + 8."
Die Aufgabe veranschaulichen Sie Ihrem Kind mithilfe der Kärtchen. Ihre erste Frage lautet: „7 plus wie viel fehlt noch zum Zehner?"
Das haben die Kinder mittels des Pärchenspiels vorher trainiert, d.h. das Pärchen heißt in diesem Fall 7 + 3.
„Ich brauche die 3, stimmt." *Sie legen nun die 3 unter die 8.* „Ich wollte aber 8 hinzuzählen, 3 habe ich schon hinzugezählt, wie viel muss ich noch hinzuzählen?"
Dies wissen die Kinder schnell und kommen dann auf die 5. Sie legen nun die 5 unter die 8.
„Jetzt kommt der Trick. Ich muss nicht zählen, sondern lege einfach die 5 auf meine Zehnerkarte, nämlich auf die 0, und erhalte das Ergebnis: 15."

Der 10er-Übergang sowohl in der Addition als auch in der Subtraktion setzt zum einen ein automatisiertes Faktenwissen im 9er-Raum voraus (5 + 3 = 8) sowie die Automatisierung der jeweiligen Pärchen, die 10 ergeben (8 + 2 oder 7 + 3 etc.). Um den 10er-Übergang bewerkstelligen zu können, müssen die Kinder drei aufeinander folgende Denk- bzw. Rechenschritte durchführen. Um die Abfolge der richtigen Rechenschritte einzuschleifen, kann es manchmal hilfreich sein, diese in einem kurzen prägnanten Merksatz zu formulieren und auch immer wieder zu artikulieren. Je kürzer dieser Merksatz ist, umso günstiger ist es für den Arbeitsspeicher.

Ein Beispiel für den Merksatz der Addition

(Pärchen)Partner – minus – drauflegen
Beispiel 7 + 8: „Pärchenpartner“ „3“ – „minus“: „8 – 3 = 5“ – „drauf(legen)“ „15“

Bei der Subtraktion könnte der komprimierte Merksatz lauten:

Weg(ziehen) – minus – Pärchenpartner (auf die nächst kleinere 10er Zahl)
Beispiel 15 – 8: „Wegziehen“ „5“ – „minus“: „8 – 5 = 3“ – „Pärchenpartner“ „7“

Durch das wiederholte Kommentieren bzw. sprachliche Begleiten in einem knappen Merksatz kann die Abfolge der Rechenschritte automatisiert und verinnerlicht werden.

Ein großer Teil der Kinder führt häufig die ersten beiden Rechenschritte beim 10er-Übergang richtig durch. Aus diesem Grund reicht es als Erinnerungshilfe für den dritten Schritt aus, den verkürzten Merksatz „plus – drauflegen“ bzw. „minus – Partner“ einzuüben.

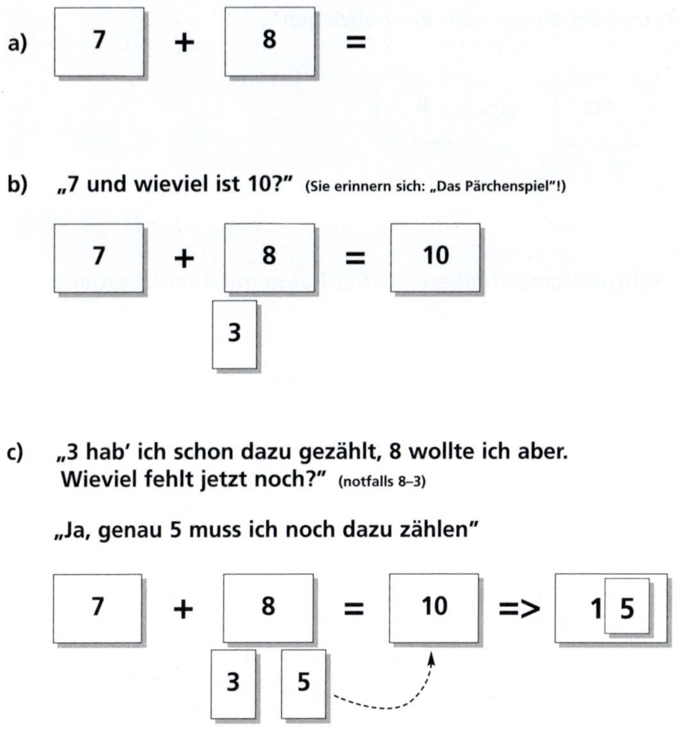

Abbildung 17.11: Additionsaufgaben im 20er-Raum mit 10er-Übergang

b) Subtraktionsaufgaben im Zwanzigerraum mit Zehnerübergang

Nach dem gleichen Prinzip lässt sich bei den Minusaufgaben verfahren (vgl. Abb. 17.12). Die Aufgabe wird auf ein längeres Kärtchen geschrieben und bleibt bis zum Lösen der Aufgabe oberhalb des Rechenvorgangs liegen.

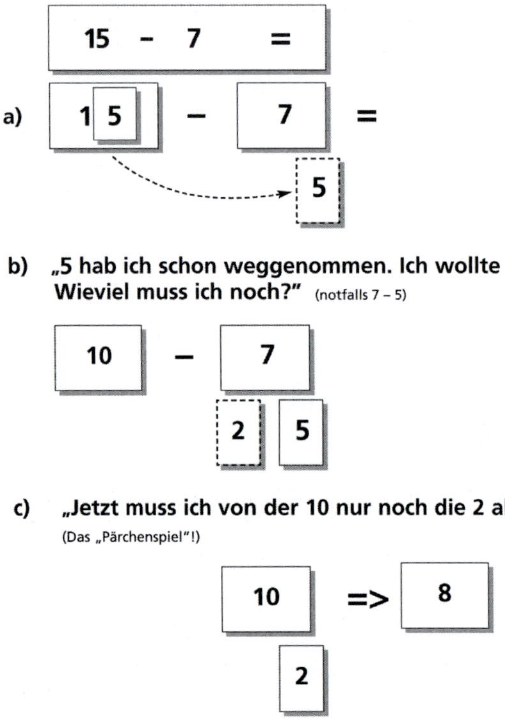

Abbildung 17.12: Subtraktionsaufgaben im 20er-Raum mit 10er-Übergang

Ein Beispiel

„Habe ich eine Minusaufgabe, z. B. 15 – 7, kommt gleich am Anfang der Trick. Ich zähle nicht zurück, sondern nehme die 5 *(das halbierte Kärtchen, das auf der 0 von der 10 liegt)* von der 10 weg."

„5 habe ich schon weggenommen, ich wollte aber 7 wegnehmen. Wie viel muss ich noch wegnehmen?"

„2".

„Richtig, 2" – *die 2 legen Sie dann wieder unter die 7, die 5 liegt bereits unter der 7.*

„Als letzten Schritt muss ich nun von der 10 noch die 2 abziehen."

Das Ergebnis wissen die Kinder sofort (Pärchenspiel!): „8"

„Genau, ich erhalte als Ergebnis 8!"

Mittels häufigen Wiederholens kann Ihr Kind auf diese Weise die richtige Abfolge der Rechenschritte automatisieren. Dies geschieht, ohne zu schrei*ben*. Dabei kommt es nicht so sehr auf die Schnelligkeit der Ergebnisfindung an, sondern auf die Reihenfolge der richtigen Schritte. In einer Übergangsphase können Sie Ihr Kind abwechselnd eine Aufgabe mithilfe der Kärtchen und eine Aufgabe „im Kopf", aber mit den gleichen Denkschritten lösen lassen.

Haben Kinder mit Rechenschwäche die Rechenschritte im 20er-Raum automatisiert, ist es für sie kein Problem mehr, auf den 100er-Raum überzugehen.

Ein Beispiel

Statt der 10 legen Sie eine 60 hin und erhalten jetzt die Rechenaufgabe 67 – 9. Sie gehen in der gleichen Weise wie zuvor vor und nehmen wieder die Einerzahl 7 weg.

Eltern: „7 haben wir schon abgezogen, wir wollten aber 9 abziehen."
Kind: „Also muss ich noch 2 abziehen."
Eltern: „Genau, jetzt musst du von der 60 noch die 2 abziehen."
Kind: „Stimmt! Das Ergebnis heißt: 58."

Exkurs: Zum Unsinn so genannter „hilfreicher Tricks"

Eltern wollen ihren Kindern selbstverständlich helfen, wenn sie bei ihnen Schwierigkeiten in der Addition bemerken. Oft bieten sie dann die unterschiedlichsten „Tricks" an, die das Rechnen erleichtern sollen.

Beispiel: 7 + 8
Elterntrick: „Rechne doch zuerst 8 + 8 = 16, dann 16 – 1 = 15."
Mit solchen gut gemeinten „Tricks" verhindern Sie jedoch bei Ihren Kindern eine Automatisierung der Rechenschritte. Die Verwirrung ist am Ende größer, schnelles Rechnen kann so nicht gelingen.

Deshalb unser Rat: Sehen Sie von „Tricks" ab, bevor Ihr Kind die richtigen (direkten) Rechenschritte nicht automatisiert habt.

Subtraktion im Hunderterraum mit Zehnerübergang

Eltern berichten häufig über Schwierigkeiten bei folgenden Aufgabenstellungen im 100er-Raum:

46 + 28 =

Die Kinder lernen oft folgenden Rechenweg:

40 + 20 = 60
6 + 8 = 14
60 + 14 = 74

Wenn die Kinder versuchen, diesen Weg auf die Subtraktion (z. B. 83–47 =) zu übertragen, kommen sie meist durcheinander. Auf den ersten, noch leicht zu lösenden Rechenschritt 80–40 = 40, folgen dann nicht selten recht „phantasievolle" Lösungsschritte.

Ein weiteres Problem entsteht dann, wenn die Kinder zuerst die 10er-Zahl subtrahieren. So berichtet eine Mutter in einer E-Mail: Wenn ihre Tochter z. B. bei der Aufgabe 98–19 erst den Zehner abziehe (98–10 = 88), vergesse sie häufig ihr Zwischenergebnis und sei schnell verwirrt. Die Restaufgabe 88–9 = 89 werde dann falsch ausgerechnet.

Wir empfehlen bei der Addition und besonders auch bei der Subtraktion einer zweistelligen Zahl systematisch auf dem bisher Gekonnten aufzubauen und mit der Einer-Zahl zu beginnen.

Ein Beispiel

46 + 28 =	46 + 8 = 54	→ *(54 aufschreiben)*
	54 + 20 = 74	
83 – 47 =	83 – 7 = 76	→ *(76 aufschreiben)*
	76 – 40 = 36	

Ein solches Vorgehen hat drei Vorteile:

1. Das Kind beherrscht den ersten Rechenschritt schon.
2. Die schwierigste Rechenoperation steht am Anfang und belastet am Schluss nicht den Arbeitsspeicher.
3. Wenn die Zahlen bei der schriftlichen Addition bzw. Subtraktion untereinandergeschrieben und sodann zusammengezählt bzw. abgezogen werden, bleibt die Vorgehensweise gleich: Erst die Einer, dann die Zehner.

Hilfreich ist in jedem Fall, dass das Zwischenergebnis aufnotiert wird, zumindest in der Anfangsphase, in der die Rechenschritte eingeschliffen werden. Durch das Aufnotieren wird der Arbeitsspeicher entlastet und der zweite Rechenschritt, nämlich das Addieren bzw. Subtrahieren der 10er-Zahlen, kann dann leichter und fehlerfrei durchgeführt werden.

Hier ist es wiederum günstig, dieses Aufnotieren des Zwischenergebnisses mit den Lehrkräften zu vereinbaren, was diese auch oft akzeptieren, wenn Eltern nicht zu konfrontativ mit ihnen umgehen. Schleift man auf diese Weise Subtraktionen im 100er-Raum ein, machen Eltern, wie die oben erwähnte Mutter, die Erfahrung: "Es scheint tatsächlich besser zu werden, meine Tochter muss sich aber erst daran gewöhnen. Sie sagt auch, dass ihr diese Methode besser gefällt".

Hat Ihr Kind schon ab der 3. Klasse gelernt, untereinander zu rechnen, sollten solche und die größeren Additions- und Subtraktionsaufgaben nur noch untereinander durchgeführt werden. Dieser Rechenweg ist für rechenschwache Kinder meist deutlich einfacher.

8. Einfache Multiplikations- und Divisionsaufgaben

Manche Lehrpläne sehen vor, dass sich die Kinder beim Erlernen des Einmaleins nur noch die serielle Form oder „Kernaufgaben" zu merken brauchen (siehe Abbildung 5.3 und 5.4. Diese Vorgehensweise ist nicht nur wenig sinnvoll, sondern vielmehr gefährlich, da viele Kinder spätestens beim schriftlichen Malnehmen oder Teilen „Schiffbruch" erleiden werden.

Welche Aufgaben muss Ihr Kind in der Multiplikation noch lernen? Mithilfe der folgenden Tabelle überprüfen Sie wiederum alle Kombinationen im Bereich des Einmaleins und achten darauf, welche Aufgaben noch nicht richtig automatisiert sind bzw. bei welcher Kombination Fehlstrategien eingesetzt werden. Letztere erkennen Sie wiederum daran, dass der nicht gewollte Rechenvorgang zu lange dauert (länger als eine halbe Sekunde), der Mund Ihres Kindes sich bewegt, seine Augen flackern oder Sie den Eindruck haben, dass Ihr Kind „denkt" oder „rechnet".

x	1	2	3	4	5	6	7	8	9
1									
2		4	6	8	10	12	14	16	18
3		6	9	12	15	18	21	24	27
4		8	12	16	20	24	28	32	36
5		10	15	20	25	30	35	40	45
6		12	18	24	30	36	42	48	54
7		14	21	28	35	42	49	56	63
8		16	24	32	40	48	56	64	72
9		18	27	36	45	54	63	72	81

Abbildung 17.13: Überprüfungstabelle zur Multiplikation im 9er-Raum

Auch bei Multiplikations- und Divisionsaufgaben geht es wiederum mithilfe der Kärtchen um das Verautomatisieren der Rechenoperationen innerhalb einer halben Sekunde. Hier lässt sich wie beim ersten Schritt, dem Rechnen im 9er-Raum, verfahren: D.h. wir arbeiten zunächst mit 3er-Päckchen.

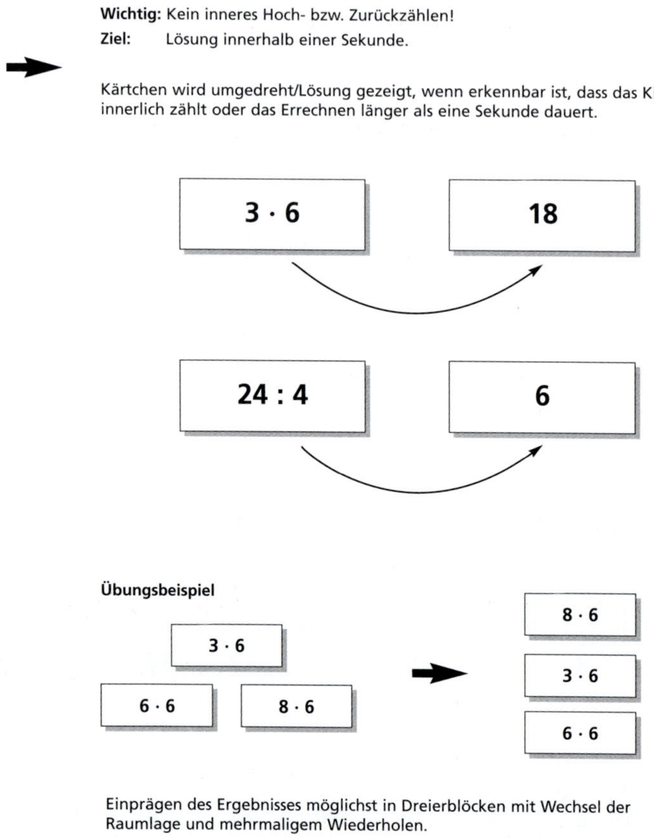

Abbildung 17.14: Zum schrittweisen „Verautomatisieren" von Multiplikations- und Divisionsaufgaben

Ein Beispiel

Eltern: „7 × 8, wie viel ist das?"

Wenn Ihr Kind zögert oder innerlich zu rechnen beginnt („Nicht anstrengen!"*), drehen Sie sofort das Kärtchen um und zeigen das Ergebnis: 56. Sie drehen das Kärtchen nun wieder um und zeigen die Aufgabe erneut.*

Eltern: „7 × 8. Weißt du das Ergebnis noch?"
Kind: „56."
Eltern: „Genau, stimmt!"

Sie zeigen nochmals das Ergebnis.

Eltern: „Weißt du jetzt, wie viel 2 × 8 ergibt?"
Kind: „16."
Eltern: „Richtig, das stimmt!"

Sie drehen die Karte um und zeigen das richtige Ergebnis.

Eltern: „5 × 8?"
Kind: „40."
Eltern: „Stimmt! Weißt du noch das Resultat von 7 × 8?"
Kind: „56."
Eltern: „Sehr gut!"

Sie wiederholen die drei Aufgabenstellungen und verändern dabei immer wieder die Reihenfolge und Anordnung der drei Kärtchen.

Auf diese Weise können Sie erst einmal mit Ihrem Kind innerhalb einer Einmaleins-Reihe systematisch üben, dann später durcheinander.
Bei Divisionsaufgaben verfahren sie analog.

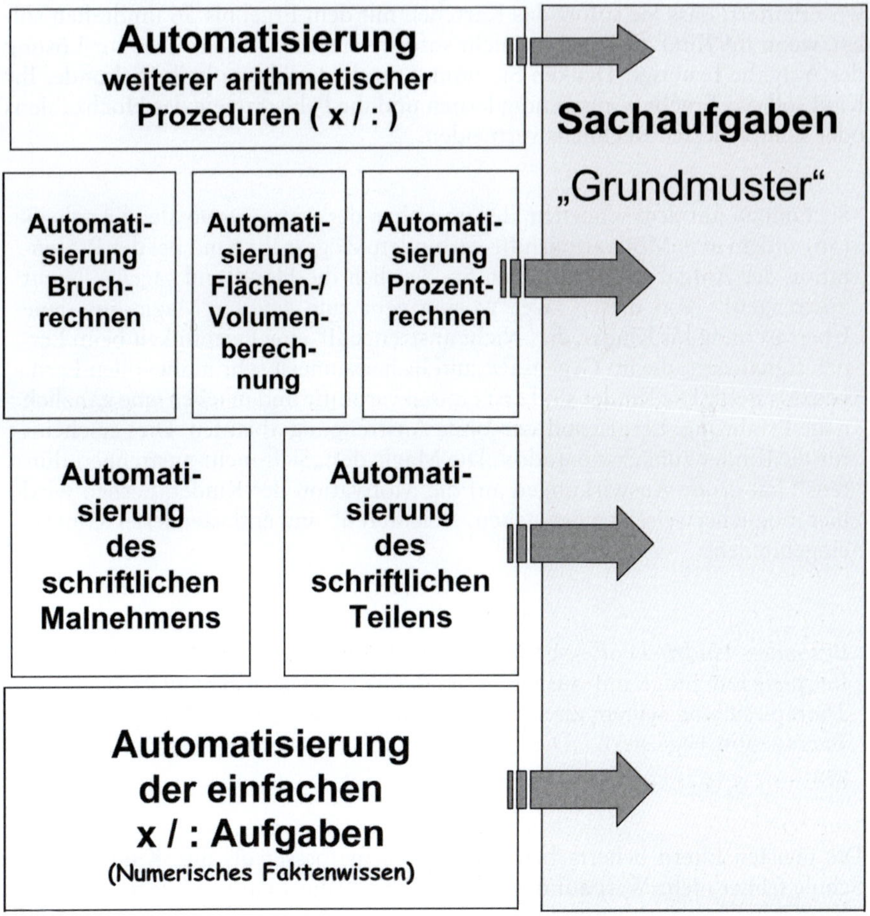

Abbildung 17.15: Zum Erlernen der Rechenfertigkeit Multiplikation/Division

Hat Ihr Kind die Mal- und Geteiltaufgaben erfolgreich automatisiert, haben Sie bei ihm ein sicheres Fundament für komplexere Multiplikations- und Divisionsaufgaben gelegt. Diese Rechenfertigkeit ist wiederum als solides Handwerkszeug zu verstehen, mit dessen Hilfe Sachaufgaben gelöst werden können. Aus diesem Grund sollten Sie möglichst bald mit dem Erlernen von einfachen Grundmustern in Sachaufgaben beginnen, die jetzt mit dem zusätzlichen Instrumentarium der Multiplikation und Division gelöst werden können. Die Abbildung 17.15 vermittelt einen Überblick über komplexere arithmetische Prozeduren, die auf dem automatisierten Faktenwissen des Einmaleins aufbauen.

9. Die Magie des „Sich-nicht-anstrengen-dürfens"

In unserem Beispiel zur Arbeit mit den Einmaleins-Kärtchen (7 × 8 = 56) haben wir erläutert, dass Sie sofort das Kärtchen mit dem Ergebnis 56 umdrehen sollen, wenn Ihr Kind die Antwort nicht sofort weiß, also längere Zeit zur Lösung der Aufgabe benötigt. Denken Sie immer an die berühmte halbe Sekunde. Ihr Kind soll das Ergebnis auswendig lernen und die Fehlstrategie des Hochzählens oder komplizierten Rechnens vermeiden.

Sie können mit dem schnellen Herumdrehen der Antwortseite des Kärtchens (56) zudem eine Motivationshilfe verbinden. Zögert Ihr Kind bei der Präsentation der Aufgabe 7 × 8, heben Sie deutlich die Hand und sagen: „Nicht anstrengen!" Von diesen zwei Worten geht eine gewisse Magie aus, eine Überraschung für Kinder, da „Nicht anstrengen!" eine Leichtigkeit beim Lernen signalisiert, die im Gegensatz zum bisher zumeist sehr mühevollen Lernprozess steht. Die Kinder sind erst einmal verblüfft und machen eine gänzlich neue Erfahrung: Lernen soll nun ohne Anstrengung ablaufen. Dies erscheint für die Kinder zunächst paradox. Die Magie des „Sich-nicht-anstrengen-dürfens" hat große Auswirkungen auf die Motivation der Kinder. Lernen wird hier möglicherweise in einen neuen, „leichteren" und entlastenderen Kontext eingebunden.

Besonders eindruckvoll zeigt sich die Wirkung dieser Vorgabe im folgenden Beispiel: Ein Junge mit ausgeprägter Rechenschwäche berichtete nach der Therapiesitzung seinem älteren Bruder in Anwesenheit der Mutter und der Therapeutin begeistert: „Du, ich darf mich beim Lernen fei nicht anstrengen!"

Die meisten Eltern beherrschen das Einmaleins besser als ihre Kinder, da die Schule früher mehr Wert auf das „Einschleifen", das „Pauken", legte. Ihnen als Eltern fällt das Ergebnis in der Regel deshalb sofort ein. Die gleiche Schnelligkeit gilt es, bei Ihrem Kind zu erreichen.

Kapitel 18: Spiele im Dienste der Automatisierung – Wiederholen einmal anders

1. Das Zahlenstrahl-Spiel

Bereits in der ersten Klasse benötigen die Kinder eine Vorstellung über die serielle Anordnung der Zahlen im Zahlenraum, um mathematische Operationen mit Ziffern und Rechenzeichen durchführen zu können. In Kapitel 17 haben wir aufgezeigt, wie Sie mit dem Zahlenstrahl arbeiten können. Um die Motivation der Kinder nochmals zu erhöhen, kann man daraus auch ein Spiel machen, das Zahlenstrahl-Spiel.

Das im Folgenden dargestellte Spiel können Sie zusammen mit Ihrem Kind selbst basteln. Es eignet sich besonders für Kinder im Alter von 6 bis 8 Jahren.

a) Zubehör

Sie brauchen einen selbst gebauten Spielplan, einen Würfel und pro Teilnehmer einen Spielkegel, z. B. aus einem „Mensch-ärgere-dich-nicht-Spiel".

Der Spielplan

Für den Spielplan benötigen Sie drei Schablonen gleicher Breite. Die Länge der „5er"- bzw. „10er"-Zahlen sollte höher sein. Nur die 10er-Zahlen werden beschriftet. Hier kann gut der Vater des Kindes mit einbezogen werden.

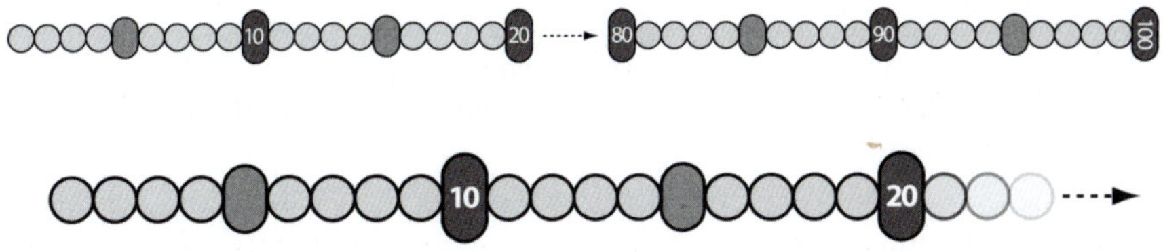

Abbildung 18.1: Spielplan für das Zahlenstrahlspiel

Die „Spielregeln“

Das Kind soll motiviert werden, deshalb ist es durchaus angebracht, *es sehr oft gewinnen zu lassen*. Die Regeln sollten das Kind bevorzugen.
Wie können Sie dies geschickt anstellen?

- Kopieren Sie Ereigniskarten auf unterschiedliche Farben. (Ihr Kind könnte z. B. weniger negative Ereignisse erhalten!)
- Erwachsene bekommen mehr Handicaps im Spielverlauf auferlegt. (So müssen sie, z. B. bei einer gewürfelten „3“ zurückgehen, dürfen nicht vorwärts gehen.)
- Erfinden Sie Regeln, die sich günstiger Weise auf die konkreten Schwierigkeiten oder den aktuellen Lernstoff Ihres Kindes beziehen.

Das Ziel

Ist eine Zahl gewürfelt, so ist die Addition dieser Zahlen, also von eins bis sechs, zu automatisieren. Die Kinder sollten „ziehen“ lernen, ohne zu zählen, d. h. richtig und schnell ihre Spielfigur im Spielfeld zu bewegen.

Stellt sich z. B. die Aufgabe „34 + 5 = 39“, und gelingt es dem Kind, unabhängig von der 10er-Zahl den Rechenschritt „4 + 5 = 9“ zu verbalisieren und dann schnell zu ziehen, könnte es einen Bonus von zwei Punkten erhalten. Oder Ihr Kind nennt nur die Endzahl, d. h. das Ergebnis von „39“ und setzt seinen Spielstein dort ab. Dann könnte es ebenfalls einen Bonus erhalten. Wichtig ist, dass kein inneres Zählen stattfindet.

Was könnte das Ziel mit zwei Würfeln sein? Bei zwei Würfeln wird besonders der Zehnerübergang mitgeübt. Beim Hüpfen über den 10er könnte es wiederum Bonuspunkte geben. Steht Ihr Kind beispielsweise auf der „34“ und würfelt mit zwei Würfeln insgesamt die Zahl „9“, so könnte es im Idealfall schnell verbalisieren: „Ich gehe 6 weiter, setze meinen Spielstein auf die 40 und dann fehlen mir noch 3 = 43.“

Ereigniskarten könnten z. B. gezogen werden, wenn ein Pasch gewürfelt wird (zwei gleiche Würfelaugen) oder das Kind auf eine 10er-Zahl gelangt. In ihnen kann der aktuelle Lernstoff individuell mit aufgenommen werden, wie z. B.:

„Gehe das Doppelte der gewürfelten Zahl vor oder zurück.“
(Thema: Das Doppelte von … /Die Hälfte von …)
„Gehe 5 vor oder zurück.“
„Wenn deine Standzahl größer als 60 ist, gehe 10 zurück.“
„Wenn deine Standzahl kleiner als 60 ist, gehe 10 vor.“
„Wenn du aus deiner gewürfelten Zahl /aus deiner Standzahl die Hälfte bilden kannst, gehe xx vor.“

Die Kopiervorlagen für die Ereigniskarten (Abbildung 18.2) können auf diese Weise individuell beschriftet werden.

Abbildung 18.2: Kopiervorlage für Ereigniskarten

2. Das Pyramidenspiel

Mit dem Pyramidenspiel haben Sie die Möglichkeit, Plus- und Minus-, Einmaleins- und Geteiltaufgaben in eher spielerischer Form zu wiederholen. Voraussetzung dafür ist, dass Ihr Kind die jeweiligen Aufgaben schon einmal gelernt hat. Das Prinzip des Pyramidenspiels beruht auf mindestens vier Wiederholungsdurchgängen pro Aufgabe in der richtigen Geschwindigkeit. Die Aufgabenstellungen, die die Kinder noch nicht unmittelbar beherrschen, verbleiben zunächst in der Basis. Zeigen die Kinder Unsicherheiten auf der dritten oder vierten Stufe der Pyramide, wandern die entsprechenden Aufgabenkärtchen zurück in die Basis und es folgen weitere Wiederholungsdurchgänge.

Das Pyramidenspiel motiviert Kinder meist stark. Zum einen ist es wieder ein Lernen ohne Schreiben. Zum anderen erleben sie eine intensive Beteiligung ihrer Eltern. Diese müssen die Rechenkarten hin- und herschieben und gleichzeitig darauf achten, es in der richtigen Reihenfolge zu tun. Die Kinder können hier immer wieder einmal erleben, dass sie die Reihenfolge besser beherrschen als ihre Eltern.

Das Hin- und Herschieben der Lernkärtchen bewirkt neben einer verbesserten Motivation einen zusätzlichen Lerneffekt. Da sowohl die Reihenfolge der Aufgabenstellungen als auch die Raumlage der Aufgaben verändert wird, lernt Ihr Kind nicht eine bestimmte Reihenfolge oder Raumlage der Kärtchen, sondern muss die Aufgabe mit dem Ergebnis verknüpfen. Der Einprägevorgang im Gehirn wird weiter gefestigt.

Wie funktioniert das Pyramidenspiel?

Zu Beginn werden vier Kärtchen mit Mal- oder Geteiltaufgaben als Basis der Pyramide hingelegt. Sie deuten nun auf das erste Kärtchen und benennen die Aufgabenstellung, z. B. „3 × 6“ (vgl. Abb. 18.3). Kann Ihr Kind das Ergebnis nicht innerhalb einer halben Sekunde benennen, drehen Sie das Kärtchen um: „18“. So verfahren Sie auch mit den nachfolgenden Aufgaben: „2 × 4“, „8“, „stimmt!“ usw. Weiß Ihr Kind das richtige Ergebnis innerhalb einer Sekunde, wandert die Karte in die zweite Ebene und wird jeweils von rechts angelegt. Die Kärtchen der Basis rutschen nach links nach. Nun füllen Sie wieder die Basis auf, indem Sie von rechts das nächste Kärtchen mit der neuen Aufgabenstellung anlegen. In der Basis geht es nun weiter mit der nächsten Aufgabenstellung.

Aufgaben mit einer falschen Lösung oder Aufgaben, die Ihr Kind nicht innerhalb einer Sekunde beantworten kann, verbleiben in der Basis. Braucht Ihr Kind zu lange, drehen Sie die Karte schnell um, zeigen und benennen das Ergebnis, drehen die Karte wieder um und legen sie für einen erneuten Durchgang auf dieser Stufe rechts an. Mit den nachfolgenden Kärtchen verfahren Sie ebenso.

Damit sich die Form einer Pyramide ergibt, dürfen bei einer 4er-Basis auf der zweiten Ebene nur drei Kärtchen liegen. Befinden sich dort vier Kärtchen, fahren Sie mit der links liegenden Karte auf dieser Stufe fort. Bei richtiger Lösung wandert das linke Kärtchen auf die dritte Ebene. Liegen nun auf der dritten Ebene drei Kärtchen, muss wiederum die links liegende Karte als nächste beantwortet werden. Auf der dritten Ebene dürfen nämlich – der Pyramidenform wegen – nur zwei Kärtchen liegen.

Nach der nächsten Runde ist zum ersten Mal das vollständige Bild einer Pyramide erkennbar. In der Basis liegen vier Karten, auf der zweiten Ebene drei, auf der dritten Ebene zwei Karten und an der Spitze (= vierte Ebene) ein Kärtchen. Beim nächsten vollständigen Durchlauf liegen zwei Kärtchen an der Pyramidenspitze. Von diesen nehmen Sie sodann erneut die links liegende Karte. Hat Ihr Kind die Aufgabe richtig beantwortet, verlässt die entsprechende Karte als Erste die Pyramide und wird abgelegt.

Zeigt Ihr Kind auf der dritten und vierten Ebene Unsicherheiten, können Sie die jeweiligen Aufgabenkärtchen als erschwerende Maßnahme erneut zurück in die Basisebene wandern lassen.

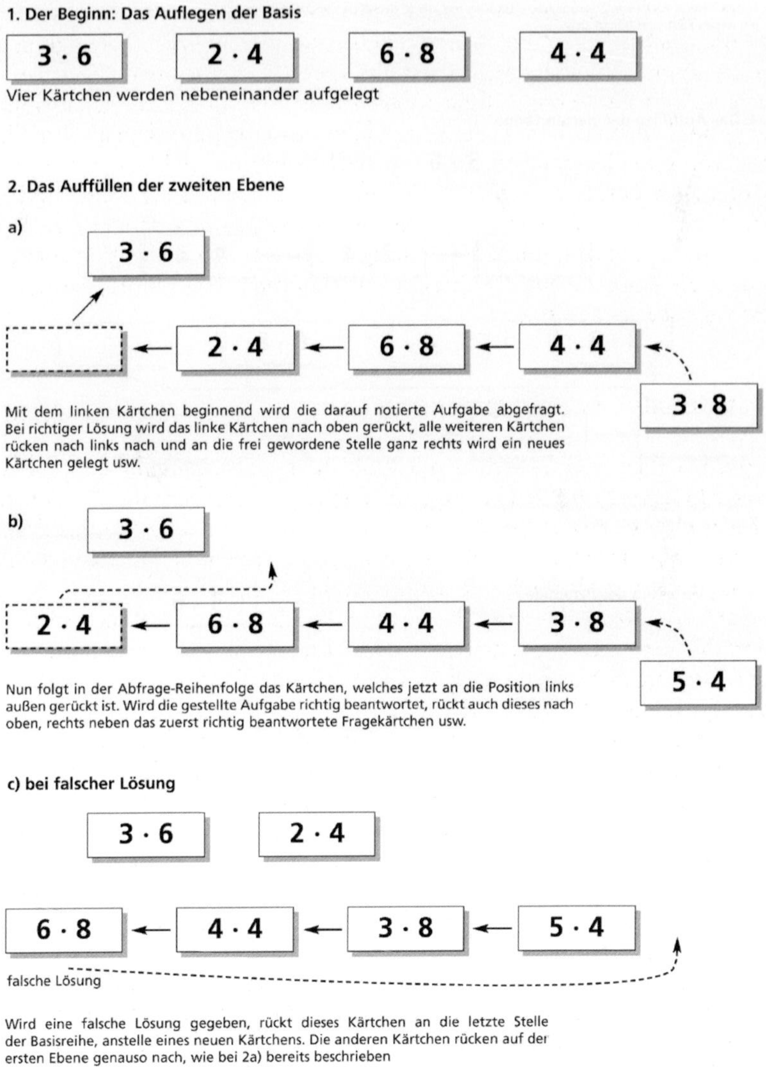

Abbildung 18.3: Das Pyramidenspiel

3. Das Auffüllen der dritten Ebene

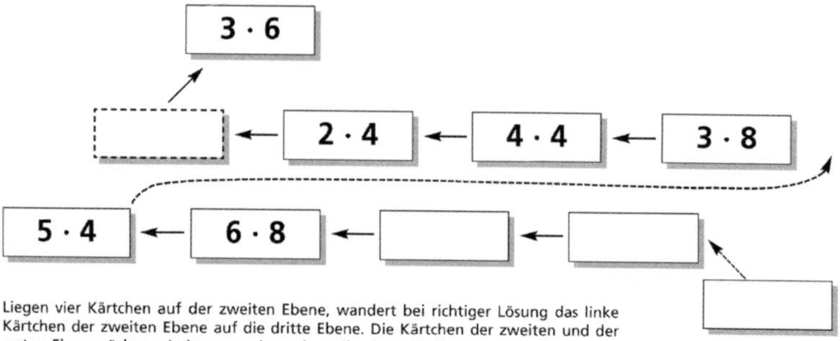

Liegen vier Kärtchen auf der zweiten Ebene, wandert bei richtiger Lösung das linke Kärtchen der zweiten Ebene auf die dritte Ebene. Die Kärtchen der zweiten und der ersten Ebene rücken wiederum nach, und an die vierte Stelle der ersten Ebene wird ein neues Kärtchen gelegt usw.

4. Das Auffüllen der vierten Ebene

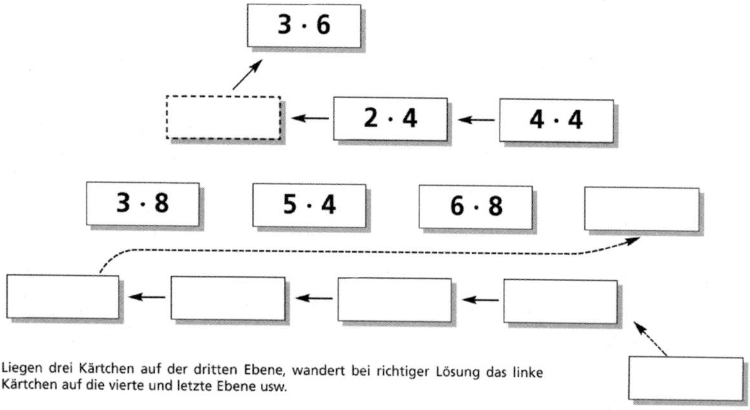

Liegen drei Kärtchen auf der dritten Ebene, wandert bei richtiger Lösung das linke Kärtchen auf die vierte und letzte Ebene usw.

5. Das Verlassen der Pyramide

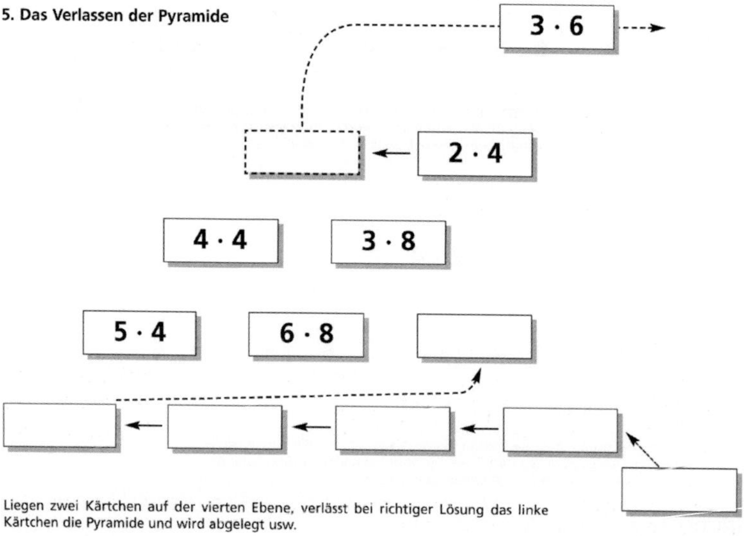

Liegen zwei Kärtchen auf der vierten Ebene, verlässt bei richtiger Lösung das linke Kärtchen die Pyramide und wird abgelegt usw.

Kapitel 19: Komplexere arithmetische Prozeduren automatisieren

1. Das Beispiel Bruchrechnen

Auch beim Bruchrechnen gibt es eine Abfolge von wenigen Rechensschritten, die verautomatisiert werden müssen. Schwierigkeiten entstehen meist dann, wenn die Kinder die einzelnen Schritte durcheinander werfen. Dieses erfolgreich zu vermeiden, ist eine Lern- bzw. Wiederholungsfrage.

Viele Eltern und Lehrer warten häufig darauf, dass es beim Kind „klick" macht, das Bruchrechnen nun „verstanden" wurde und dauerhaft beherrscht wird. Leider zeigt die Erfahrung, dass einmal Verstandenes auch leicht wieder vergessen werden kann.

Wir erleben häufig, dass Kinder ab der sechsten Klasse die arithmetischen Prozeduren des Bruchrechnens erlernen, sie aber dann in der nächsten Klasse schon wieder vergessen haben, da die Abfolge der Rechenschritte nicht ausreichend automatisiert, d. h. nicht ausreichend wiederholt wurde.

Beherrschen die Kinder die durchzuführenden Rechenschritte nicht in automatisierter Form, sind sie gezwungen, diese irgendwie – d. h. auf der Grundlage dessen, was sie noch bruchstückhaft erinnern – „zu erfinden". Was dabei herauskommen kann, zeigen die folgenden Beispiele (siehe Abb. 19.1).

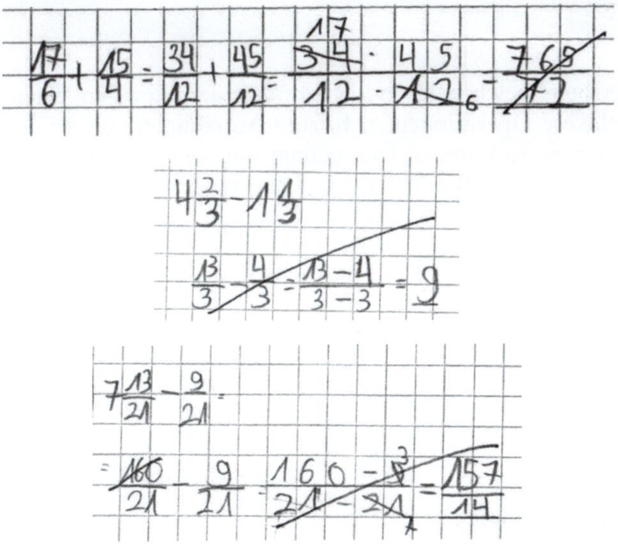

Abbildung 19.1: Fehlstrategien beim Bruchrechnen

Welche Vorgehensweisen bieten sich an, um diese oft fehlende Automatisierung beim Bruchrechnen zu erreichen?

Im Folgenden wird am Beispiel des Bruchrechnens dargestellt, wie die wichtigsten Grundmuster zusammengestellt und systematisch automatisiert werden können.

Erinnern Sie sich an das bewährte Lernmodell:
Arithmetische Operationen sollten auf „Grundmuster", d.h. auf Grundrechenwege komprimiert und vereinfacht werden. Diese sollten sich dann auf der Grundlage möglichst weniger Informationseinheiten, z. B. mithilfe der visuellen Darstellung der Grundlösungswege und sehr kurzer Merksprüche, eingeprägt werden, um den Arbeitsspeicher nicht unnötig zu belasten. Zum dauerhaften Behalten bedarf es im nächsten Schritt ausreichender Wiederholungen.

In der Schule erfolgt aufgrund der großen Stoffmenge, die der Lehrplan vorsieht, meist ein für die Schülerinnen und Schüler zu rascher Themenwechsel. Eine ausreichende Anzahl an Wiederholungen, die den Kindern ein dauerhaftes Behalten ermöglicht, bedeutet, dass Sie als Eltern zusammen mit Ihrem Kind länger an einem Thema lernen, als es in der Schule im Unterricht behandelt wird.

Ein Beispiel
So können Sie z. B. *nach* bereits erfolgtem Themenwechsel im Mathematikunterricht über vier Wochen *drei Aufgaben* mit den Grundmustern „*Veranschaulichung*" (z. B. am Zahlenstrahl), „*Strichrechnung*" (+ / –) und „*Punktrechung*" (x / :) pro Tag einüben. Anschließend lassen Sie Ihr Kind über einen Zeitraum von 12–16 Wochen noch jeden zweiten Tag eine bis zwei Aufgaben rechnen.

Ziel ist es immer, den Arbeitsspeicher durch die Automatisierung zu entlasten, um ihn dann für komplexere Operationen, z. B. zum Ausrechnen von x-Gleichungen mit Brüchen, nutzen zu können. Dies gelingt nur, wenn das Kind die arithmetische Operation, hier das Bruchrechnen, ohne lange nachdenken zu müssen, durchführen kann.

Welche grundlegenden Muster soll das Kind nun dauerhaft beherrschen können?

Beim Bruchrechnen sind dies, genauso wie in anderen Rechengebieten, eigentlich nur sehr wenige Grundmuster:

a) Brüche veranschaulichen
b) Brüche erweitern
c) Brüche kürzen
d) Brüche addieren und subtrahieren
e) Brüche multiplizieren und dividieren

Wenn dieses Basisfundament sicher beherrscht wird, kann darauf aufbauend Rechnen mit gemischten Zahlen (z. B. 2 ¾) mit 3 Ergänzungsmustern erlernt und durchgeführt werden. Dieser „Spezialfall“ des Rechnens mit gemischten Zahlen beinhaltet dann:

a) Das Umwandeln gemischter Zahlen
b) Die Addition und Subtraktion gemischter Zahlen
c) Die Multiplikation und Division gemischter Zahlen.

Im Folgenden werden wir die Automatisierung der oben genannten fünf Grundmuster am Beispiel des Bruchrechnens beschreiben.

a) Brüche veranschaulichen

Nachdem das Kind grundsätzlich verstanden hat, was Brüche „bedeuten“, kann deren Veranschaulichung durch folgenden Merkspruch automatisiert werden:

„Oben: markierte Anzahl	Zähler
unten: Gesamtanzahl“	Nenner

Beispiel Kreissegmente

unten Gesamtanzahl $\frac{}{8}$

oben markierte Anzahl $\frac{3}{8}$

Beispiel Zahlenstrahl

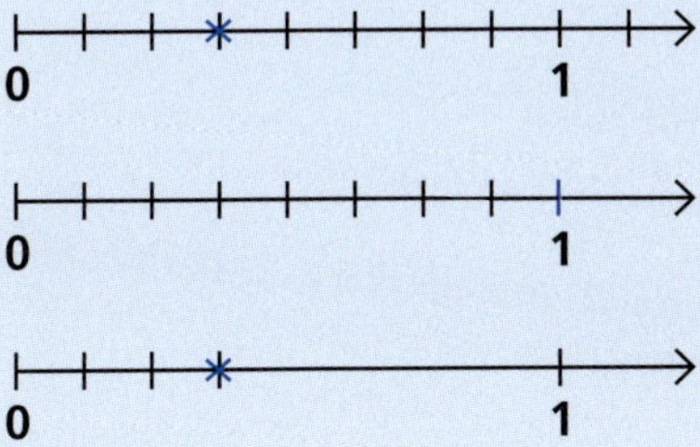

unten Gesamtanzahl $\frac{}{8}$

oben markierte Anzahl $\frac{3}{8}$

Die Veranschaulich eines Bruches am Beispiel des Zahlenstrahls kann wie folgt erlernt werden:

Beispiel: Den Bruch 2/7 mithilfe des Zahlenstrahls veranschaulichen

Hier gilt:
„Zahl unten: gibt an, durch wie viele gleichgroße Abschnitte (Segmente ...) ich ein ‚Ganzes' teilen muss."

$\frac{\quad}{7}$

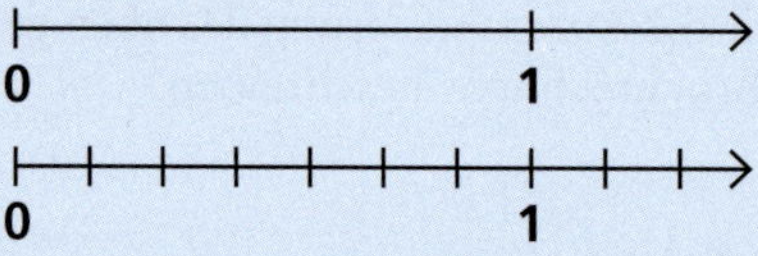

Nun kann der Bruch am Zahlenstrahl dargestellt werden.
„Zahl oben: die markierte Anzahl der Teile"

$\frac{2}{7}$

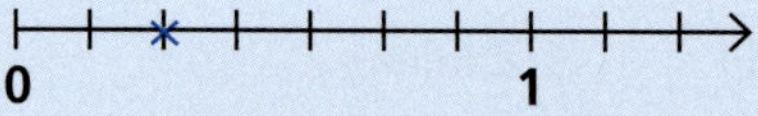

b) Brüche erweitern

$$\frac{2}{3} = \frac{2 \cdot 3}{2 \cdot 3} = \frac{6}{9}$$

Ist beispielsweise die Aufgabe 2/3 = ?/9 zu lösen, kann das Kind im ersten Schritt lernen, die Leitfrage zu formulieren:
„Wie oft passt die 3 in die 9 oder 3 × ? = 9, oder als Trick 9 : 3 = ?

Der *Merkspruch*, der beim Erweitern anschließend zu lernen ist, lautet:
„Oben und unten mit der gleichen Zahl malnehmen"

Ein weiteres Beispiel

$$\frac{3}{5} = \frac{3 \cdot 2}{5 \cdot 2} = \frac{6}{10}$$

c) Brüche kürzen

$$\frac{4}{12} = \frac{4 : 4}{12 : 4} = \frac{1}{3}$$

Der Merkspruch lautet:
„Oben und unten durch die gleiche Zahl teilen"

Ein nützlicher Trick
Hilfreich erweist sich für Kinder, mit folgendem Trick zu arbeiten: Um herauszufinden, durch welche Zahlen sich der Bruch kürzen lässt, sollten sie nach folgender Reihenfolge vorgehen:
a) **2**: die 2 geht, wenn die letzte Ziffer im Zähler oder Nenner eine 0, 2, 4, 6, 8 ist.
b) **5**: die 5 geht, wenn die letzte Ziffer im Zähler oder Nenner eine 0 oder eine 5 ist
c) **3**: die 3 geht, wenn die Quersumme im Zähler und Nenner durch 3 teilbar ist
d) **9**: die 9 geht, wenn die Quersumme im Zähler und Nenner durch 9 teilbar ist.

d) Brüche addieren und subtrahieren

Der *Merkspruch* lautet:
„Zuerst: Nenner (unten) gleichnamig, dann: oben ausrechnen"

Musterlösungen

$$\frac{1}{3}+\frac{2}{5}=\frac{1\cdot 5}{3\cdot 5}+\frac{2\cdot 3}{5\cdot 3}=\frac{5}{15}+\frac{6}{15}=\frac{5+6}{15}=\frac{11}{15}$$

$$\frac{3}{4}-\frac{2}{3}=\frac{3\cdot 3}{4\cdot 3}-\frac{2\cdot 4}{3\cdot 4}=\frac{9}{12}-\frac{8}{12}=\frac{9-8}{12}=\frac{1}{12}$$

e) Brüche multiplizieren und dividieren

Bei der Division lautet der Merkspruch:
„Zuerst: mal dem Kehrwert"

Musterlösung

$$\frac{1}{4}:\frac{3}{8}=\frac{1}{4}\cdot\frac{8}{3}$$

Diese Vorgehensweise kann man auch beim Dividieren durch eine ganze Zahl anwenden.

Musterlösung

$$\frac{1}{4}:3=\frac{1}{4}:\frac{3}{1}=\frac{1}{4}\cdot\frac{1}{3}=\frac{1\cdot 1}{4\cdot 3}=\frac{1}{12}$$

Bei der Multiplikation lautet der Merkspruch:
„Zuerst kürzen, erst danach ausmultiplizieren"

Musterlösung

$$\frac{1}{4}\cdot\frac{8}{3}=\frac{1}{\cancel{4}^{1}}\cdot\frac{\cancel{8}^{2}}{3}=\frac{2}{3}$$

Eine solche Vorgehensweise, bei der zu einen Themengebiet die wichtigsten Rechenwege zu Grundmustern zusammengefasst, Musterlösungen vorgegeben und diese systematisch eingeprägt werden, hat sich nicht nur für Kinder mit Rechenschwäche empirisch als deutlich effektivere Lernmethode als zum Beispiel das selbst entdeckende Lernen erwiesen (vgl. z. B. Paas und van Merrienboer 1994, Wellenreuther 2010, S. 91f, Wellenreuther 2009, S. 31f).

Wichtig ist aber wiederum, dass in einem zweiten Schritt die Anwendung der beherrschten Rechenverfahren beim Lösen von Sachaufgaben bzw. „Rätselaufgaben“ eingeübt wird. Die Schülerinnen und Schüler können so erleben, dass die gelernten Rechenverfahren „Sinn“ machen und als „Handwerkszeug“ zum Lösen von mathematischen Problemstellungen dienen.

2. „Mindmap“ als Visualisierungshilfe

In höheren Jahrgangsstufen, so z. B. in der 8. Klasse des Gymnasiums, lassen sich mithilfe eines so genannten Mindmaps alle grundlegenden Fragestellungen einer Mathematik-Schulaufgabe zusammenfassen und veranschaulichen (vgl. Abb. 19.3). Mindmaps liefern eine sehr schöne Übersicht, um Grundmuster zu identifizieren und Grundaufgabenstellungen sowie die jeweiligen Lösungsschritte in komprimierter Form darzustellen.

Kinder mit Rechenschwäche können sich mit dem Mindmap eine Lösungslandkarte erstellen und mithilfe dieser Visualisierungstechnik zu einer schrittweisen Automatisierung – auch über das Auswendiglernen – gelangen.

Die Hauptäste des dargestellten Beispiel-Mindmaps (Abb. 19.3) bilden die möglichen Aufgabenstellungen ab, die Zweige die Abfolge der durchzuführenden Rechenschritte. Folgende Fragestellungen zum Themenbereich „lineare Funktionen“ können Kinder mit Rechenschwäche an dem Mindmap ablesen:

- Wie kann ich von einem Graphen die lineare Funktionsgleichung ablesen?
- Wie berechne ich die Nullstelle?
- Wie berechne ich die Funktionsgleichung, wenn zwei Punkte gegeben sind?
- Wie kann ich die Funktionsgleichung einer parallelen Geraden zu einer gegebenen Geraden und durch einen gegebenen Punkt bestimmen?
- Wie berechne ich die Schnittpunkte zweier Geraden aus deren Funktionsgleichungen?
- Wie berechne ich die Funktionsgleichung eines Lots auf eine gegebene Gerade durch einen gegebenen Punkt?

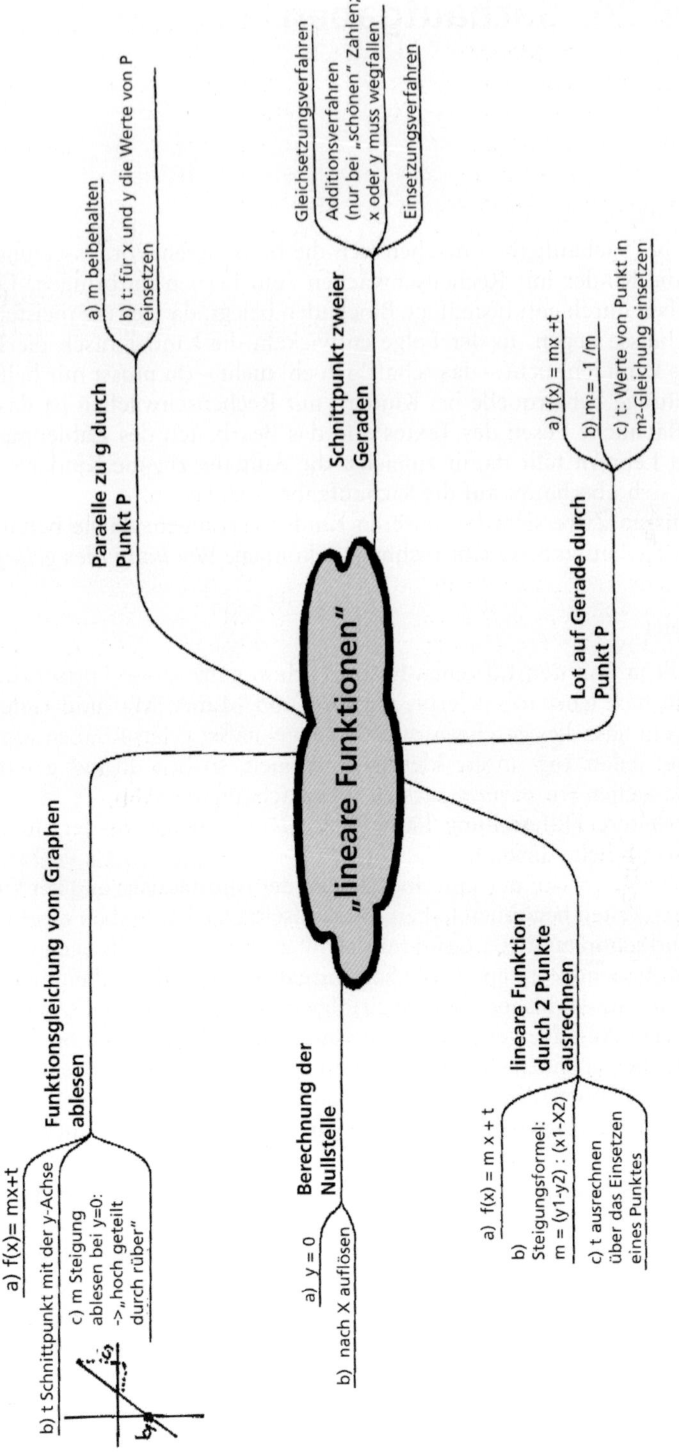

Abbildung 19.3: Mindmap zum Thema Grundrechenmuster bei linearen Funktionen

Kapitel 20: Sachaufgaben

Vor allem bei Sachaufgaben machen sich die besonderen Voraussetzungen bemerkbar, die Kinder mit Rechenschwächen zum Lernen mitbringen. Oft sind Sachaufgaben durch gefühlsmäßige Blockaden belegt, da hier die meisten Misserfolgserlebnisse liegen. In der Folge entwickeln die Kinder rasch die Einstellung: „Das kann ich nicht – das schaff' ich eh' nicht – du musst mir helfen".

Eine häufige Fehlerquelle bei Kindern mit Rechenschwächen ist das flüchtige, oberflächliche Lesen des Textes und das Bearbeiten des Zahlenmaterials. Eltern und Lehrern fällt damit zunächst die Aufgabe zu, die Kinder dafür zu gewinnen, sich überhaupt auf die Sachaufgabe einzulassen.

Wir müssen Zuversicht bei unseren Kindern erzeugen, da sie bereits überzeugt sind, Sachaufgaben nicht rechnen zu können. *Wie kann dies gelingen?*

Ein Beispiel

„Du weißt ja, mit den Kärtchen hast du schon ganz große Fortschritte gemacht, du hast ganz toll gelernt, mit Plus und Minus, Mal und Geteilt zu rechnen. Du hast dies geschafft, weil wir regelmäßig gelernt haben, du erinnerst dich, jeden Tag unsere kleinen Portionen, so bist du gut geworden. Genauso machen wir es jetzt auch bei den Sachaufgaben."

Eine weitere Hilfestellung kann sein: „Du brauchst wieder nicht viel Schreiben, ich helfe dir dabei."

Wenn Sie zuvor auf den einzelnen Stufen der Automatisierung der Grundrechenfertigkeiten begonnen haben, wechselseitig Sachaufgaben zu erfinden, ist Ihr Kind schon mit den „Grundmustern" an Aufgabenstellungen vertraut. Darauf aufbauend können Sie die Sachaufgaben aus dem Rechenbuch übernehmen und an die bisher erlebten Erfolge erinnern: „ Du weißt, wir haben schon so viele Aufgaben erfunden. Lass uns zu den Aufgaben im Buch wieder neue Aufgaben erfinden – ich eine und du eine. Ich muss dir auch wieder die Aufgabe vorrechnen, die du erfunden hast. Du passt dann auf, ob ich es richtig mache, ob ich es genauso kann, wie ihr es in der Schule machen müsst."

Im folgenden Schaukasten sehen Sie sechs Schritte zum Lösen von Sachaufgaben. Diese Anleitung ist für Kinder der dritten und vierten Klasse häufig zu lang. Hier ist es günstig, wenn die Eltern die Anweisung schrittweise vorlesen und auf diese Weise langsam einüben. Hilfreich kann auch die Frage sein: „Magst du lieber Trick 1, Trick 2 oder Trick 3 benutzen?"

Da Kinder mit Rechenschwäche oft über geringe metakognitive Strategien verfügen, handeln sie sehr häufig unsystematisch und nach dem Versuchs- und Irrtumsprinzip. Die sechs Schritte (siehe Schaukasten) helfen ihnen, eine systematische Struktur zum Lösen von Sachaufgaben aufzubauen. Die Aufgabe wird in kleine handhabbare Portionen zerlegt und so besser durchdacht, als in einem impulsiven „Zahlenmix“.

Lassen Sie Ihr Kind die Abfolge der sechs Lösungsschritte jeden Tag an ein bis zwei Sachaufgaben üben. Dadurch wird es die Schrittabfolge verinnerlichen, verautomatisieren. Durch die neuen Erfolgserlebnisse verlieren die Aufgaben für Ihr Kind ihre Angst einflößende Qualität. Stattdessen erlebt es, dass es Sachaufgaben immer besser und schneller lösen kann.

Sechs Schritte zum Lösen von Sachaufgaben

Schritt 1: Ich lese mir die Sachaufgabe mehrmals langsam und genau durch. Was ist gegeben?

Schritt 2: Ich achte dabei besonders darauf …
- Welche Zahlen stehen in der Aufgabe?
- Ich finde auch die Zahlen, die als Wort und nicht als Ziffer geschrieben sind (z. B. das Achtfache).
- Ich unterstreiche alle Zahlen. Ich schreibe (bzw. Mama schreibt) sie mit den jeweiligen Benennungen heraus.

Schritt 3: Was soll ich suchen, was soll ich ausrechnen?
- *Trick 1*: Es kann helfen, wenn ich die Aufgabe meiner Mutter oder meinem Vater noch einmal erkläre.
- *Trick 2*: Es kann helfen, eine kleine Zeichnung zu machen, um zu veranschaulichen, was gegeben ist.
- *Trick 3:* Vielleicht weiß ich, wie die Antwort lauten muss? Aus der Antwort kann ich ganz leicht die Frage bilden.

Schritt 4: Mit welchen Rechenzeichen muss ich die Zahlen verbinden?
- *Trick 4*: Es gibt nur vier Rechenzeichen. Ich überlege der Reihe nach durch, welches Rechenzeichen am besten passt.
  Muss ich die Zahlen …
  – zusammenzählen – malnehmen,
  – voneinander abziehen – durcheinander teilen
  oder ist es ein kompliziertes Rechenmuster mit mehreren Rechenschritten?
- *Trick 5:* Kenne ich schon ähnliche Aufgaben? Welches Rechenmuster kann ich dann anwenden?

Schritt 5: Wenn es ein kompliziertes Rechenmuster ist: Wie gehören die Zahlen zusammen? Welche Zahlen muss ich zusammenzählen, voneinander abziehen, miteinander malnehmen oder durcheinander teilen?
- a) + ?/ – ?/ × ?/ : ? ....
- b) + ?/ – ?/ × ?/ : ? ....
- c) + ?/ – ?/ × ?/ : ? ....

Schritt 6: Wenn ich mit der Aufgabe fertig bin, frage ich mich: „Stopp! Kann das Ergebnis überhaupt stimmen?“ (Wenn zum Beispiel 8 Äpfel 640 Euro kosten sollen, dann schaue ich nach, ob ich mich nicht verrechnet habe.)

Bitte beachten: Unserer Erfahrung nach helfen die sechs Lösungsschritte in erster Linie bei den besser begabten Kindern mit Rechenschwächen. Sie sind in der Lage, die einzelnen Schritte nachzuvollziehen. Es gibt aber auch Kinder mit Rechenschwäche, die mit der Schrittabfolge überfordert sind. Ihnen hilft es, wenn einer einzelnen Aufgabenstellung zunächst eine Abfolge von Rechenschritten für ein ganz bestimmtes *Muster von Sachaufgaben* vorgegeben wird.

Ein Beispiel

Lena geht in die vierte Grundschulklasse und hat eine „6" in Mathematik. Sachaufgaben kann Lena überhaupt nicht lösen, sie sind für sie ein rotes Tuch, sie hat Angst vor ihnen.

Lenas Mutter bringt eine Beispielaufgabe mit: Ein Schwimmbad, in das 1.000 hl Wasser hineinpassen, soll mittels eines Schlauches gefüllt werden. Durch den Schlauch laufen pro Sekunde 10 l Wasser. Wie lange dauert es, bis das Schwimmbad gefüllt ist?

In einem ersten Schritt bekommt Lena die Abfolge der durchzuführenden Rechenschritte vorgegeben:

1. Du musst Hektoliter in Liter umrechnen, denn sonst kannst du nicht teilen.
2. Die Gesamtmenge, das Volumen, ist durch die Anzahl der Liter zu teilen, die pro Sekunde durch den Schlauch fließen.
3. Ich bekomme ein Ergebnis in Sekunden heraus, die Sekunden muss ich dann in Minuten umwandeln, d. h. ich muss durch 60 teilen. Wenn ich Stunden herausbekommen will, muss ich noch einmal durch 60 teilen.

Mit dieser fest vorgegebenen Abfolge von Schritten, ist Lena in der Lage, die Aufgabe zu lösen.

Der zweite Schritt besteht in einer Sachaufgabe mit genau dem gleichen Rechenmuster: Ein Weinfass wird gefüllt. In dieses Weinfass passen 9 hl Wein. Durch den Schlauch laufen 15 l pro Sekunde. Wie lange dauert es, bis das Weinfass gefüllt ist?

Bei der zweiten Aufgabe gibt Lenas Mutter Hilfestellungen, die einzelnen Rechenschritte in ihrer Abfolge zu rekonstruieren: „Lena, erinnerst du dich noch, wie wir das bei der Aufgabe mit dem Schwimmbad gemacht haben?" Lena erinnert sich, dass zuerst hl in l umgerechnet werden müssen. „Weißt du noch Lena, wie das geht? Ach ja richtig, du musst zwei Nullen dranhängen."

Anschließend gehen Lena und ihre Mutter die Abfolge der vorherigen Rechenschritte noch einmal durch – übertragen auf diese Sachaufgabe.

Bei der dritten Aufgabenstellung, wieder eine Sachaufgabe mit dem gleichen Rechenmuster, passiert das Verblüffende: Lena kann diese nun ganz alleine lösen und zwar in der richtigen Reihenfolge der Rechenschritte, die sie vollständig erinnert.

Die dritte Rechenaufgabe war Folgende: Der Milchtank eines LKWs soll entleert werden. Der Tank fasst 72,6 hl Milch. Pro Sekunde fließen 30 l aus dem Tank. Wie lange dauert es, bis der Milchtank leer ist?

Lena gelingt es, das allgemeine Aufgabenmuster auf diese spezielle Aufgabe zu übertragen und alle Rechenschritte selbst und korrekt durchzuführen. Für Lena bedeutet dies ein riesiges Erfolgserlebnis.

Eine sinnvolle Hilfestellung ist es, parallel zum Lösen jeder Aufgabe eine Zeichnung oder eine kleine Skizze anzufertigen. Für die Beispielaufgaben im Fall Lena heißt dies, ein Schwimmbad, ein Weinfass und einen Milchtank mit Zu- und Ablauf zeichnen.

Kritisch lässt sich gegenüber unserer vorgeschlagenen Verfahrensweise einwenden, dass die Kinder mit Rechenschwäche dabei lernen, nach einem „Kochrezept“ vorzugehen. Stelle sich ein Problem anders dar – so kann man argumentieren – drohen die Kinder, neuerlich zu scheitern. Obgleich die Schlussfolgerung richtig ist, kann der Einwand den Sinn der vorgeschlagenen Methode nicht in Frage stellen, denn: Nur dadurch, dass die Kinder viele „Kochrezepte“ lernen, kann ihr Denken auch ein bisschen flexibler werden. Vor allen Dingen kann ihr mathematisches Zutrauen größer werden, wenn sie viele „Kochrezepte“ beherrschen und damit Rechenaufgaben lösen können.

Erfreulicherweise wird diese Vorgehensweise jetzt auch in neuesten schulpädagogischen Werken empfohlen. Wellenreuther (2009a) spricht so z.B. von der „Automatisierung von Schemata als wesentliche Voraussetzung für Transfer“ (S. 31).

Ihr Kind lernt in besonderer Weise, wenn es eine vorgegebene Sachaufgabe nachkonstruiert. Lassen Sie Ihr Kind, soweit dies möglich ist, immer wieder Sachaufgaben selbst erfinden. Dadurch werden „Berührungsängste“ sehr effektiv abgebaut. Ihr Kind ist den Sachaufgaben nicht mehr „ausgeliefert“, sondern ist vielmehr „Herr über die Sachaufgabe“. Gleichzeitig wird es immer vertrauter mit den Grundmustern der Aufgabenstellungen. Motivierend wirkt sich auch aus, wenn das Kind Lehrer sein darf und Sie beim Rechnen kontrolliert. Wenn Sie beim Lösen der Aufgabe „laut“ mitdenken, wiederholen Sie gleichzeitig die richtigen Lösungswege auf eine für das Kind sehr einprägsame Art.

Auch im Unterricht ist es sicherlich möglich, die Schülerinnen und Schüler regelmäßig Sachaufgaben „erfinden“ zu lassen. Beispielsweise können sich Kinder in 4er-Gruppen, die in zwei 2er-Gruppen unterteilt werden, zusammentun. In einer 2er-Gruppe werden die Sachaufgaben für die jeweils andere 2er-Gruppe erstellt, sodann gegenseitig ausgetauscht, nach Lösungen gesucht, gerechnet und von den 2er-Gruppen wechselseitig kontrolliert. Die Schülergruppen sollten nicht größer sein, da es darauf ankommt, alle Kinder intensiv zu beteiligen, damit in deren jeweiligen Gehirnen die einzuübenden Denkprozesse tatsächlich stattfinden. Die Anwendung einzuüben und deren Automatisierung zu trainieren, schafft Erfolgserlebnisse und steigert die Motivation eines jeden Kindes. Lehrer sollten neben den Kontrollen, die die Schüler durchführen, selbst noch einmal deren Resultate und die dazugehörigen Lösungswege überprüfen.

Sollten Schüler Schwierigkeiten mit Sachaufgaben haben, ist eine genaue Fehleranalyse von Lehrern und Eltern notwendig, um die Kinder dort „abzuholen", wo sie stehen. Es ist unrealistisch, aus jedem Kind einen großen Mathematiker machen zu wollen, aber wenn Kinder auf der Grundlage sinnvoller Lernmethoden üben, werden sie in der Schule viele Aufgaben lösen und sich verbessern können. Dies bedeutet für die Kinder – wie für ihre Eltern und Lehrer – einen großen Fortschritt.

Wir erleben immer wieder, dass Schülerinnen und Schüler auf der Grundlage einer positiven emotionalen Bewertung des Lerngegenstandes Mathematik eine erstaunliche Entwicklung vollziehen. Im Laufe der Jahre speichern sich in den Köpfen der Kinder nicht nur Muster von vergangen Aufgaben und Lösungen, sondern es können sich die Elemente, aus denen die Muster „gewirkt" sind, zu weiteren Mustern zusammenfügen.

Kapitel 21: „Tricks"

Tricks können etwas sehr Hilfreiches sein, sie bergen aber auch Gefahren, wenn sie z. B. nur für den Einzelfall gelten. Werden die Tricks dann von den Kindern verallgemeinert, können sie zu Fehlerquellen werden. Auch können Tricks den einfachen, generalisierbaren Weg verschleiern, der immer funktioniert. Erst wenn dieser Weg sicher sitzt, kann die Klarheit der Vorgehensweise durch Spezialtricks ergänzt werden.

1. Tricks als Sackgassen

a) Tricks für den Einzelfall im Bereich der arithmetischen Prozeduren

Das Kind entwirft für sich Rechenschritte oder bekommt sie von den Erwachsenen als Trick angeboten, um das beschwerliche Ausrechnen zu umgehen. Diese Tricks verwirren jedoch, weil sie dazu verführen, Fehlvorstellungen zu entwickeln.

Beispiel 1: Im Hunderterraum soll eine „9" abgezogen werden. Der Trick besteht darin, von der „Zehnerzahl" eins abzuziehen, bei der „Einerzahl" eins dazuzählen. Beim Kind könnte dann die Vorstellung entstehen, wenn ich minus „7" rechne oder minus „6" kann es einen ganz ähnlichen Weg geben.

Beispiel 2: „Nimm das Doppelte einer Zahl und ziehe dann ab." „8 + 7 = 8 + 8 – 1 = 16 – 1 = 15", aber wie verhält es sich, wenn ich „28 + 7" ausrechnen muss oder „8 + 5"?

b) Tricks im Bereich der Hilfsmittel am Beispiel der Hundertertafel

Lehrer und Eltern wollen dem Kind helfen und bieten ihm Hilfsmittel an. Das können Veranschaulichungsmittel sein, die falsch eingesetzt werden, und das Kind im Bereich des Zählens fest halten.

Das Kind bekommt zum Beispiel gezeigt, wie es Additions- und Subtraktionsaufgaben mithilfe der Hundertertafel lösen kann. Wenn ich beispielsweise minus „23" rechnen soll, kann ich in der Zeile 3 nach links gehen und dann in der Spalte 2 nach unten. Ein Kind, das die generalisierbare Hauptprozedur nicht beherrscht, wird sich zunächst freuen, weil es auf eine einfache Art d. h. durch Zählen, auch im Hunderterraum zu Ergebnissen kommen kann.

Ein solches Rechnen mit der Hundertertafel entwirft aber eine vollkommen falsche Vorstellung vom Zahlenraum. Die „39“ liegt näher an der „29“ und der „49“ als an der „41“. Neben der falschen Vorstellung vom Zahlenraum wird das Kind jedoch zusätzlich fehlgeleitet, weil auf diese Weise die Automatisierung der spezifischen arithmetischen Prozedur unmöglich gemacht wird. Wir haben noch kein Kind erlebt, das auf diese Weise eine Abfolge von Rechenschritten erlernt hat, mit denen es auch nur ansatzweise zurechtgekommen wäre. Kinder zählen hier nur. Die von den Erwachsenen beabsichtigte Erleichterung führt beim Kind also in Wirklichkeit in die Sackgasse. Unserer Ansicht nach gehört die Hundertertafel bei rechenschwachen Kindern zu den ungeeigneten Methoden und sollte ausgemustert werden.

„Dies gilt auch für die Hundertertafel, an der die Kinder die einzelnen Felder weiter oder rückwärts zählen, bis sie auf das Ergebnisfeld tippen. Bei einer solchen Handlung kann eine arithmetische Beziehung als Begriff im Denken nicht entstehen. Diese oft beobachtbare Handhabung der Hundertertafel entspringt durchaus einem pädagogischen Gedanken, nämlich von der Hand über das Auge den Begriff im Denken zur Entwicklung zu verhelfen. Nur ist dies eben kein Automatismus“ (Lorenz 2003a, S. 34).

Weiter bestätigt Lorenz in diesem Zusammenhang auch unsere Erfahrung, „dass die Veranschaulichungsmittel gerade von rechenschwachen Kindern nicht für konstruktive Prozesse verwendet werden, sondern als reine Zählhilfe“ (ebda).

2. Hilfreiche Tricks

Tricks, die hilfreich sind, zeichnen sich dadurch aus, dass sie nicht nur für den Einzelfall gelten, sondern verallgemeinerungsfähig sind und das Kind nicht in Fehlstrategien fest halten.

a) Hilfreiche Tricks zum Umrechnen von Maßeinheiten

Kennen Sie das auch? Kinder kommen immer wieder durcheinander, wenn sie Längen-, Flächen-, Raum- und Gewichtsmaßeinheiten umrechnen sollen. Sie fügen zu viele Nullen an oder lassen diese weg, Kommastellen werden oft an die falsche Stelle gesetzt. Im Folgenden möchten wir Ihnen einen Trick zeigen, bei dem es dem Kind unmöglich wird, diese Fehler zu machen.

1. Schritt: Das Kind lernt die folgende Tabelle auswendig

	km			m	dm	cm	mm

Merksatz für die Reihenfolge
mm – cm – dm – m – zwei leer – km

2. Schritt: Eine größere Maßeinheit soll in eine kleinere umgerechnet werden

Ist eine größere Maßeinheit in eine kleinere Maßeinheit umzurechnen, gelten folgende Regeln:

- in jede Spalte wird nur eine Ziffer geschrieben
- bis die gewünschte Maßeinheit erscheint, werden Nullen aufgefüllt

Beispiel: Rechne 12 m um in dm, cm oder mm

	km			m	dm	cm	mm
			1	2			
			1	2	0		
			1	2	0	0	
			1	2	0	0	0

Also: 12 m = 120 dm
12 m = 1.200 cm
12 m = 12.000 mm

3. Schritt: Eine kleinere Maßeinheit soll in eine größere umgerechnet werden

Beispiel: Rechne 622 mm um in dm, m bzw. km

Die entsprechende Zahl wird in die Tabelle eingetragen. Bis zur gewünschten Maßeinheit wird wieder mit Nullen aufgefüllt, das Komma wird dann nach der Zahl in der gewünschten Maßeinheit gesetzt.

	km			m	dm	cm	mm
					6	2	2
					6,	2	2
				0,	6	2	2
	0,			0	6	2	2

Also: 622 mm = 6,22 dm
622 mm = 0,622 m
622 mm = 0,000622 km

Tabelle für Flächenmaße

	km^2		ha		a		m^2		dm^2		cm^2		mm^2

Merksatz

mm^2 – eins leer – cm^2 – eins leer – dm^2 – eins leer – m^2 – eins leer – a – eins leer – ha – eins leer – km^2

Beispiel:
22 dm^2 = ? m^2
675 cm^2 = ? m^2
21,5 m^2 = ? cm^2

	km^2		ha		a		m^2		dm^2		cm^2		mm^2
								2	2				
							0,	2	2				
									6	7	5		
							0,	0	6	7	5		
						2	1,	5					
						2	1,	5	0	0	0		

Tabelle für Gewichte

	t			kg			g			mg

Merksatz
mg – zwei leer – g – zwei leer – kg – zwei leer – t

Das Kind muss mithilfe dieser Tricks nicht eine Vielzahl von Umrechenfaktoren beherrschen, sondern jeweils nur eine Tabelle mit der immer gleichen Vorgehensweise. Mit Ausnahme der Zeit sind solche Tabellen jeweils für alle Umrechnungsmöglichkeiten von Maßeinheiten einsetzbar.

Unabhängig von der Methode, Maßeinheiten einfach und fehlerfrei umrechnen zu können, kennen Sie alle das bekannte Vorurteil: Rechenschwachen Kindern fehlt ein sicheres Vorstellungsvermögen für Zahlen, für Mengen, für Größen ... – in diesem Fall für Maßeinheiten.

Dies ist ein Irrglaube. Fehlende Lernprozesse verhindern ein solches Vorstellungsvermögen – und umgekehrt, durch passende Lernprozesse kann ein solches entwickelt werden. Auf welchem Wege nun können Kinder lernen, sich Maßeinheiten, z. B. Längenmaße, vorzustellen?

Vertraute Gegenstände aus dem Alltag Ihres Kindes können hier hilfreich sein. Setzen Sie bestimmte Ankerreize für 10 cm, 1 m und 2m, z. B. den Textmarker, der 10 cm lang ist, das Bücherregal, dass eine Breite von 1 m aufweist, den Kleiderschrank, der 2 m hoch ist etc. und lassen Sie Ihr Kind täglich über zwei bis drei Wochen fünf Gegenstände aus seinem vertrauten Umfeld nach seiner Länge, Breite oder Höhe in cm oder m einschätzen. Gelingt dies sicher, können sie dann noch Längenmaße halbieren, z. B. Gegenstände mit 50 cm hinzunehmen oder verdoppeln, wie einen Gegenstand, der 4 m lang oder hoch ist.

Analog können Sie mit Gewichtsmaßen vorgehen. Lassen Sie Ihr Kind wieder vertraute Gegenstände mit 10 g, 1000 g (1 kg) und 5000 g (5 kg) heben, setzen Sie diese wieder als Anker und lassen Sie Ihr Kind anschließend das Gewicht anderer Gegenstände vier bis sechs Wochen lang schätzen. Sie werden sehen: Ihr Kind wird sich zunehmend verbessern.

Bedenken Sie immer, dass neue Themen, wie z. B. die Maßeinheiten, die von der Lehrkraft im Unterricht erklärt und eingeführt werden und nicht im Alltag über eine ausreichend lange Zeit wiederholt werden, vergessen werden. Es sind also weniger das fehlende Vorstellungsvermögen Ihrer Kinder für bestimmte Sachverhalte, wie hier die Maße, sondern fehlende Lern- und vor allem Wiederholungsprozesse, die zu entsprechenden Rechenproblemen führen.

Abschließende Gedanken

Wenn bei Ihrem Kind eine Rechenschwäche besteht, sollten sie aufmerksam auf noch nicht automatisierte Grundrechenfertigkeiten achten und versuchen, Lerndefiziten vorzubeugen. Länger als im Schulunterricht sollten Sie zu Hause ein Thema (in kleinen Portionen!) wiederholen und dabei die Rechenarten nicht zu schnell wechseln.

Haben sich bei Ihrem Kind bereits Leistungslücken eingestellt, machen Sie sich von dem aktuellen Lernstoff unabhängig. Setzen Sie „niedrig genug an", um Fundamente dauerhaft zu festigen und Fehlstrategien effektiv abzubauen. Die Zielsetzung Ihrer Hilfestellungen müssen Sie dafür möglicherweise verändern: Nicht die Note 3 oder 4 in der nächsten Mathematikarbeit ist wichtig, sondern das längerfristige Ziel – Ihr Kind auf eine Weise zu unterstützen, die es ihm ermöglicht, die Grundrechenarten in der Grundschulzeit sicher beherrschen zu lernen.

Als Eltern sind Sie hier in hohem Maße für Ihr Kind verantwortlich. Sie müssen hartnäckig bleiben, den Lernstoff regelmäßig in kleinen Portionen und angemessenen Zeiteinheiten gemeinsam mit Ihrem Kind wiederholen.

Günstig wirkt sich eine unterstützende Begleitung der Lernübungen durch die Lehrer Ihres Kindes aus. Kinder mit Rechenschwäche sind eher bereit, zusätzlich zu lernen, wenn die Autorität des Lehrers hinter einer Aufgabe steht und diese kontrolliert. Gleiches gilt auch – sofern vorhanden – für den Therapeuten, der hier unterstützend einwirken kann.

Nicht „mehr desselben“!

Gelingt Ihrem Kind die notwendige Automatisierung bestimmter Rechenschritte nicht, sollten Sie nicht nach dem Motto „mehr desselben“ reagieren. Es macht keinen Sinn, das, was vorher nicht funktioniert hat, noch weiter als Methode auszubauen.

Ein Beispiel: Ein Kind der 3. Klasse, welches die Montessori-Schule besucht, hat gravierende Probleme im Bereich des Zehnerübergangs. Die Lehrerin beharrt darauf, dass das Kind noch länger mit Anschauungsmaterial arbeitet.

Besser ist es stattdessen, die vorhandene Schwachstelle genau zu analysieren – so z. B. die benutzten Strategien beim Zehnerübergang – und sodann an dieser Stelle den richtigen Rechenschritt *möglichst direkt* mit einer *angemessenen Lernstrategie* (z. B. mittels der Lernkärtchen) *regelmäßig und lange genug zu üben und zu wiederholen.*

Regel nicht auf, da Lehrer und Fachdidaktiker ja nur die Bücher des eigenen (Bundes-)Landes kennen. Überdeutlich werden die Mängel unserer Mathematikschulbücher, wenn wir sie mit denen aus Ländern vergleichen, die bei den Pisa-Studien besser abgeschnitten haben. Analysiert man die diesbezüglichen Unterschiede und Ähnlichkeiten, so finden sich Ähnlichkeiten zwischen finnischen und asiatischen Schulbüchern einerseits und Unterschiede zu deutschen Schulbüchern andererseits. Als grundlegende Unterschiede stellt so z. B. Wellenreuther (2009a) fest, dass die Pisa-Sieger in ihren Schulbüchern weniger Inhalte und Themen pro Schuljahr aufbereiten, die behandelten Themen dafür aber länger und vertiefter bearbeiten. Dies hat natürlich Auswirkungen auf das Behalten in den Folgejahren. Beispielsweise wird in Japan ein Inhalt so behandelt, dass er im nächsten Jahr nur noch kurz wiederholt werden muss (vgl. Wellenreuther 2009a, S. 95).

Ein weiterer grundlegender Unterschied zu deutschen Schulbüchern besteht darin, dass die Inhalte einer wesentlich besseren *systematischen Struktur* unterliegen. Im Vergleich erscheint die Strukturierung in deutschen Schulbüchern eher willkürlich. Sehr häufig finden wir, besonders in Schulbüchern aus dem Grundschulbereich, ein buntes, aber letztlich sehr unübersichtliches Durcheinander.

Die *Informationsdichte* pro Schulbuchseite ist in den analysierten asiatischen Schulbüchern ebenfalls geringer. So zeigt sich im direkten Vergleich zwischen deutschen und asiatischen Schulbucherklärungen, dass die Anzahl der „Erklärwörter" in den asiatischen Schulbüchern um ein vielfaches geringer ist (vgl. Wellenreuther 2009a, S. 99 ff). Zwar ist der Anteil der Erklärseiten in den asiatischen Schulbüchern höher, aber sie beinhalten deutlich weniger Informationen pro Seite, was sich z.B. in der Anzahl der benutzten Wörter und dargestellten Erklärungsbeispiele ausdrückt. Rechenprozeduren werden so an einem, nicht an mehreren Beispielen schrittweise entwickelt und parallel mithilfe von Visualisierungen verdeutlicht. Es erfolgt ein Lernen mit Hilfe von Musterlösungen bzw. Lösungsbeispielen, wobei nur ein Lösungsweg und nicht mehrere präsentiert werden.

Das Einüben erklärter Rechenprozeduren besitzt einen zentralen Stellenwert, was sich in eigenen *Übungsbüchern* ausdrückt. Diese zeichnen sich dadurch aus, dass sie wiederum deutlich übersichtlicher gestaltet sind und weniger Aufgaben pro Schulbuchseite enthalten. Gleichzeitig weisen sie eine stringentere Struktur auf, bei der eine Rechenprozedur systematisch von einfacheren zu schwierigeren Aufgabenstellungen hin entwickelt wird. In deutschen Schulbüchern werden hingegen oft mehrere unterschiedliche Rechenprozeduren vermischt. Bezüglich der Anwendung der neugelernten Rechenprozeduren werden diese in asiatischen Schulbüchern in relevanten Sachsituationen verankert. Auch hier finden sich wieder wenige Aufgaben pro Seite, dafür aber eine systematische Variation der Aufgabenstellung bzw. eine systematische Darstellung der verschiedenen Typen von Sachaufgaben. Hilfreich ist weiterhin, dass in asiatischen Schulbüchern die Lösungen zu allen Übungsaufgaben angegeben sind, so dass die Schüler selbst auswerten können, ob sie richtig gerechnet haben.

Die Erarbeitung entsprechender, für Schüler angemessener Erklärungen und die Aufbereitung der Schulbücher ist in Asien eine systematische und langwierige Entwicklungsarbeit (vgl. Wellenreuther 2010b, S. 144 f). Viele Experten kooperieren hier miteinander, an Forschungsschulen werden selbst kleinste Veränderungen von Schulbüchern probeweise angewendet, die Wirkung empirisch überprüft und wiederum einer neuen Analyse unterzogen etc., bis sie letztendlich als ausgereift erscheinen. Erst nach dieser sorgfältigen empirischen Erprobung und einer strengen staatlichen Zulassungsprüfung dürfen die Schulbücher in der Praxis eingesetzt werden.

Wellenreuther (2009a) vergleicht in mehreren Studien das Lernen von deutschen Schülern mit Hilfe von „deutschen“ und „japanischen“ Schulbüchern. Zusammenfassend stellt er eine „höhere Lernwirksamkeit“ (S. 109) des japanischen Schulbuches fest. Die Schüler haben ihre Arbeit mit dieser Vorlage „als erheblich angenehmer und effektiver eingeschätzt“ (S. 111). Insgesamt erleben die Schüler „eher Selbstwirksamkeitserfahrungen“ (S. 110), was wiederum die Lernmotivation erhöht.

Die gehirngerechtere Aufbereitung asiatischer Schulbuchinhalte mit Berücksichtigung der Begrenztheit des Arbeitsgedächtnisses führt offensichtlich zu einer höheren Lerneffizienz für asiatische Schüler. Die geringe Informationsdichte pro Seite in den asiatischen Schulbüchern in Verbindung mit der geringeren Anzahl der benutzten Erklärwörter, der Erläuterung der Sachverhalte mit nur einem Beispiel und der parallelen Visualisierung haben offensichtlich bei asiatischen Schülern eine entsprechende Wirkung. Asiatische Schüler haben dann bei geringerer Anstrengungsnotwendigkeit einen schnelleren und besser erlebbaren Lernerfolg und entwickeln somit auch eine höhere Lernmotivation.

Es erscheint also durchaus möglich, von den asiatischen Ländern mit ihrer höheren Kompetenz im Hinblick auf die Schulbuchgestaltung zu lernen. Voraussetzung hierfür ist jedoch, dass man sich von ideologisch geprägten Vorurteilen verabschiedet, die mit der asiatischen pädagogischen Lernkultur nur Vorstellungen im Sinne eines „erbarmungslosen Drills, Strenge, Disziplin und Prüfungsterror…“ verbinden (Wellenreuther 2009a, S. 95). Diese Vorurteile haben eine reflektierte Auseinandersetzung bisher verhindert.

Unseres Erachtens haben wir in Deutschland eine Schulbuchmisere, deren Ursachen in einer zu hohen und deswegen schwer zu verarbeitenden Informationsdichte pro Seite, in zu vielen Inhalten und in einer zu geringen Reduktion auf das wirklich Wesentliche liegen. Des Weiteren sind unsere Schulbücher zu wenig übersichtlich strukturiert, zu unsystematisch aufgebaut, zu vielgestaltig und einfach zu bunt. Dies führt bei den Schülern dazu, dass der Lernstoff deutlich schwerer zu erarbeiten, einzuprägen und letztlich zu behalten ist. Unsere Mathematikschulbücher sind somit wenig effektiv für das selbstständige Erarbeiten, für das dauerhafte Behalten, für das systematische Wiederholen des Wesentlichen (Grundschemata) und nicht zuletzt für das leichte Erkennen und Ausfüllen von Wissenslücken, die sich beim Schüler entwickelt haben. Dies wiederum hat Auswirkungen auf die emotionale Situation des Schülers in dem Sinne, dass sein Selbstwirksamkeitserleben und damit seine Lernmotivation sinken.

2. Anregungen zur Verbesserung des Mathematikunterrichts

Schulbücher modellieren den Unterricht, sie liefern die Grundlage und Orientierung für die Gestaltung und Auswahl der Unterrichtsinhalte. Somit implizieren sie die Leitlinien, die festlegen, was im Mathematikunterricht erarbeitet werden soll. Nicht zuletzt dienen Schulbücher als Vorgaben für Hausaufgaben und Kopiervorlagen für Arbeitsblätter. Unsere bunten Mathematikschulbücher mit ihrer Vielgestaltigkeit und Unübersichtlichkeit, mit einem Wirrwarr von Erklärungen, Veranschaulichungen und Aufgabenstellungen verstärken die ohnehin schon bestehende Tendenz des bunten und zu vielgestaltigen Mathematikunterrichts. Kinder mit Schwächen in Mathematik sind dadurch eher verwirrt, mathematische Grundschemata sind somit schwer erkennbar und abspeicherbar und der Misserfolgstreppe wird Vorschub geleistet.

a) Leitgedanken für Schule und Unterricht

Mathematik kann einfach sein, wenn eine Reduktion auf das Wesentliche mithilfe übersichtlicher Darstellungen stattfindet. Dies bedeutet, dass Themenbereiche auf wenige Grundmuster und Grundschemata reduziert werden, z.B. Prozentrechnen auf vier Grundschemata (Prozentwert-, Grundwert-, Prozentsatzaufgaben und Aufgaben zum erhöhten/verminderten Grundwert), Bruchrechnen auf fünf Grundschemata (vgl. s.o.), einfache X-Gleichungen auf zwei Rechenschritte und differenzierte und komplizierte X-Gleichungen auf fünf Rechenschritte.

Es sollten systematische und übersichtliche Darstellungen der Inhalte in Verbindung mit einfachen und leichtverständlichen Erklärungen erfolgen. Dies wiederum bedeutet, weniger Worte zu benutzen. Einfache Visualisierungen zeigen, „wie es geht“, was oft nützlicher ist als ausführliche aber letztlich verwirrende Erklärungen. Auch sollte von Anfang an mit Lösungsbeispielen gearbeitet werden. Die Effizienz von Musterlösungen bei der Erstaneignung von Lösungsschemata konnte in mehreren Studien (Wellenreuther 2009a, S. 22, vgl. Cooper und Sverla 1987) belegt werden. Die Autoren kommen zu der Schlussfolgerung, dass Lösungsbeispiele zu Instruktionszwecken als eine der „erfolgversprechendsten Methoden“ im Unterricht angesehen werden können (ebda).

Dieser einfachere Lernweg führt wiederum für den Schüler zu dem Eindruck: „Ich bekomme es hin“, „Ich kann die Aufgaben bewältigen“, was das Selbstwirksamkeitserleben und damit die Motivation erhöht und das Kind die Erfolgstreppe hinaufklettern lässt. Eltern, die ihre Kinder unterstützen wollen, können dabei erfahren, dass Mathematik keine Geheimwissenschaft ist, sondern, dass auch sie die Lösungsmuster leicht nachvollziehen und damit ihren Kindern gut vermitteln können.

Ein weiterer wichtiger Leitgedanke für Schule und Unterricht ist unseres Erachtens das Grundmotto: „Nicht anstrengen!!!“. *Der Lernaufbau muss so erfolgen, dass keine Überlastung der Kapazität des Arbeitsspeichers stattfindet.*

Fakten, Wissen und Grundschemata bezüglich arithmetischer Prozeduren werden in kleine, verdaubare Einzelportionen zerlegt. Entstehende Automatismen strengen nicht an und sind nötig, um wiederum komplexere Rechenprozeduren ohne allzu große Mühe innerhalb der Kapazitätsgrenzen des Arbeitsspeichers abspeichern zu können.

Eine dritte Devise für den Mathematikunterricht ist die Bedeutung der Nachhaltigkeit. Dauerhaftes Behalten und Beherrschen ist unerlässlich, aber leider kümmert sich niemand darum. Neue Lernanforderungen sind vom Schüler nur dann zu bewältigen, wenn die grundlegenden arithmetischen Fakten und Prozeduren bereits automatisiert sind, sonst überfordern sie die Arbeitsspeicherkapazität der Betroffenen (vgl. Grünke und Simon 2010, S. 33). Auch Wellenreuther (2009a, S. 27) betont die Bedeutung automatisierter Kenntnisse, die aus dem Langzeitgedächtnis flüssig abruf- und verfügbar sein müssen, damit dann bei neuen komplexen Problemen neue Elemente ohne Überlastung des Arbeitsgedächtnisses eingeführt werden können. Aber viele Lehrer würden, so Wellenreuther, von ihren Schülern überhaupt nicht erwarten, dass sie bestimmte Grundfertigkeiten flüssig beherrschen, bevor die nächsten komplexeren Fertigkeiten behandelt werden (vgl. 2009a, S. 75). Schlechte Lernergebnisse sind auf diese Weise aber vorprogrammiert.

Der Mathematikunterricht muss die Bedeutung des systematischen Wiederholens wieder entdecken. Ohne Wiederholungen und ein vertieftes, erneutes Anwenden von Wissen wird das Gelernte nach kurzer Zeit wieder vergessen sein. *Angemessene Wiederholungsprozesse, das Gewährleisten von Nachhaltigkeit und dauerhaftem Behalten und Beherrschen bildet den unerlässlichen „soliden Unterbau“ für das weitere Fortschreiten in Wissensaneignungsprozessen.*

Was sind die effektivsten Formen des Wiederholens? Wiederholen muss systematisch und regelmäßig in kleinen Portionen und kurzen Zeiteinheiten über einen längeren Zeitraum stattfinden. Eine Vertiefung und Verknüpfung der Anwendung kann über vermischte Aufgabenstellungen erfolgen, bei der die Schüler entscheiden müssen, welche Rechenverfahren jeweils überhaupt anzuwenden sind.

b) Zum Aufbau des Mathematikunterrichtes

Aufbauend auf der dargestellten Analyse der Mathematikschulbücher in Deutschland und den asiatischen Ländern würde sich für die Unterrichtsgestaltung in unseren Schulen Folgendes anbieten:

Der Mathematikstoff sollte stringenter, mit übersichtlichen Strukturen und folgenden Teilschritten präsentiert werden:

- Reduktion auf Grundschemata und Grundmuster
- Einfache Erklärungen mit paralleler Visualisierung
- Arbeit mit Lösungsbeispielen
- Einübung des neuen Rechenverfahrens
- Anwendung an Sachaufgaben.

Besonders bei den letzten beiden Aspekten gilt es zu beachten, dass ausreichend wiederholt wird und eine systematische Struktur und Abfolge vom Einfachen zum Schwierigeren stattfindet. Später gilt es dann zur Vertiefung des Wissensstoffes Aufgabenstellungen gezielt zu variieren und vermischt einzuüben.

c) Die Schüler sollen den Sinn dessen verstehen, was sie tun

Bezüglich dieser Anregung sollten zwei Aspekte berücksichtigt werden. Zum einen muss den Schülern vermittelt werden, wie effektiv und passend gelernt wird und warum es in einer bestimmten Form erfolgen muss, damit die Wissensaneignung auch gehirngerecht stattfinden kann. Grundlegend ist, dass Schüler über die Bedeutung und auch die Begrenztheit des Arbeitsspeichers und die Prozesse, die zum dauerhaften Behalten im Langzeitgedächtnis führen, Bescheid wissen. Sie müssen z. B. verstehen, warum sie u.a. kleine Portionen regelmäßig in kleinen Einheiten wiederholen sollen.

Als Nebeneffekt würde dies die Lehrer dazu zwingen, ihr eigenes Tun angemessener zu reflektieren, zu rechtfertigen und zu begründen: Dies sollte nicht mehr nur ausschließlich unter fachdidaktischen, sondern vor allem unter *lernpsychologischen* und *neurowissenschaftlichen* Gesichtspunkten geschehen.

Der Schüler muss weiterhin genau wissen, was er lernen soll. Bereits zu Beginn des Schuljahres sollte den Schülern erläutert werden, was am Ende des Schuljahres als Grundwissen beherrscht werden soll. Beispielsweise könnten Schüler erfahren, dass sie zu vier bestimmten Themenbereichen insgesamt 18 Grundschemata bzw. die Abfolge von bestimmten Rechenschritten beherrschen müssen und bei welchen Problemstellungen diese einsetzbar sind. Hilfreich hierfür könnte auch eine klare tabellarische Übersicht sein, die z. B. auf vier Seiten (pro Themengebiet eine Seite) mit „gehirngerechter“ Informationsdichte komprimierte Erklärungen, Rechenprozeduren, Sachaufgaben und Lösungsbeispiele zusammenfasst. Eine solche Grundübersicht könnte für das ganze Schuljahr mit vertiefenden Teilübersichten zu den einzelnen Themengebieten, mit einer typischen Variation von Aufgabenstellungen bzw. einer Vermischung von solchen ergänzt werden. Mit einer solchen tabellarischen Übersicht wären auch Rückbezüge leichter möglich. Die Schüler könnten immer wieder reflektieren, wo sie gerade mit ihrem Stoff stehen. Auch könnte der einzelne Schüler seinen individuellen Leistungsstand im Hinblick auf die geforderten Lernleistungen einordnen.

3. Leistungsüberprüfung bzw. Überprüfung des Leistungsstandes

Die Art der Leistungsfeststellung bestimmt maßgeblich die Form des Lernens bei den Schülern. In Deutschland läuft dies weitgehend so ab, dass jedes Themengebiet als unabhängige Lerneinheit betrachtet wird, das dann am Ende jeweils durch einen dieses Themengebiet zusammenfassenden „Abschlusstest“ (Mathematikarbeit) überprüft wird. Spitzer (2012) fasst dies pointiert und kritisch wie folgt zusammen: „Und unser System des Lernens für die Klassenarbeiten und Prüfungen (die den Stoff der letzten sechs Wochen abprüfen) sorgt systematisch dafür, dass in der Nacht vor der Arbeit gelernt und danach alles wieder vergessen wird. Schüler richten ihr Lernverhalten nach den Rahmenbedingungen aus, um mit dem geringsten Aufwand den größten Erfolg (sprich: die besten Noten) zu erreichen. Wer könnte es ihnen verübeln, schließlich sind sie ja clever." (S. 111). Die Schüler, wer kennt das nicht aus seiner eigenen Schulzeit, gewöhnen sich durch ihre Vorbereitung auf Klassenarbeiten ein punktuelles Lernen an. Vor der Schulaufgabe wird der Stoff noch einmal zusammenfassend wiederholt und geübt. Nach dem Test kommt dann ein neues Themengebiet, was wiederum isoliert eingeübt und überprüft wird. In dem ersten Themengebiet behandelte Inhalte werden im nächsten Test nicht mehr aufgegriffen und deswegen auch nicht mehr weitergeübt und dadurch letztlich vergessen. So entwickeln Schüler systematisch strukturbedingte Lücken. Besonders bei schwächeren Schülern entstehen so erhebliche Kompetenzlücken, die in höheren Schuljahren kaum noch aufzufüllen sind und die nachfolgendes Lernen erheblich beeinträchtigen bzw. verunmöglichen (vgl. auch Wellenreuther 2009a, S. 38). Würde man die Art der Leistungsfeststellung gezielt verändern, wäre es möglich, bei den Schülern nachhaltiges Lernen durch ausreichendes Wiederholen und Einüben zu initiieren, wobei auch jeweils der Rückbezug auf die Übersicht des zu lernenden Grundwissens für die jeweiligen Klassenstufen möglich wäre.

Zwar sind, besonders in weiterführenden Schulen, teilweise Ansätze erkennbar, in geringem Umfang Grundwissen in den Mathematikarbeiten zu überprüfen. Wenn es denn geschieht, erscheint die Auswahl dieser Grundwissensaufgaben jedoch eher willkürlich und unsystematisch. Dem Schüler wird zudem weder eine Übersicht zum nachhaltigen Lernen der Grundwissensinhalte an die Hand gegeben, noch erfolgt ein gezieltes Wiederholen im Unterricht.

Die Rahmenbedingungen für die Leistungsüberprüfung sind z. B. nach Spitzer (2012) sinnvollerweise folgendermaßen zu gestalten: „,Die Klassenarbeiten beziehen sich immer grundsätzlich auf den gesamten bislang durchgenommenen Stoff' wäre eine gute Regel. Sie kostet nichts und beseitigt jeglichen Incentive, in der Nacht vor der Arbeit Fakten zu pauken. ... Mit der neuen Regel würde sich also nicht nur das Lernverhalten der Schüler automatisch zu mehr Nachhaltigkeit ändern, es würden auch sinnvollere Klassenarbeiten geschrieben (was freiwillig niemand macht, denn diese wären plötzlich so schwer zu korrigieren wie Deutschaufsätze)." (S. 111 f)

In einer solchen neuen Form der Leistungsüberprüfung könnten Schüler über das bisher in Deutschland übliche punktuelle Lernen nun nur noch z. B. 50 % der Prüfungsinhalte abdecken. Für den Rest der Prüfungsinhalte wäre ein Wiederholen des „alten" Lernstoffes notwendig. Systembedingt würde auf diese Weise ausreichenderes Wiederholen, nachhaltigeres Lernen und somit dauerhafteres Behalten stattfinden.

Ein solches Überprüfen könnte, beispielhaft dargestellt bei vier Hauptthemenbereichen im Schuljahr, folgendermaßen aussehen:

Übersicht über den inhaltlichen Aufbau der Klassenarbeiten eines Schuljahres

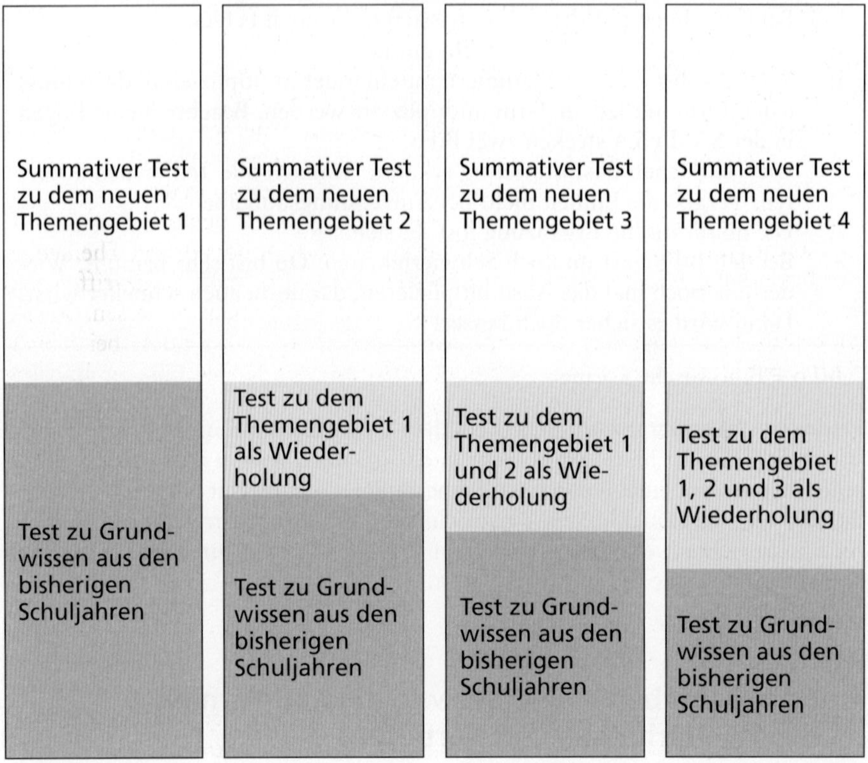

Neben diesen „großen" Überprüfungstests könnten angesagte wöchentliche Kurztests/-proben dazu dienen, dass Schüler „systembedingt" den aktuellen Lernstoff gezielter wiederholen und dass Lücken in der Aneignung des neuen Lerninhalts sofort entdeckt werden.

Auch die Note könnte so eine andere Qualität bekommen. Sie würde nicht mehr wie bisher ausdrücken, wie gut der Schüler den jeweils neuen Stoff im Vergleich zur Klasse beherrscht, sondern würde auch den Leistungsstand im Hinblick auf den gesamten, zu beherrschenden Lernzielkatalog ausdrücken. Unabhängig von der Notengebung könnte eine genauere Analyse der Klassenarbeit durch den Lehrer zu einer detaillierten Rückmeldung über den Gesamtleistungsstand an den jeweiligen Schüler und die Eltern führen. Besonders wichtig wären zudem das Aufzeigen von Fehlstrategien und Lücken. Daraus wäre ein individuelles Lernprogramm abgestimmt auf den einzelnen Schüler zu entwickeln.

Beispielhaft und im Vergleich zur gängigen Schulpraxis im positiven Sinne äußerst ungewöhnlich sind die folgenden Rückmeldungen einer Realschullehrerin, die jede Klassenarbeit bei jedem Schüler in dieser Form analysiert und kommentiert:

Tobias

1–3: Beim Rechnen mit den BiFo* passieren dir noch Fehler.
4: Das Ausklammern hast du recht gut geübt.
5: Bei 5.2 sollst du zwei Klammern miteinander multiplizieren, dazu muss jeder Term mit jedem Term multipliziert werden. Beachte meine Bögen in der SA. In 5.4 stecken zwei BiFo.
6: Die Teilflächen hast du richtig erkannt. Danach alle Teilflächen addieren. Vergiss die Einheit nicht bei Anwendungsaufgaben.
7: Die quadratische Ergänzung löst du sicher.
➢ Bei den BiFo hast du noch Schwierigkeiten. Du bist sehr bemüht. Wiederhole noch mal das Ausmultiplizieren, damit du auch schneller wirst. Dann wird es sicher noch besser!

* BiFo = Binomische Formel

Leider ist das außergewöhnliche Bemühen dieser Lehrerin nicht so erfolgreich, wie sie es verdient hätte, da es nicht in das gesamte System einer neuen schulischen Lernkultur eingebunden ist. Insbesondere Schüler mit Schwächen neigen dazu, solche Rückmeldungen wegzuschieben und ihre Anstrengungen eher darauf auszurichten, durch verstärktes punktuelles Lernen für die nächste Klassenarbeit die eigene Note zu verbessern.

4. Hausaufgaben – eine der wichtigsten Formen des Wiederholens und Vertiefens

Nicht nur die Mathematiktests bzw. Schulaufgaben sondern auch die Hausaufgaben sollten in den Dienst des nachhaltigen Lernens gestellt werden. Die Art der Hausaufgabenkontrolle durch den Lehrer entscheidet hier wiederum über die Effektivität der Hausaufgaben.

Die von uns erlebte Schulpraxis beinhaltet, dass Hausaufgaben von den Lehrern wenig systematisch aus einem noch zu wenig stringent aufgebauten Schulbuch ausgewählt werden. Meist werden sie auch zu ungenau, zu unregelmäßig und selten bzw. überhaupt nicht auf Fehler im Rechenweg hin beim einzelnen Schüler überprüft.

Hausaufgaben könnten hingegen eine vorrangige Bedeutung im Dienste des Wiederholens und Vertiefens haben, um Automatismen zu erreichen. Eingebunden in die oben in Ansätzen skizzierte neue Lernkultur könnten sie systematisch auf den Lernzielkatalog eines Schuljahres bezogen werden. Jeder Schüler wüsste, warum und wie (gehirngerechtes Lernen) und was (Lernzielkatalog) er gerade übt.

Notwendig wäre auch hier ein gezieltes Aufteilen der Hausaufgaben analog der Inhalte der Klassenarbeiten:

- Aufgaben zum Vertiefen der Lerninhalte der aktuellen Schulstunde
- systematisch verteilte Wiederholungsaufgaben (immer wieder in kleinen Portionen) zu dem bisherigen Stoff des Schuljahres bzw. vermischte Aufgabenstellungen, um Automatismen und vertieftes Beherrschen zu erreichen

Viele Eltern helfen ihren Kindern bei den Hausaufgaben. Ist dies der Fall, gilt es diese Hausaufgabenbetreuung möglichst effektiv zu gestalten. Dazu benötigen die Eltern eine passende Anleitung: Grundlage hierfür wäre, wie schon bei ihren Kindern auch, Informationen über die Lernprozesse im Allgemeinen und den Lernzielkatalog im Besonderen zu vermitteln, um die Bedeutung und den Sinn der Hausaufgaben einschätzen zu können.

Hausaufgaben, die nicht regelmäßig in bestimmter Weise kontrolliert werden, dürften auch keinen Effekt auf die Leistungsentwicklung der Schüler haben. Schüler können durch Hausaufgaben nur dann etwas lernen, wenn sie diese erledigen und zur Richtigkeit des Rechenweges detailliert Rückmeldung erhalten (vgl. Wellenreuther 2009a, S. 63). Wenn der Lehrer dies nicht regelmäßig beim einzelnen Schüler tut, müssten die Eltern diese Aufgabe übernehmen. Dazu benötigen die Eltern die Lösungsschritte für die Aufgaben, damit es ihnen möglich ist, gemeinsam mit den Kindern *Schwierigkeiten, Fehlstrategien und Lücken möglichst schnell zu erkennen.*

Die Art, in der die Hausaufgaben überprüft und besprochen werden, entscheidet letztlich über die Effektivität der Hausaufgaben insgesamt.

5. Auch die Ausbildung von Mathematiklehrern ist verbesserungsfähig

Im Lehramtsstudium in Deutschland werden in der Regel in sehr einseitiger Weise Fachinhalte auf einem Niveau vermittelt, das für die konkrete Schulpraxis oft irrelevant und letztlich viel zu hoch ist. Vernachlässigt werden dagegen der Lern- und der Vermittlungsprozess des Wissens im Hinblick auf den Schüler. Nur wenn dies zentraler Bestandteil des Studiums werden würde, könnten Lehrer ihrer eigentlichen Aufgabe gerecht werden, nämlich *Spezialisten* für das *Vermitteln des Fachgebietes Mathematik* zu werden, wobei sie dann in der Lage sein sollten, die unterschiedlichen Voraussetzungen ihrer Schüler angemessen berücksichtigen zu können.

Die Praxisferne der universitären Lehrerausbildung fasst z.B. Spitzer (2012) kritisch folgendermaßen zusammen: „Pädagogik-Professoren unterrichten keine Schüler. Wie können sie das Unterrichten von Schülern lehren, wie die Veränderungen der Schülerschaft während der letzten 30 Jahre aus eigener Erfahrung kennen? Wie sollen sie als Vorbild dienen können, an dem junge Lehrer sich ‚eine Scheibe abschneiden'? *Systembedingt* können sie das gar nicht! – Für diese eklatante Schwachstelle im Bildungssystem gibt es bei den hierfür Verantwortlichen einen vollkommenen blinden Fleck: Man sieht sie gar nicht, und hat daher auch keinen Handlungsbedarf." (S. 107f).

Auf dieser Kritik aufbauend fordert Spitzer eine praxisnähere Ausbildung: „Abhilfe wäre leicht mit einer Systemänderung zu schaffen. Ebenso wie es keine Ausbildung in Medizin ohne Patienten gibt, sollte für den Bereich der Bildung gelten: *Wer Lehrer ausbildet, muss auch Schüler unterrichten und wo Lehrer ausgebildet werden, müssen Schüler sein*; nicht irgendwo in einer assoziierten Schule, sondern mitten im pädagogischen Institut. Es sollte keine normale Schule sein, sondern eine Brennpunktschule, genau so, wie an Universitätskliniken ja auch vor allem die schwierigen Fälle behandelt werden und die nächste Generation lernt, wie man das macht." (Spitzer 2012, S. 108). Auf diese Weise wäre es möglich, Praxis, Forschung und Lehre näher mit einander zu verzahnen. Diese Verzahnung und Vernetzung könnte auf alte pädagogische Traditionen aufbauen, z.B. auf die von Peter Petersen, dem Begründer der Pädagogischen Tatsachenforschung und dem Entwickler der Jena-Universitäts-Übungsschule (seit 1923). In dieser Modellschule wurde schon in der Weimarer Zeit versucht, theoretische pädagogische Vorgaben in der Praxis auszuprobieren und durch die empirische Forschung zu überprüfen. Eine Rückbesinnung auf diese wertvolle pädagogische Tradition würde unserem Schulsystem gut tun.

Teil VI: Prüfungsangst

Kapitel 23: Prüfungsängstlichkeit: Ursachen und Hilfen

Sowohl die Dyskalkulie als ausgeprägte Rechenstörung als auch die Legasthenie sind häufig von psychologischen Störungen begleitet. Von Aster (1996a, b) verweist auf Untersuchungen, wonach die Dyskalkulie in erster Linie mit „internalisierenden" psychologischen Störungen, wie etwa Angststörungen und Depressionen einhergeht, während die Legasthenie eher mit „externalisierenden" Störungen, wie z. B. hyperkinetischen Störungen oder Störungen des Sozialverhaltens verbunden ist. Diese Befunde lassen sich nicht allein durch das Geschlecht der Betroffenen erklären. Von den Autoren wird ein Zusammenhang zwischen den genannten psychischen Problemen und der entsprechenden Teilleistungsschwäche vermutet. Allerdings ist die Befundlage zu diesen Hypothesen bisher noch nicht abgesichert. Von anderen Autoren werden auch Konzentration- und Gedächtnisstörungen genannt, die mit beiden Teilleistungsschwächen einhergehen (vgl. Geary 1993, Dilling 1999).

Remschmidt (2000) weist auf das generelle Auftreten (Vulnerabilität) von zusätzlichen psychosozialen Begleiterscheinungen bei den Lernstörungen Legasthenie und Dyskalkulie hin. So nimmt er an, dass Schulängste, Motivationsprobleme, Konflikte in der Hausaufgabensituation, Abbrüche in Schule und Ausbildung, Arbeitslosigkeit und Straffälligkeit deutlich erhöht sind, wenn eine dieser Teilleistungsstörungen besteht.

Gerade eine Rechenschwäche scheint häufiger mit Ängsten, insbesondere mit Prüfungsängsten verbunden zu sein, als andere Lernstörungen, wie z. B. die Legasthenie. In der Praxis begegnen wir fast täglich Kindern mit diesen Problemen. Mit massiven Prüfungsängsten vor ihren Lernzielkontrollen oder ihren Schulaufgaben zeigen sich häufig die Mädchen emotional stärker belastet als die Jungen. Aufregung vor Proben ist eigentlich nichts Besonderes, bewirkt dieser Adrenalinschub doch, dass wir Hoch- oder sogar Höchstleistungen erbringen können. Nur wenn aus der Aufregung oder dem Lampenfieber Panik wird, kann es zu „Black-outs" oder Blockaden kommen. Alles was vorher gelernt wurde, wird dann in der Überprüfungssituation „vergessen".

Prüfungsangst wird im wissenschaftlichen Sinne definiert als ein unangenehmer emotionaler Zustand, der von kognitiven (gedanklichen) behavioralen (verhaltensmäßigen) und physiologischen Symptomen begleitet wird, die vor, während oder nach Prüfungs- oder anderen prüfungsähnlichen Situationen (z. B. Klassenarbeiten schreiben, aufgerufen werden, etwas vortragen) von den Betroffenen erlebt wird (vgl. Suhr, Döpfner 2000, Beidel 1988). Typische Angstsymptome werden beispielsweise in der Prüfungsangstskala des Angstfragebogens für Schüler (AFS) von Wieczerkowski et al. (1981) wie folgt abgefragt:

- „Ich habe Angst davor, dass überraschend eine Klassenarbeit geschrieben wird."
- „Wenn ich aufgerufen werde und nach vorne kommen muss, habe ich immer Angst, dass ich etwas Falsches sage."
- „Wenn eine Klassenarbeit geschrieben wird, vergesse ich oft Dinge, die ich vorher gut gelernt habe."
- „Wenn wir eine Klassenarbeit schreiben, weiß ich meistens schon von Anfang an, dass ich es doch nicht gut machen werde."
- „Ich glaube, ich könnte in der Schule mehr leisten, wenn ich nicht so viel Angst vor Prüfungen und Arbeiten hätte."
- „Schon, wenn die Klassenarbeitshefte verteilt werden, bekomme ich starkes Herzklopfen."
- „Wenn eine Klassenarbeit geschrieben wird, mache ich oft viele Fehler, weil ich so viel Angst habe. ..."

Kinder und Jugendliche erleben gerade im Kontext der Schule den meisten Stress.

Prüfungsangst ist eine der häufigsten Angstformen bei Kindern zwischen 9 und 12 Jahren und dauert oft bis ins Jugendalter an (Suhr, Döpfner 2000). In einer bundesdeutschen Studie fanden sich auf der Basis von Elternurteilen bei 3,7 % aller Jungen und bei 3,8 % aller Mädchen im Alter von 4 bis 10 Jahren Ängste, in die Schule zu gehen (Döpfner et al. 1997, Lehmkuhl et al. 1998). In einer weiteren Studie von Döpfner (Döpfner et al. 2000) berichten rund 20 % aller Kinder und Jugendlichen von der häufigen Angst, durch eine Prüfung zu fallen, und ca. 13 % der Jungen sowie 15 % der Mädchen haben Angst vor schlechten Zensuren. Das Geschlechterverhältnis ist hier gleich, d. h. Mädchen zeigen keine höheren Werte als Jungen. In einer weiteren Untersuchung von Zech (1977) wurde festgestellt, dass Hauptschüler und Schüler mit schlechten Noten ängstlicher sind als Gymnasiasten und Schüler mit guten Zensuren. Prüfungsangst geht tatsächlich oft mit Leistungsbeeinträchtigungen einher.

Eine zu starke Aufregung führt zu entsprechenden Angstsymptomen und hemmt somit die Leistung, z. B. die in der Klassenarbeit (siehe Abbildung 22.1). Die Schüler werden so stark von den gefühlsmäßigen Angstsymptomen und negativen Gedanken überflutet, dass sie sich nicht mehr angemessen konzentrieren können, und die zur Lösung der Aufgaben notwendigen Denkprozesse werden regelrecht blockiert – bekannt als „Black-outs". „Normal-" und Hochängstliche unterscheiden sich hinsichtlich ihrer Leistungen in Prüfungen erheblich.

Zwei Zusammenhänge sind nun möglich: Schlechte Leistungen können zur Angst führen oder die Angst kann der ursächliche Faktor für die schlechten Leistungen sein. Vermutlich bestehen hier wechselseitige Zusammenhänge zwischen der Angst und den Leistungsdefiziten. Angst führt vermutlich unter bestimmten Bedingungen zu schlechteren Leistungen und eine schwächere Leistungsfähigkeit löst Angst aus. Ist die Angst also entsprechend hoch, so wird die Aufnahme- und die Merkfähigkeit schon oft bei der Prüfungsvorbereitung beeinträchtigt. Während der Prüfung kommt es dann zu entsprechenden Aufmerksamkeits- und Wahrnehmungsfehlern, erheblichen Blockaden beim Abrufen von Gedächtnisinhalten und Verspannungen. Die aufgabenrelevanten

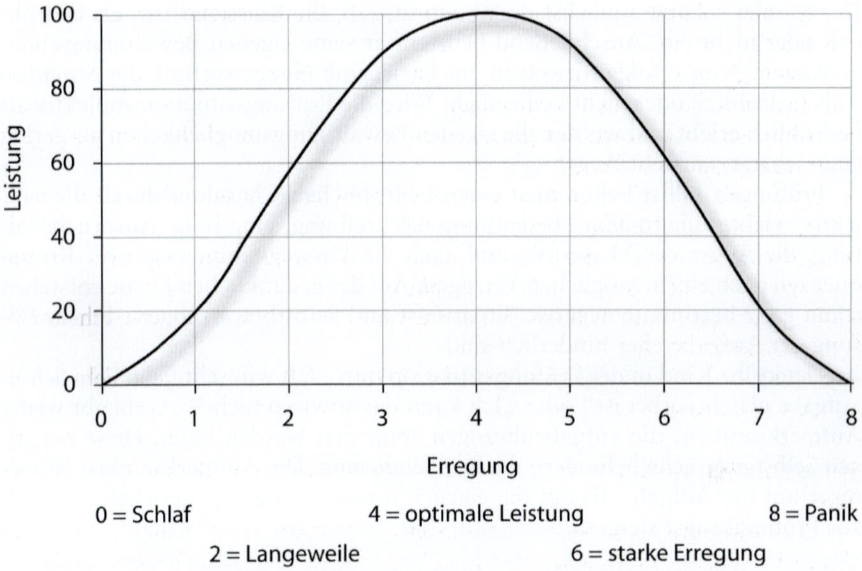

Abbildung 22.1: „Yerkes-Dodson-Regel" (vgl. Barthel 2001, S. 12) Geringe Erregung (Desinteresse/Langeweile) und sehr starke Erregung (Panik) vermindern die Leistung.

Denkprozesse werden dann immer wieder durch sorgenvolle Grübeleien und Gedanken unterbrochen. Zunehmende Aufgabenschwierigkeit, für den Schüler unklare Fragestellungen und vor allen Dingen ein starker Zeitdruck, erhöhen die Prüfungsängstlichkeit (vgl. Barthel 2001).

1. Wie kommt es zu Prüfungsängstlichkeit?

In kognitiven Modellvorstellungen zur Entwicklung von Angst wirkt nicht das Ereignis als solches Angst auslösend, viel mehr bedingen bestimmte gedankliche Prozesse und vor allem fehlerhafte Informationsverarbeitung, krankhafte Angst.

Ängstliche Menschen erleben bereits harmlose Situationen als eher bedrohlich. Sie neigen dazu, nur ganz bestimmte Aspekte der Situation wahrzunehmen und diese Gefahreninformationen zu verzerren, falsch zu interpretieren, katastrophale Vorhersagen daraus abzuleiten und vor allem auch die eigenen Bewältigungsmöglichkeiten zu unterschätzen.

Prüfungsangst wird im Verlauf der Kinder- und Jugendzeit durch entsprechende Erfahrungen erlernt. Negative Bewertungsmuster in Bezug auf Prüfungen werden erworben und verinnerlicht. Die älteste und bekannteste Stresstheorie, die sich auch auf die Prüfungsangst übertragen lässt, stammt von Lazarus (vgl. Suhr, Döpfner 2000). Seiner Theorie nach wird ein Stresserlebnis, hier die Prüfungssituation, in dreifacher Hinsicht bewertet:

Der Schüler schätzt zunächst die Situation, z. B. die Klassenarbeit, als bedrohlich oder nicht ein. Anschließend beurteilt er seine eigenen Bewältigungsmöglichkeiten. Nun erfolgt sozusagen ein Fazit, eine Neubewertung der Situation – als bedrohlich oder nicht bedrohlich. Wird die Prüfungssituation subjektiv als bedrohlich erlebt und werden die eigenen Bewältigungsmöglichkeiten als gering eingeschätzt, entsteht Angst.

Prüfungen selbst bekommen einen bedrohlichen Charakter durch die subjektiv erlebte, übermäßige Bedeutungszuschreibung, eine hohe Anspruchshaltung, die Angst vor Misserfolg und auch die Vorwegnahme negativer Konsequenzen nach einem möglichen Versagen. Auf der gedanklichen Ebene entstehen somit ganz bestimmte negative Situations- und Selbstbewertungen, die zur Lösung der Aufgabe eher hinderlich sind.

Denkt Ihr Kind in der Prüfungssituation nur: „Ich wünschte, dass die Schulaufgabe gleich vorbei ist" oder „Ich kann das sowieso nicht!", verbleibt wenig Aufmerksamkeit, die aufgabenbezogen eingesetzt werden kann. Diese negativen Selbstgespräche behindern die Problemlösung. Die Aufmerksamkeit ist weniger auf die Aufgabe als auf die eigenen inneren Vorgänge gerichtet, die sich zur Prüfungsangst steigern.

a) Die Bedeutung der Eltern

Eltern haben eine große Bedeutung in Bezug auf die Angstentstehung und deren Aufrechterhaltung. Untersuchungen zufolge zeigen die Eltern angstgestörter Kinder im Allgemeinen auch erhöhte Angstwerte. Die Erwartungshaltung der Eltern, z. B. hinsichtlich guter und sehr guter Noten, spielt hier eine große Rolle. Sind die Leistungsanforderungen an die Kinder überzogen und entsprechen nicht den Möglichkeiten der Kinder, kann hier eine Überforderung entstehen, die zu einer gesteigerten Angst führen kann. Sind die Eltern sehr streng und geben wenig Unterstützung, fördern sie eher eine Prüfungsängstlichkeit – die Kinder können sich dann weniger auf die aufgabenrelevanten Aspekte konzentrieren. Wenn schlechte schulische Leistungen im Elternhaus stark sanktioniert werden, d. h. es werden Strafen ausgesprochen oder das Kind in seiner Persönlichkeit abgewertet, hat dies natürlich auch eine Verstärkung der Prüfungsängstlichkeit zur Folge. Verhalten sich die Eltern in prüfungsähnlichen Situationen selber sehr ängstlich, stellen sie für ihre Kinder ein entsprechendes Modell dar. Diese „lernen", indem sie ihre Eltern beobachten und übernehmen deren ängstliche innere Grundhaltung und Gedanken sowie das ängstliche Verhalten.

b) Aspekte beim Kind

Prüfungsängstlichkeit zeigt sich auf der Ebene der Gedanken, der emotionalen Symptome und auch der physiologischen Reaktionen des Kindes. Wie schon dargelegt, gehen mit der Prüfungsangst Angst erzeugende Gedanken im Sinne einer bedrohlichen Bewertung der Prüfungssituation und einer eigenen geringen Bewältigungseinschätzung einher. Durch solche oft katastrophisierenden Situationsbewertungen und Misserfolgsangst sowie einem negativen Selbstkonzept, kommt es zu einer wechselseitigen Verstärkung der Prüfungsangst. Diese Ge-

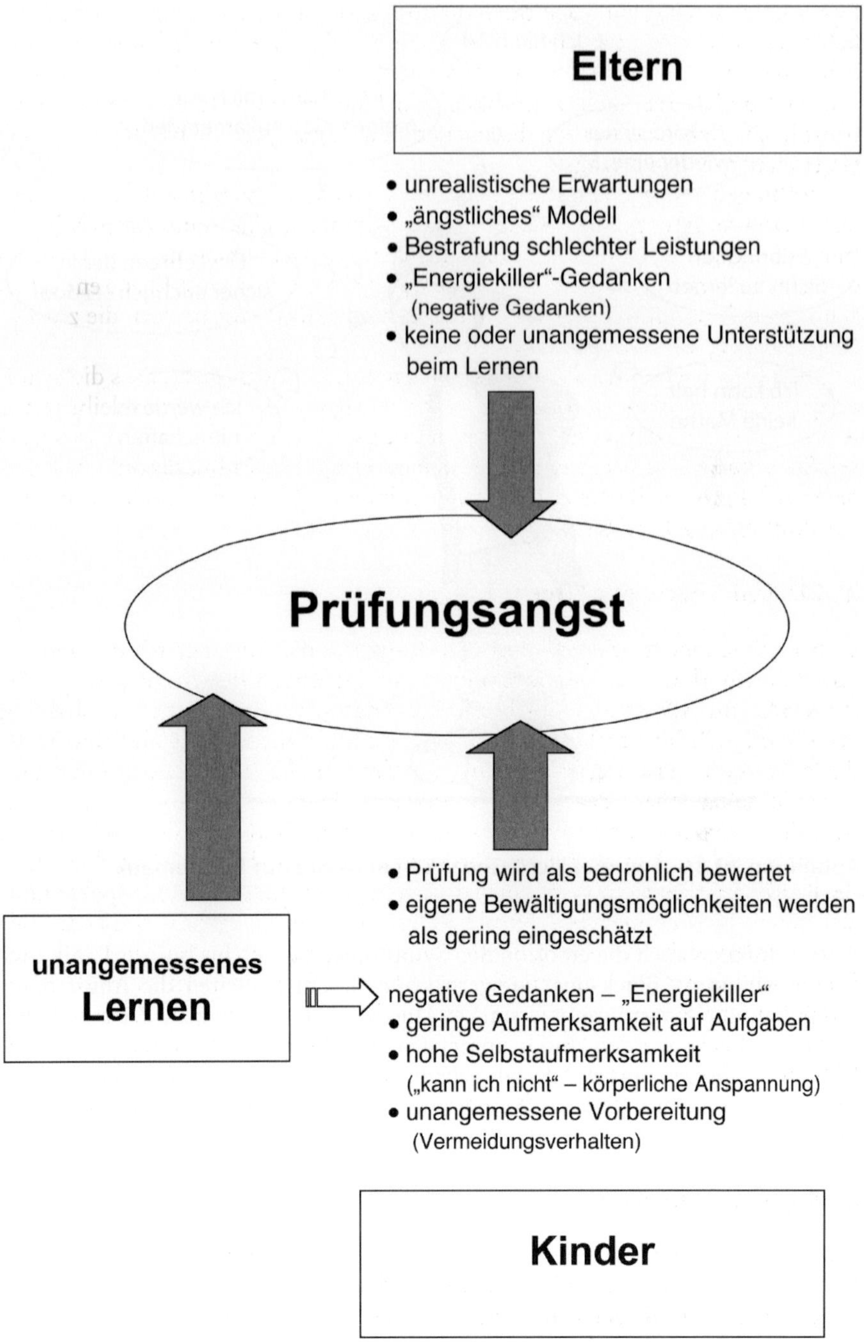

Abbildung 22.2: Zentrale Komponenten bei der Entstehung der Prüfungsangst

Abbildung 22.3: „Energiekiller"-Gedanken in Bezug auf Mathematik

danken fördern auch die emotionalen Symptome, die sich bis hin zur Panik und dem berühmten „Black-out" steigern können. Oft begleiten die Angst dann physiologische Symptome wie starkes Herzklopfen, Schwitzen, Zittern, Übelkeit etc... Diese werden durch unser sympathisches Nervensystem ausgelöst, das den Körper – aufgrund der als sehr bedrohlich wahrgenommen Situation – in Alarmbereitschaft versetzt. Spüren nun die Kinder diese körperlichen Veränderungen, werden sie erst recht verunsichert. Sie erleben dies oft als eine Art von Kontrollverlust, was wiederum die negative gedankliche Bewertung der Prüfungssituation verstärkt (siehe Abbildung 22.3).

c) Eingeschränkte Leistungsfähigkeit: Ursache oder Folge der Prüfungsangst?

Bereits im Vorfeld der Prüfung, d. h. bei der Vorbereitung, zeigen Kinder oft eine starke Unruhe. Starke Unruhe bis hin zur extremen Angst reduziert die Leistungsfähigkeit – umgekehrt führen natürlich auch Leistungseinschränkungen zu dem Gefühl, „Das kann ich ja sowieso nicht!", und wirken somit Angst auslösend. Schlechte Lern- und Arbeitstechniken im Vorfeld der Prüfung, ein zu später Beginn, eine mangelnde Strukturierung der Schulaufgaben- oder Prüfungsvorbereitungen, die Missachtung von Lerngesetzen etc., führen selbstverständlich zu geringeren Leistungen. Gerade bei jüngeren Kindern kann auch ein gestörtes Schüler-Lehrer-Verhältnis zusätzlich Prüfungsangst begünstigen. Auch die äußeren Umstände einer Prüfung können Einfluss auf die Angst haben. Mündliche Prüfungen erzeugen in der Regel mehr Aufregung und Unruhe als schriftliche. Große Prüfungen, z. B. Abschlussprüfungen, machen mehr Angst als häufige kleinere Zwischenprüfungen. Schwierige Aufgabenstellungen, Zeitdruck und unklare Instruktionen erhöhen die Ängstlichkeit, und auch das Verhalten des Prüfers oder Lehrers (unfreundlich, streng, versus unterstützend, warmherzig) kann die Angst verstärken.

2. Hilfen zur Bewältigung der Prüfungsangst

Insgesamt scheint es nur wenige Studien zu geben, die sich mit der Erforschung effektiver Behandlungsmaßnahmen der Prüfungsangst befassen. Klein (1989) und Tryon (1980) stellen fest, dass sich eine verbesserte Leistung in der Prüfung – und weniger Angst – nur dann erzielen lassen, wenn die gedankliche „Sorgenkomponente" des Prüflings beeinflusst werden kann. Genauso wie wir unsere Grundrechenfertigkeiten durch häufiges Wiederholen automatisieren müssen, damit entsprechende neuronale Netzwerkstrukturen entstehen können, verhält es sich vermutlich auch mit unseren Gedanken. „Energiekillergedanken", also negative Gedanken in „Energiespender", d. h. positive, unterstützende Gedanken zu verändern, bedeutet auch neue neuronale Erregungsmuster hervorzubringen (Grawe 2004). Für die Psychotherapie, so schlussfolgert Grawe, gelte es, neue Gedanken, Verhaltensweisen und Emotionen herauszubilden. „Diese Aktivierung der neuen neuronalen Erregungsmuster muss möglichst oft wiederholt werden, sonst werden die neuen neuronalen Verbindungen nicht fest genug gebahnt." (Grawe 2004, S. 55 f).

Wollen wir der Prüfungsangst sinnvoll begegnen, müssen wir auf verschiedenen Ebenen ansetzen. Es gilt, Eltern und Kinder sowohl hinsichtlich ihrer Gedanken, ihrer Gefühle und körperlichen Reaktionen als auch auf der Verhaltensebene positiv zu beeinflussen.

Kommen wir nun von diesen allgemeineren Überlegungen zu Kindern mit Schwächen in den Rechenfertigkeiten. Ein erster wichtiger Eckpfeiler in dem therapeutischen Bemühen, Kinder mit Schwierigkeiten im Rechnen und der damit verbundenen Leistungsängstlichkeit zu unterstützen, ist eine Veränderung der Grundhaltung und -überzeugung der Eltern. Nehmen die Eltern in diesem Bereich ihren Kindern gegenüber angemessene Zielsetzungen vor, verbunden mit einer Grundhaltung der Wertschätzung und Ermutigung, schaffen sie eine wichtige emotionale Grundvoraussetzung. Über das Lernen im Voraus können sie so zur Sicherung des Fundaments im rechnerischen Denken beitragen und später mit der richtigen Vorbereitung auf Schulaufgaben, die tatsächliche Leistungsfähigkeit ihrer Kinder fördern und ihnen helfen, Erfolge zu erleben. Dies

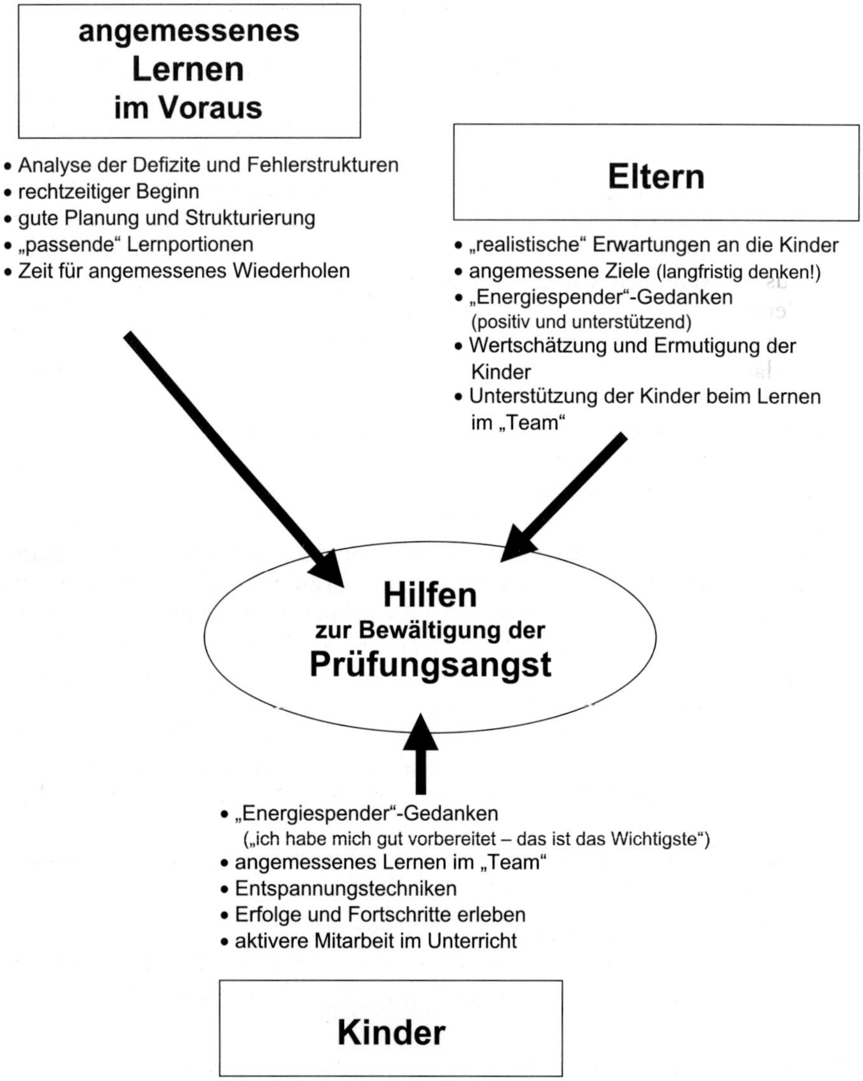

Abbildung 22.4: Bewältigungsansätze bei Prüfungsangst

wird sich auf die Gedanken und damit das Selbstkonzept der Kinder Angst reduzierend auswirken. Langfristig können sie dann erleben: „Ich kann besser werden!" – damit erhöht sich ihre subjektive Kompetenzeinschätzung und Erfolgserwartung.

Lässt man angemessene Lernstrategien außer Acht, so können auch andere Bausteine, die zur Reduktion der Prüfungsangst beitragen, wie z. B. Entspannungstechniken (günstig: die Progressive Muskelentspannung nach Jacobson) oder hilfreiche Gedanken, *nicht wirken.*

a) Elterliche Gedanken und Erwartungen verändern

Um die Ängste Ihres Kindes im Hinblick auf die Mathematik zu reduzieren, sind Sie als Bezugspersonen sehr wichtig. Ihre Gedanken und Ihre Grundhaltung haben erheblichen Einfluss auf Ihr Kind – im positiven wie im negativen Sinne. Ihre Erwartungen und Zielsetzungen sind hier bedeutsam. Diese sollten realistisch sein und den Möglichkeiten Ihres Kindes zum gegenwärtigen Zeitpunkt entsprechen. Vielleicht können Sie es schaffen, ein neues Ziel hinsichtlich der Erwartungen an Ihr Kind zu formulieren. Dies setzt jedoch voraus, dass Sie durchaus zeitweise den Mut aufbringen müssen, aus den aktuellen schulischen Anforderungen „auszusteigen". Zeigen sich bei Ihrem Kind in der 1., 2., 3. oder 4. Klasse erhebliche Lücken in der Automatisierung, so gilt es, im Lernbereich das Fundament wieder zu sichern. Dies bedeutet, dass sich Ihre Zeitperspektive verändert und Sie auf der niedrigsten Stufe beginnen, Rechenoperationen zu automatisieren, auch wenn der Schulstoff schon vorangeschritten ist.

Folgende Gedanken sind hilfreich, wenn Sie damit beginnen, Ihr Kind im Lernbereich zu unterstützen:

„Das Kind soll nicht in der nächsten Schulaufgabe von einer Fünf auf eine Drei kommen. Ich fange an, es zu unterstützen, sein Fundament solide aufzubauen, und das braucht Zeit. Wenn ich meinem Kind helfe, die Grundrechenarten zu automatisieren, kann ich auf jeder Ebene im Rechenlernprozess die arithmetischen Prozeduren, z.B. das Bruchrechnen und Lösungsmuster, z.B. die Umsetzung von Prozentrechnungen einschleifen. Ich konzentriere mich von nun an auf das Wesentliche und lasse mich durch den schnellen Themenwechsel, die vielen ‚Schnörkel', in der Schule nicht irritieren und aus der Ruhe bringen. Mein Ziel ist ein langfristiges. Nicht die schnelle Leistungssteigerung ist realistisch, sondern das schrittweise Sichern des Fundaments in den Grundrechenfertigkeiten bis zum Ende der Grundschulzeit."

Weitere hilfreiche Gedanken, die Sie Ihren Kindern im Vorfeld von Leistungen über Prüfungen vermitteln können sind:

- „Ich bin stolz auf dich, weil du so gut gelernt hast".
- „Du kannst jetzt in der Schulaufgabe schreiben, was du willst. Die Hauptsache ist, dass wir beide wissen, dass du dich gut vorbereitet hast!"

Würdigen Sie das Bemühen Ihres Kindes – nicht das Ergebnis!
Bauen Sie sich eine langfristige Zeitperspektive auf.

Mit diesen hilfreichen Gedanken und einer realistischen Erwartungshaltung sowie der Umsetzung des angemessenen Lernens im Voraus, kann Ihr Kind dann zu der Überzeugung kommen: *„Ich kann das schaffen – ich kann besser werden!"*

b) Im Voraus angemessen lernen

Sie haben in diesem Buch bereits viel über angemessene Lernstrategien im Bereich der Mathematik erfahren. Liegen Leistungsdefizite bei Ihrem Kind vor, so ist das „Aussteigen" wichtig, d.h. sie müssen langfristig denken und damit beginnen, auf der niedrigsten notwendigen Stufe das Fundament im Bereich der Grundrechenarten zu sichern.

Was kann hier, zusätzlich zu den bereits ausführlich dargestellten Lerntechniken hilfreich sein?

In Absprache mit der Lehrkraft, könnte sich diese für eine gewisse Zeit bereit erklären, die Mathematiknote Ihres Kindes auszusetzen, und Sie verpflichten sich, die entsprechenden Lernstrategien mit dem Ziel der Automatisierung der Grundrechenarten zu Hause regelmäßig in kleinen Portionen durchzuführen. Dies könnte eine erhebliche Entlastung auch für Ihr Kind bedeuten.

Um herauszufinden, wo denn die Defizite Ihres Kindes liegen, ist es notwendig, diese zu diagnostizieren. Ihr Therapeut kann Ihnen dabei helfen. Sie selber können die Fehlerstruktur in den Schulaufgaben oder bei den Hausaufgaben entdecken. Sie können Ihr Kinder immer wieder nach seinen Lösungswegen fragen. Versuchen Sie z.B. herauszufinden, wie Ihr Kind den Zehnerübergang rechnet. Zählt es einfach weiter oder ist es in der Lage, die zu addierende Zahl bis zum 10er zu zerlegen, um dann den Rest hinzuzuzählen. Sie können feststellen, wie lange Ihr Kind benötigt, um bei der „Einmaleins"-Aufgabe das Ergebnis zu benennen. Braucht ihr Kind länger als eine Sekunde, ist das „Einmaleins" nicht automatisiert und bedarf der dringenden Wiederholung. Wissen Sie also, wo das Fundament wackelig ist, setzen Sie mit den Lernstrategien auf der niedrigsten Ebene an.

Des Weiteren lohnt es sich, Probe- bzw. Schulaufgaben zu kopieren, um auch hier die Fehler zu analysieren und die Fallen mit Ihrem Kind zu besprechen. Diese können sich zum Beispiel in schriftlichen Fragestellungen verbergen, die es dann ganz konkret einzuüben gilt. Nur die langfristige Sicherung des Fundaments lässt Ihr Kind Erfolge erleben und somit Ängste in diesem Bereich abbauen.

Alle in diesem Buch bisher dargestellten Lernmethoden, auch hinsichtlich ihrer zeitlichen Organisation, gilt es anzuwenden:

- Sie lernen vorausschauend mit Ihrem Kind, d.h. rechtzeitig und regelmäßig.
- Sie denken an die notwendigen Wiederholungen und achten auch auf optimale Lernzeiten.
- Sie beachten die Notwendigkeit der kleinen Portionen mit entsprechenden Lernpausen und treffen mit Ihrem Kind – rechtzeitig im Voraus – Vereinbarungen über Uhrzeiten, Stoffmenge und Lerntermine am Tag und in der Woche.
- Sie bedenken die Notwendigkeit eines festen Arbeitsplatzes, der möglichst ablenkungsfrei ist.
- Zur Vorbereitung von Schulaufgaben gilt es, sich zunächst einen Überblick über die Stoffmenge zu verschaffen. Dies kann Ihr Kind in der Grundschule noch nicht alleine und ist hier auf Ihre Hilfe angewiesen. Strukturierung und Portionierung des Lernstoffs sollten Sie vornehmen. Gemeinsam mit Ihrem Kind könnten Sie dann die Reihenfolge festlegen.
- Um Ihre Zeitplanung koordinieren zu können, lohnt es sich, einen Kalender zu führen, in den Sie die verschiedenen Schulaufgaben Ihres Kindes eintragen.

Abbildung 22.5: „Energiespender"-Gedanken in Bezug auf die Mathematik

Denken Sie daran: Lernen Sie *nichts „Neues“*, kurz bevor Ihr Kind zu Bett geht! Es kann sonst nicht abschalten. Allerdings – was wir kurz vor dem Schlafen üben, behalten wir am Besten, da das Gehirn in der Nacht den Stoff fest abspeichert (konsolidiert). Wenn Sie diesen Effekt nutzen wollen, wiederholen Sie z. B. einfach noch einmal die „Einmaleins“-Kärtchen, die bereits den Tag über gelernt wurden. Mit neuem Stoff sollte man abends jedoch nicht mehr beginnen.

c) Hilfreich für das Kind: Gedanken – Gefühle – Verhalten

Wenn Sie Ihre Gedanken und Erwartungen im zuvor erläuterten Sinne verändert haben, können Sie viel gelassener mit Ihrem Kind umgehen – das wirkt sich auch auf dessen Gedanken positiv aus. Beachten Sie die Überlegungen vom angemessenen Lernen im Voraus, wird Ihr Kind über diesen Weg Erfolgszuversicht erfahren. Durch die Verbindung Ihrer Gedanken, Ihrer Grundhaltung und der richtigen Lernmethoden können sich bei Ihrem Kind somit im Laufe der Zeit auch *Energiespender*, d. h. hilfreichere Gedanken zur Reduktion seiner Ängste einstellen.

Sie werden es erleben: Durch die Veränderung Ihrer Grundhaltung und Ihrer Gedanken sowie den Einsatz angemessener Lernstrategien, können Sie auch die Gedanken Ihres Kindes hilfreich verändern. Denken Sie daran, wie wichtig es ist, Ihre hilfreichen Gedanken oft auszusprechen, damit Ihr Kind diese auch übernehmen kann. Erst wenn Ihr Kind diese Gedanken auch für sich als neue Gedanken übernehmen kann und diese oft genug „denkt“, können sich Veränderungen im Sinne der Herausbildung neuer Gedächtnisspuren ergeben. Aus Energiekillern gedanklicher Art können so bei Ihrem Kind die Energiespender von Abbildung 22.5 werden. Diese reduzieren die Prüfungsangst erheblich. Über die Lernstrategien erlebt Ihr Kind ja tatsächlich täglich Erfolge. Und Sie wissen, nichts macht erfolgreicher als der Erfolg. Der Erfolg ist der wesentliche Motor für Motivation und Durchhaltevermögen.

Schrittweise wird sich nun das Fundament Ihres Kindes im Bereich Mathematik verbessern und immer mehr Automatisierungen stellen sich ein. Dies wird tagtäglich von Ihrem Kind erlebt und färbt Schritt für Schritt, auch die Mathematik, gefühlsmäßig ein. Aus dem vielleicht einst völlig mit Angst besetzten und verhassten Rechnen wird ein Fach, mit dem Ihr Kind umzugehen lernt, in dem es langsam besser wird und seine Ängste davor schrittweise abbauen kann.

Und vielleicht kann Mathe am Ende ja sogar etwas Spaß machen.

Schlusswort

Schwerpunkt unserer täglichen Praxis und damit auch Schwerpunkt dieses Buches war und ist die Frage, auf welche Weise dauerhaftes Behalten und somit dauerhaftes Können in den Rechenfertigkeiten sowie der Rechenfähigkeit erreicht werden kann.

In diesem Zusammenhang gibt es für uns folgende zentrale Aspekte:

- Eine Automatisierung der Rechenfertigkeiten ist unerlässlich. Sie bedarf einer angemessenen Wiederholung. Gelingt dies, wird es für rechenschwache Kinder keine Fehlstrategien mehr geben.
- Die emotionale Bewertung des Lerngegenstandes, in unserem Fall also die des Rechnens, besitzt eine zentrale Bedeutung. Sie ist daher im Lernprozess und bei der Gestaltung der Methoden in maximaler Weise zu berücksichtigen.
- Ein Drittel der rechenschwachen Kinder leiden auch unter einem ADHS. Diesem Aspekt, der in zentraler Weise bei der Förderung der Kinder zu berücksichtigen ist, wurde in der Vergangenheit zu wenig Rechnung getragen.
- Einige der herkömmlichen und tradierten Förderansätze sind kritisch zu reflektieren und zu bewerten. Lernmethoden sollten auf Erkenntnissen der Lernpsychologie und der Gehirnforschung aufbauen, damit sie „gehirngerecht“ und somit effektiv sein können.

Wir verstehen das vorliegende Buch als einen ersten Schritt, um rechenschwache Kinder erfolgreicher und gezielter zu fördern und ihre emotionale Belastung zu verringern. Vielleicht liefert es auch – vor allem im Grundschulbereich – eine Anregung für die tägliche Unterrichtspraxis.

Wir freuen uns auf die Diskussion mit Lehrern und Therapeuten. Vielleicht kann dieses Buch eine Anregung für die Weiterentwicklung Ihrer Methoden und Ideen bieten mit dem Ziel, die betroffenen Kinder noch mehr zu unterstützen.

Uns liegt eine enge Kooperation zwischen Lehrern und Eltern am Herzen, da sie die Basis für eine gezielte und effektive Förderung darstellt. Vielleicht können unser Ansatz und das vorliegende Buch ein kleiner Beitrag dazu sein.

Claudia Oehler *Armin Born*

Kontaktadresse: Dr. Armin Born
Dr.-Onymus-Straße 43
97080 Würzburg
Internet: http://www.armin-born.de

Literatur

Akademie für Lehrerfortbildung Dillingen (Hrsg.): Rechenstörungen – Diagnose – Förderung – Materialien. 4. Auflage Donauwörth 2001

Akademie für Lehrerfortbildung und Personalführung (Hrsg.): Rechenstörungen – Unterrichtspraktische Förderung. 2. Auflage Donauwörth 2002

American Psychiatric Association: Diagnostisches und Statistisches Manual psychischer Störungen – Textversion DSM – IV – TR. Göttingen 2003

Anderson M.: Intelligence and Developement. A Cognitive Theory. Oxford 1992

Ashcraft M. H., Kirk E. P.: The relationship among working memory, mathematic anxiety and performance. Journal of Experimental Psychology 2001, S. 224–237

Aster M. von: Die Störungen des Rechnens und der Zahlenverarbeitung in der kindlichen Entwicklung. Unveröffentlichte Habilitationsschrift, Med. Fakultät der Universität Zürich 1996a

Aster M. von: Psychopathologische Risiken bei Kindern mit umschriebenen schulischen Teilleistungsstörungen. Kindheit und Entwicklung V, 1996b, S. 53–59

Aster M. von: ZAREKI. Neuropsychologische Testbatterie für Zahlenverarbeitung und Rechnen bei Kindern. Frankfurt 2001

Aster M. von: Neurowissenschaftliche Ergebnisse und Erklärungsansätze zu Rechenstörungen. In: Fritz A., Ricken G., Schmitt S.: Rechenschwäche. Lernwege, Schwierigkeiten und Hilfen bei Dyskalkulie. Ein Handbuch. Weinheim 2003, S. 163–178

Aster M. von: Wie kommen Zahlen in den Kopf? Ein Modell der normalen und abweichenden Entwicklung zahlenverarbeitender Hirnfunktionen. In: Aster M. von, Lorenz J. (Hrsg.): Rechenstörungen bei Kindern. Göttingen 2005, S. 13–33

Aster M. von, Lorenz J. (Hrsg.): Rechenstörungen bei Kindern. Göttingen 2005

Aster M. von, Weinhold M.: ZAREKI-R. Testverfahren zur Dyskalkulie. Frankfurt 2006

Ayres J.: Bausteine der kindlichen Entwicklung. Berlin 1984

Baddeley A. D.: Human memory: Theory and practice (rev. ed.). Hove 1997

Badian N.A.: Dyscalculia and nonverbal disorders of learning disabilities. New York 1983

Baier T.: Schreiben und Rechnen – mangelhaft. In: Süddeutsche Zeitung vom 6. Dezember 2012, S. 49

Barth K., Michaelis R.: Früherkennung schulischer Lernstörungen in der kinderärztlichen Praxis. Kinder- und Jugendarzt 35 (6), 2004, S. 396–401

Barthel W.: Prüfungen – kein Problem. Weinheim, Basel 2001

Beidel D., Turner, M.: Comorbidity of test anxiety and other anxiety disorders in children. Journal of Abnormal Child Psychology 16, 1988, S. 275–287

Born A., Oehler C.: Lernen mit ADS-Kindern – Ein Praxishandbuch für Eltern, Lehrer und Therapeuten. 8. Auflage Stuttgart 2010

Born A., Oehler C.: Lernen mit Grundschulkindern. Praktische Hilfen und erfolgreiche Fördermethoden für Eltern und Lehrer. Stuttgart 2009

Born A., Oehler C.: „Gemeinsam wachsen" – der Elternratgeber ADHS. Verhaltensprobleme in Familie und Schule erfolgreich meistern. Stuttgart 2011

Butterworth B., Cappelletti M., Kopelman M.: Category specificity in reading and writing: the case of number words. Nature Neurosience 4 (8), 2001, S. 784–786

Bynner J., Parsons S.: Does Numeracy Matter? London 1997

Cinotti F.: Doppelt genäht. In: Gedächtnis: Spektrum der Wissenschaft 2002, S. 26–27

Cummins R.A.: Sensory integration and learning disabilities: Ayres' factor analysis reappraised. Journal of Learning Disabilities 24, 1991, S.160–168

Das Manifest. Elf führende Neurowissenschaftler über Gegenwart und Zukunft der Hirnforschung. In: Gehirn und Geist 6, 2004, S. 30–37

Dehaene S., Cohen L.: Two mental calculation systems: A case study of severe alcalculia with preserved approximation. Neuropsychologia 29, 1995, S. 1045–1074

Dehaene S., Spekle E., Pinel P., Stanescu R., Tsivkin S.: Sources of Mathematical Thinking: Behavioural and Brain – Imaging Evidence. Science 284, 1999, S. 970–973

Dehaene S.: Varieties of numerical abilities. Cognition 44, 1992, S. 1–42

Dehaene S.: Der Zahlensinn – Oder warum wir rechnen können. Basel 1999

Deutsches PISA-Konsortium (Hrsg.): PISA 2000 – Basiskompetenzen von Schülerinnen und Schülern im internationalen Vergleich. Opladen 2001

Dilling H., Mombour W., Schmidt M.H. (Hrsg.): Internationale Klassifikation psychischer Störungen: ICD – 10 Kapitel V (F). 3. Auflage Bern 1999

Döpfner M., Plück J., Berner, W., Fegert J., Huss M., Lenz K., Schmeck K., Lehmkuhl U., Poustka F., Lehmkuhl G.: Psychische Auffälligkeiten von Kindern und Jugendlichen in Deutschland – Ergebnisse einer repräsentativen Studie: Methodik, Alters-, Geschlechts- und Beurteilereffekte. Zeitschrift für Kinder- und Jugendpsychiatrie und Psychotherapie 25, 1997, S. 218–233

Döpfner M., Schnabel M., Ollendick T.: Phobiefragebogen für Kinder und Jugendliche (PHOKI). Göttingen 2000

Dreisörner Th.: Wirksamkeit verhaltenstherapeutischer Gruppenprogramme bei Kindern mit Aufmerksamkeitsdefizit- und Hyperaktivitätsstörungen (ADHS). Kindheit und Entwicklung 15/2006, Heft 4, S. 255–266

Ebhardt A.: Fröhliche Wege aus der Dyskalkulie. Kindern mit Rechenschwäche erfolgreich helfen. Dortmund 2002

Fayol M.: Jetzt schlägt's zehn-drei! Sprache und Mathematik. In: Gehirn und Geist 11/2006, S. 64–68

Fritz A., Ricken G., Schmitt S. (Hrsg.): Rechenschwäche – Lernwege, Schwierigkeiten und Hilfen bei Dyskalkulie. Ein Handbuch. Weinheim 2003

Fritz A., Ricken G., Schmitt S.: Über die Schwierigkeiten mit der Rechenschwäche – Eine Zwischenbilanz zum Thema. In: Fritz A., Ricken G., Schmitt S.: Rechenschwäche. Lernwege, Schwierigkeiten und Hilfen bei Dyskalkulie. Ein Handbuch. Weinheim 2003, S. 452–468

Fuster J.: Im Netzwerk der Erinnerungen. In Gedächtnis: Spektrum der Wissenschaft 2002, S. 10–15

Geary D.C.: Mathematical disabilities: Cognitive, neuropsychological and genetic components. Psychological Bulletin 114 (2), 1993, S. 345–362

Geary D.C.: Children's mathematical developement: Research and partical applications. Washington D.C. 1996

Gerster H.-D.: Anschaulich rechnen – im Kopf, halbschriftlich, schriftlich. In: Aster M. von, Lorenz J. (Hrsg.): Rechenstörungen bei Kindern. Göttingen 2005, S. 202–236

Ginsburg H.R., Klein A., Starkey P.: The development of children's mathematical thinking: Connecting research with practice. In: Damon W., Siegel I. E., Renninger K. A. (Hrsg.): Handbook of child psychology. Vol. 4: Child psychology in practice. New York 1998, S. 401–476

Gölitz D., Roick T., Hasselhorn M.: DEMAT 4. Deutscher Mathematiktest für vierte Klassen. Göttingen 2006

Gold A.: Lernschwierigkeiten. Ursachen, Diagnostik, Intervention. Stuttgart 2011

Grawe K.: Neuropsychotherapie. Göttingen, Bern, Toronto, Seattle, Oxford, Prag 2004

Grissemann H., Weber A.: Grundlagen und Praxis der Dyskalkulietherapie – Diagnostik und Intervention bei speziellen Rechenstörungen als Modell sonderpädagogisch-kinderpsychatrischer Kooperation. 4. Auflage Bern 2000

Grolimund F.: Mit Kindern lernen. Konkrete Strategien für Eltern. Bern 2012

Grünke M.: Zur Effektivität von Fördermethoden bei Kindern und Jugendlichen mit Lernstörungen. Eine Synopse vorliegender Metaanalysen. Kindheit und Entwicklung 15/2006, Heft 4, S. 239–254

Haffner J., Baro K., Parzer P., Resch F.: HRT 1–4. Heidelberger Rechentest. Göttingen 2005

Harth C., Schüller S.: Förderung im basalen Bereich. In: Akademie für Lehrerfortbildung und Personalführung: Rechenstörungen – Unterrichtspraktische Förderung. Donauwörth 2002, S. 60–65

Hasselhorn M., Gold A.: Pädagogische Psychologie. Erfolgreiches Lernen und Lehren. Stuttgart 2006 (2., durchgesehene Auflage 2009)

Hembree R.: The nature, effects and relief of mathematics anxiety. Journal of Research in Mathematics Education 21/1990, S. 33–46

Hennevin-Dubois E.: Lernen im Schlaf. In Gedächtnis: Spektrum der Wissenschaft 2002, S. 64–69

Hoehn T.P., Baumeister A.A.: A critique of the application of sensory integration therapy to children with learning disabilities. Journal of Learning Disabilities 27, 1994, S. 338–350

Holzer N., Schaupp H., Lenart F.: ERT 3+. Eggenberger Rechentest 3+. Diagnostikum für Dyskalkulie für das Ende der 3. Schulstufe bis Mitte der 4. Schulstufe. Göttingen 2010

Jacobs C., Petermann F.: Rechenstörungen. Göttingen, Bern, Toronto, Seattle, Oxford, Prag 2007

Jakobs C., Petermann F.: Dyskalkulie – Forschungsgegenstand und Perspektiven. Kindheit und Entwicklung 2003, S. 197–211

Jacobs C., Petermann F.: RZD 2–6 Rechenfertigkeiten- und Zahlenverarbeitungsdiagnostikum für die 2. bis 6. Klasse. Göttingen 2005

Junglehrer Praxis. Beilage Bayerische Schule. Verbandszeitschrift des BLLV. Heft V/ 2006

Karpicke J.D., Blunt J.: Retrieval Practice Produces More Learning than Elaborative Studying with Concept Mapping. In: Science 11, February 2011, S. 772–775

Kaufmann L., Handl P., Delazer M.: Wie Kinder rechnen lernen und was ihnen dabei hilft. Eine kognitiv-neuropsychologische Perspektive. In: Aster M. von, Lorenz J. (Hrsg.): Rechenstörungen bei Kindern. Göttingen 2005, S. 178–201

Kaufmann L. u. a.: TEDI-MATH. Test zur Erfassung numerischrechnerischer Fertigkeiten vom Kindergarten bis zur 3. Klasse. Göttingen 2009

Klein R.: Anxiety disorders in childhood. London 1989

Klieme u. a.: PISA 2009. Bilanz nach einem Jahrzehnt. Münster, New York, München, Berlin 2010

Krajewski K., Küspert P., Schneider W.: DEMAT 1+ Deutscher Mathematiktest für erste Klassen. Göttingen 2002

Krajewski K., Schneider W.: Früherkennung von Rechenstörungen. In: Suchodoletz W. von (Hrsg.): Früherkennung von Entwicklungsstörungen. Göttingen 2005, S. 224– 244

Krajewski K., Schneider W.: Prävention von Rechenstörungen. In: Suchodoletz W. von (Hrsg.): Prävention von Entwicklungsstörungen. Göttingen 2007, S. 97–114

Krajewski, Liehm S., Schneider W.: DEMAT 2+ Deutscher Mathematiktest für zweite Klassen. Göttingen 2004

Krüll K.E.: Rechenschwäche was tun? 3. Auflage München, Basel 2000

Kucian K., Aster M. von: Dem Gehirn beim Rechnen zuschauen. Ergebnisse der funktionellen Bildgebung. In: Aster M. von, Lorenz J. (Hrsg.): Rechenstörungen bei Kindern. Göttingen 2005, S. 54–72

Landerl K., Butterworth B.: Spezifische Rechenschwierigkeiten/Dyskalkulie: Viele Fragen, erste Antworten. In: Schulte-Körne G.: Legasthenie: Zum aktuellen Stand der Ursachenforschung, der diagnostischen Methoden und der Förderkonzepte. Bochum 2002, S. 387–394

Landerl K., Kaufmann L.: Dyskalkulie. Modelle, Diagnostik, Intervention. München Basel 2008

Laroche S.: Vom flüchtigen Signal zur stabilen Erinnerung. In: Gedächtnis. Spektrum der Wissenschaft Spezial 2002, S. 16–25

Lehmkuhl G., Döpfner M., Plück J., Berner W., Fegert J., Huss M., Lenz K., Schmeck K., Lehmkuhl U., Poustka F.: Häufigkeit psychischer Auffälligkeiten und somatischer Beschwerden bei vier- bis zehnjährigen Kindern in Deutschland im Urteil der Eltern – ein Vergleich normorientierter und kriterienorientierter Modelle. Zeitschrift für Kinder- und Jugendpsychiatrie und Psychotherapie 26, 1998, S. 83–96

Leitner S.: So lernt man lernen. 4. Auflage Freiburg 1996

Lenart F., Holzer N., Schaupp H.: ERT 2+. Eggenberger Rechentest 3+. Diagnostikum für Dyskalkulie für das Ende der 2. Schulstufe bis Mitte der 3. Schulstufe. Göttingen 2008

Lepach A.C., Heubrock D., Muth D., Petermann F.: Training für Kinder mit Gedächtnisstörungen. Göttingen, Bern, Toronto, Seattle 2003

Lorenz J.H., Radatz H.: Handbuch des Förderns im Mathematikunterricht. Hannover 1993

Lorenz J.H.: Lernschwache Rechner fördern. Berlin 2003a

Lorenz J.H.: Überblick über Theorien zur Entstehung und Entwicklung von Rechenschwächen. In: Fritz A., Ricken G., Schmitt S.: Rechenschwäche. Lernwege, Schwierigkeiten und Hilfen bei Dyskalkulie. Ein Handbuch. Weinheim 2003b, S. 144–162

Lorenz J.H.: Kinder begreifen Mathematik. Frühe mathematische Bildung und Förderung. Stuttgart 2012

Lorenz J.: Grundlagen der Förderung und Therapie. Wege und Irrwege. In: Aster M. von, Lorenz J. (Hrsg.): Rechenstörungen bei Kindern. Göttingen 2005, S. 163–177

Mannhaupt G.: Evaluationen von Förderkonzepten bei Lese- Rechtschreibschwierigkeiten – Ein Überblick. In: Schulte-Körne G.: Legasthenie: Zum aktuellen Stand der Ursachenforschung, der diagnostischen Methoden und der Förderkonzepte. Bochum 2002, S. 245–258

Mannhaupt G.: Ergebnisse von Therapiestudien. In: Suchodoletz W.v. (Hrsg.): Therapie der Lese-Rechtschreibstörung (LRS).Traditionelle und alternative Behandlungsmethoden im Überblick. Stuttgart 2003, S. 91–107

Metzler B.: Hilfe bei Dyskalkulie – Lernen durch Handeln bei Rechenschwäche. Dortmund 2001

Milz I.: Rechenschwächen erkennen und behandeln. 5. Auflage Dortmund 1999

Moser Opitz E. u. a.: BASIS MATH 4–8. Basisdiagnostik Mathematik für die Klassen 4–8. Göttingen 2010

Neumärker K., Bzufka M.: Diagnostik und Klinik der Rechenstörungen. In: Aster M. von, Lorenz J. (Hrsg.): Rechenstörungen bei Kindern. Göttingen 2005, S. 73–92

OECD (Hrsg.): Wie funktioniert des Gehirn? – Auf dem Weg zu einer neuen Lernwissenschaft. Stuttgart 2005

Oehler C., Born A.: Lernen mit ADHS-Kindern. In: Schulte-Körne G. (Hrsg.): Legasthenie und Dyskalulie: Aktuelle Entwicklungen in Wissenschaft, Schule und Gesellschaft. Bochum 2007, S. 205–216

Paas G.W.C., van Merrienboer J.J.G. :Variability of worked examples and Transfer of Geometrical Problem Solving Skills. In: Journal of Educational Psychology 1994, Vol. 86/1, S. 122–133

Pesenti M., Seron X., Samson D., Duroux B.: Basic and exceptional calculation abilities in a calculating prodigy: A case study. Mathematical Cognition 1999, S. 97–148

Petermann F.: Legasthenie und Rechenstörung – Einführung in den Themenschwerpunkt. Kindheit und Entwicklung 2003, S. 193–196

Petit L., Zago L.: Der Sitz des Arbeitsgedächtnisses. In Gedächtnis: Spektrum der Wissenschaft 2002, S. 30–33

Ratey J.: Das menschliche Gehirn. Eine Gebrauchsanweisung. Düsseldorf, Zürich 2001

Rauch G.: Wie löst du das Problem? In: Main-Post, 18.2.2011, S. 8

Remschmidt, H.: Kinder- und Jugendpsychiatrie: Eine praktische Einführung. 3. neu bearbeitete und erweiterte Auflage Stuttgart 2000

Roick T., Gölitz D., Hasselhorn M.: DEMAT 3+ Deutscher Mathematiktest für dritte Klassen. Göttingen 2004

Rösler F.: Es gibt Grenzen der Erkenntnis – auch für die Hirnforschung. In: Gehirn und Geist 6, 2004, S. 32

Schaupp H., Holzer N., Lenart F.: ERT 1+. Eggenberger Rechentest 1+. Diagnostikum für Dyskalkulie für das Ende der 1. Schulstufe bis Mitte der 2. Schulstufe. Göttingen 2007

Schmassmann M.: Mathematikunterricht für alle; Mathematik – ganz einfach! In: Akademie für Lehrerfortbildung Dillingen: Rechenstörungen – Diagnose – Förderung – Materialien. Donauwörth 2001, S. 146–172

Schuchardt K., Maehler C., Hasselhorn M.: Working Memory Deficits in Children With Specific Learning Disorders. In: Journal of Learning Disabilities 2008, S. 514–521

Schulte-Körne G., Mathwig F.: Das Marburger Rechtschreibtraining, neue Rechtschreibung. Ein regelgeleitetes Förderprogramm für rechtschreibschwache Kinder. Bochum 2001
Schulte-Körne G.: Legasthenie: Zum aktuellen Stand der Ursachenforschung, der diagnostischen Methoden und der Förderkonzepte. Bochum 2002
Schulte-Körne G. (Hrsg.): Legasthenie und Dyskalulie: Aktuelle Entwicklungen in Wissenschaft, Schule und Gesellschaft. Bochum 2007
Schwarz M.: Rechenschwäche – Wie Eltern helfen können. 2. Auflage Berlin 2002
Schweiter M., Aster M. von: Neuropsychologie kognitiver Zahlenrepräsentationen. In: Aster M. von, Lorenz J. (Hrsg.): Rechenstörungen bei Kindern. Göttingen 2005, S. 34–53
Shazer de S.: Der Dreh – Überraschende Wendungen und Lösungen in der Kurzzeittherapie. 2. Auflage Heidelberg 1992
Simon H., Grünke M.: Förderung bei Rechenschwäche. Stuttgart 2010
Spektrum der Wissenschaft Spezial. Gedächtnis. 2002
Spitzer M.: Lernen. Gehirnforschung und die Schule des Lebens. Heidelberg, Berlin 2002
Spitzer M.: Bildung ohne System. In Nervenheilkunde 3/2012, S. 107–113
Staszewski J.: Skilled memory and expert mental calculation. In: Chi M., Glaser R., Fart M. J. (Eds.): The nature of expertise. Hillsdale/NJ 1988, S. 71–128
Stautner M.: Arbeit am basalen und pränumerischen Bereich. In: Akademie für Lehrerfortbildung Dillingen: Rechenstörungen – Diagnose – Förderung – Materialien. Donauwörth 2001, S. 105–113
Stern E.: Wissen ist der Schlüssel zum Können. In: Psychologie heute 30 (7), 2003, S. 30–35
Suchodoletz W.v. (Hrsg.): Therapie der Lese-Rechtschreibstörung (LRS).Traditionelle und alternative Behandlungsmethoden im Überblick. Stuttgart 2003
Suchodoletz W. von (Hrsg.): Früherkennung von Entwicklungsstörungen. Göttingen, Bern, Toronto, Seattle, Oxford, Prag 2005
Suchodoletz W. von (Hrsg.): Prävention von Entwicklungsstörungen. Göttingen, Bern, Toronto, Seattle, Oxford, Prag 2007
Suhr L., Döpfner M.: Leistungs- und Prüfungsängste bei Kindern und Jugendlichen – Ein multimodales Therapiekonzept. In: Kindheit und Entwicklung IX (3), 2000, S. 171–186
Swanson H. L., Sachse-Lee G.: Mathematical problem solving and working memory in children witil learning disabilities: Both executive and phonological processes are important. Journal of Experimental Child Psychology 79/2001, S. 299–321
Tryon G.S.: The measurement and treatment of test anxiety. Review of Educational Research 50, 1980, S. 343–344
Van Luit J., Naglieri, J.: Effectiveness of the MASTER program for teaching special children multiplication and division. In: Journal of Learning Disabilities 1999, S. 98–107
Vargas S., Camilli G.: A meta-analysis of research on sensory integration treatment. The American Journal of Occupational Therapy 53, 1991, S. 89–198
Vries de C.: DIFMAB. Diagnostisches Inventar zur Förderung Mathematischer Basiskompetenzen. Göttingen 2008
Watzlawick P., Weakland J.H., Fisch R.: Lösungen. Bern 1974
Wellenreuther M.: Forschungsbasierte Schulpädagogik. Anleitungen zur Nutzung empirischer Forschung für die Schulpraxis. Baltmannsweiler 2009a
Wellenreuther M.: Individualisieren – aber wie? In: SchulVerwaltung NRW 3/2009b, S. 71–74
Wellenreuther M.: Lehren und Lernen – aber wie? Empirisch-experimentelle Forschungen zum Lehren und Lernen im Unterricht. Baltmannsweiler 2010a
Wellenreuther M.: Schulbücher – eine Lernhilfe für Schüler und Lehrer. In: Schulverwaltung NRW, 21. Jahrg., 5/2010b, S. 144–146.
Wellenreuther M.: Bildungstheater. Mit Bildungsstandards, Schulinspektionen, Vergleichsarbeiten und zentralen Prüfungen zum Erfolg? Baltmannsweiler 2011
Werner B.: Dyskalkulie – Rechenschwierigkeiten. Diagnose und Förderung rechenschwacher Kinder an Grund- und Sonderschulen. Stuttgart 2009
Wieczerkowski W., Nickel H., Janowski A., Fittkau B., Rauer W.: Angstfragebogen für Schüler. Göttingen 1981
Zech T.: Schulangst. In: Biermann G. (Hrsg.): Kinder im Schulstress. München 1977, S. 101–109